筹码分布

精准捕捉 牛股主升浪启涨点

黄　锋◎著

中国铁道出版社有限公司
CHINA RAILWAY PUBLISHING HOUSE CO., LTD.

内 容 简 介

主升浪是股价短期加速上涨的阶段，准确把握住这一波段，短期获利就会十分丰厚。由于筹码分布能够准确地显示出筹码价格的分布情况，从而能够结合量价变化准确捕捉到这一上涨主要波段。为了能够让投资者通过筹码分布准确捕捉到主升浪波段，本书从实战操盘的角度介绍了筹码分布判断牛股主升浪波段的实战攻略及技巧。

图书在版编目（CIP）数据

筹码分布:精准捕捉牛股主升浪启涨点/黄锋著.—北京:中国铁道出版社有限公司，2020.8（2022.6重印）
ISBN 978-7-113-26900-5

Ⅰ.①筹… Ⅱ.①黄… Ⅲ.①股票交易-基本知识 Ⅳ.①F830.91

中国版本图书馆CIP数据核字（2020）第083804号

书　　名：筹码分布：精准捕捉牛股主升浪启涨点
CHOUMA FENBU : JINGZHUN BUZHUO NIUGU ZHUSHENGLANG QIZHANGDIAN
作　　者：黄　锋

责任编辑：张亚慧　　编辑部电话：（010）51873035　　邮箱：lampard@vip.163.com
封面设计：宿　萌
责任印制：赵星辰

出版发行：中国铁道出版社有限公司（100054，北京市西城区右安门西街8号）
印　　刷：北京铭成印刷有限公司
版　　次：2020年8月第1版　2022年6月第7次印刷
开　　本：700 mm×1 000 mm　1/16　印张：15.25　字数：248千
书　　号：ISBN 978-7-113-26900-5
定　　价：59.00元

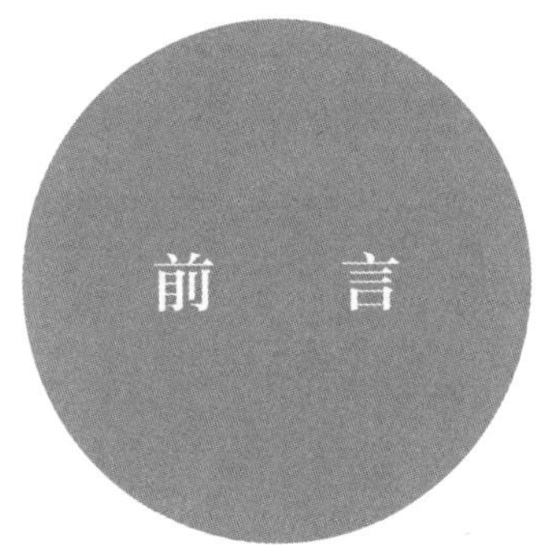

前　言

筹码分布：从资金博弈的角度，寻找牛股快速启动的征兆。

谈到筹码分布，许多市场分析人士都会不约而同谈到博弈。然而这里讲的博弈，与操盘中的赌博心理是完全两个概念，因为筹码分布所提出的，是筹码在各个价位的分布情况，而一只股票的流通盘又是固定的，1000 万流通盘就有 1000 万流通筹码，1 亿流通盘就有 1 亿流通筹码，所以不管流通筹码在移动的过程中是如何分布的，其最后累积的筹码数量必然等同于流通盘。

也就是说，一只股票的流通盘是固定不变的，在筹码分布图上只有 100 根筹码线显示，唯一改变的就是筹码在不同价位上的移动和变化，代表着盘中持股者对股票的看空或看多态度下的买入或卖出行为，这种由投资者看空或看多股票所导致的卖出与买入行为的结果，造成了筹码分布图上筹码的移动变化。

明白了这一道理，再来看一只股票的涨或跌就会明白，这种股价的上涨或下跌，其实反映出来的就是投资者对这只股票看空或看多心理下的操作行为，也就是我们通常所讲的散户心理与散户行为。

然而，股价的真正涨跌，都是主力资金变化的结果。反映到市场上，就是筹码分布图上大多数筹码的持仓情况。当大多数筹码都表现为高度集中在某一价位时，主力持股与否的心理变化，就会导致相应行为的发生。这种主力心理作用下的行为，会直接反映到盘面上大多数筹码的卖出或买入，造成筹码在短期内出现大幅的移动，筹码由集中到出现分散，从而造成筹码线在价格上的大幅波动。

因此说，一只股票的涨跌，事实上就是盘中筹码不停地在价格上移动和变化的结果，主力在其中发挥的是一个主导的作用，散户处于一种被动的局面。因为主力筹码虽然相对较少，但会集中体现和统一爆发，而散户虽然整体筹码数量较多，但并不会集中爆发，所以造成筹码长短的变化，而这种变化是不明显的。

再来看筹码分布就会明白，筹码分布和移动的变化，也就是股价的涨跌，事实就成为一种主力与散户在博弈心理作用下所产生的操作行为。

这种主力与散户在博弈心理下产生的行为，就构成了筹码移动分布的变化。

因此，寻找牛股的过程，事实上就已经演变为一种寻找主力动向的行为。所以市场都习惯于将筹码分布看作一种中长期操作股票的技术，因为时间周期越长，越容易通过筹码移动分布的变化，寻找到主力操作一只股票时所产生的种种痕迹，如建仓、震仓、洗盘等。但是需要明白一点，就是主力操作一只股票，不获利是不会卖出的。而要实现获利，就必须大幅拉升股价，然后在高位派发卖出。这就导致筹码分布图上的筹码同样会随着主力的这种行为产生移动和变化，并留下明显的种种痕迹。

正是由于这种主力在操盘中的变化，才令筹码分布图的筹码产生了明显的移动变化。所以说在股票投资中，通过筹码分布形态和筹码的移动变化，以及股价趋势的运行规律，完全可以通过筹码分布和移动形态，有效规避掉主力建仓和洗盘的环节，准确寻找到主力快速拉升股价时的主升浪行情这一小波。因为在这一小波段行情中，筹码形态及移动分布的变化最为明显。也正是因为这个原因，笔者才根据多年的炒股经验，并结合短线操盘技术，系统性地总结出了一套行之有效的筹码分布寻找牛股主升浪的操盘体系。

俗话说，铁打的营盘，流水的兵。炒股同样是这个道理，因为不变的流通盘就像铁打的营盘一样，流动的只有筹码在不同价位上的变化，以及不同的持有者的改变。

投资者要想在炒股生涯中获得收益，就必须让自己站在资金博弈的角度上去看待筹码分布和移动的变化规律，从主力思维去看待筹码的移动和分布形态，这样才能准确地寻找到牛股主升浪启动的时机，以及在主力刚刚转身离开的刹那，及时获利了结。

因此，从博弈角度利用筹码分布操作牛股主升浪行情时，必须严格遵守交易策略和原则，熟练掌握交易技巧，并严格在操盘规律下一一执行。只有这样，才能克服掉自己散户的心理与行为。因为股票投资与做事是一样的，不怕失败，也不怕资金少，怕的是一直以惯有的散户心理去看待股市的资金博弈。

股市投资实现获利，说白了就是一个人与自己反复心理抗争的结果，只有从心理上战胜了自己，才能更理性地操作股票，在一场场资金博弈中寻找到牛股，最终获得大的收益。而这种大的收益，就像主力建仓一样，也是一个慢慢累积的过程。因为一两次的获利并不是真正的获利，只有实现长期获利，才是最终的强者。

股市有风险，投资需谨慎。

作 者

2020 年 3 月

目录

第 1 章

主升浪：短线获利最高的波段操作

主升浪就是在短期内，主力资金强力拉升股价的阶段，所以股价会表现为加速上涨。因此，在股票投资中，主升浪操作是所有波段操作中持股时间最短、获利最明显的一个小波段。要想根据筹码分布充分把握好这一主升浪小波段，必须充分了解主升浪的意义，以及具体的表现形态。

1.1 主升浪

1.1.1 主升浪波段

主升浪波段，就是股价在某一时期内，表现为明显的持续快速上涨。这一股价持续快速上涨的时期，就叫作主升浪波段。

1. 主升浪波段形成的原因

（1）当股价在形成上涨趋势后，由于受到趋势上行的影响，会始终保持持续向上运行的状态，并且在市场资金高度关注的情况下，会吸引到众多的跟风资金，从而造成股价的持续快速上涨。如图 1-1 鲁抗医药（600789）C 区域，当股价形成了均线多头排列的上涨趋势后，由于受到上涨趋势的影响，很快受到 B 区域的市场资金高度关注和跟风买入，成交量放大，从而造成 A 段走势的持续快速上涨的主升浪。

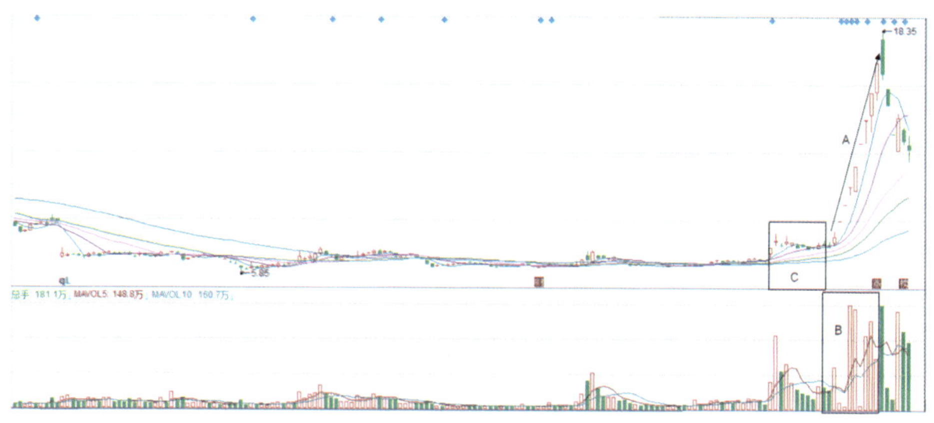

图 1-1　鲁抗医药 - 日线图

（2）主力资金操作一只股票时，在完成最初的建仓和洗盘后，会通过持续向上推升股价，以完成股价的大幅上涨，从而实现获利，因此造成了股价的持续快速上涨。如图 1-1 所示由于主力在 C 区域之前横盘震荡中的大举建仓、吸筹和

C 区域的震仓洗盘，才会出现 A 区域持续快速上涨的主升浪，以实现获利。

当以上两种因素集中出现在 A 段走势时，就会形成市场资金集体看多的状况，从而才导致了主升浪波段的出现。

2. 实战注意事项

（1）在识别主升浪波段时，最主要的方法就是 K 线的趋势，只要是发现 K 线趋势上形成了持续快速的上涨，成交量也出现持续放大时，即可确认为主升浪波段。但股价在发动上涨走势时，短期内上涨的幅度一定要大，且具有持续上涨的特征。

（2）识别主升浪波段时，除了 K 线走势的直观判断外，还有两个指标的辅助判断尤为重要，如 MACD 多头趋势与均线多头排列，这一点内容将会在后面的章节中详细介绍。

1.1.2 主升浪波段表现特征

通过对主升浪波段的认识，可以发现，主升浪波段是股价短期快速上涨的波段，所以主升浪波段一经出现后，就会表现出明显的特征。

1. 主升浪波段的表现特征

（1）股价展开短期快速上涨的主升浪波段走势时，短期 K 线上涨的幅度较大，并出现接连上涨。如图 1–2 华新水泥（600801）在 A 段主升浪波段行情中，短期 K 线上涨的幅度较大，且表现为持续上涨。

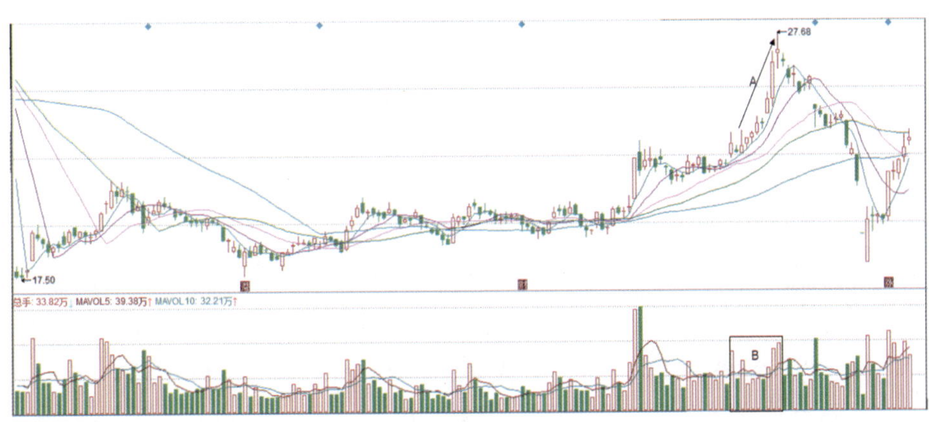

图 1–2 华新水泥 – 日线图

（2）股价在发动短期快速上涨的主升浪波段行情时，可以是缓慢上涨中出现的持续加速上涨，也可以是整理状态下突然发动的持续快速上涨。如图 1–2 中 A 段走势的主升浪波段行情，即是在缓慢上涨趋势中出现的突然加速上涨；图 1–3 黑芝麻（000716）在 B 段走势中出现的主升浪，则是在之前 A 区域的弱势整理状态下突然出现的持续加速上涨。

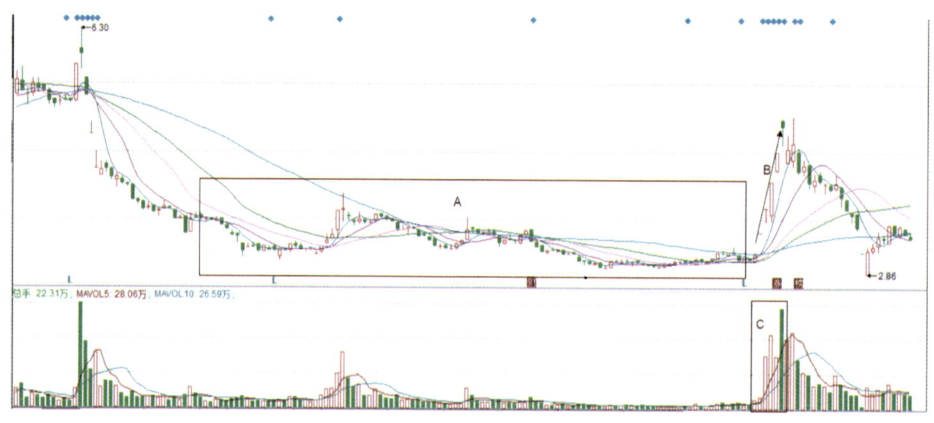

图 1–3　黑芝麻 – 日线图

（3）主升浪波段形成时，往往股价在持续上涨中，成交量也会表现为明显的阳量放大状态。如图 1–2 中 A 段走势的主升浪波段出现期间，对应下方 B 区域的成交量明显表现为阳量持续放大状态；图 1–3 中 B 段走势的主升浪波段期间，对应 C 区域的成交量同样表现为阳量的持续放大状态。

2. 实战注意事项

（1）由于主升浪波段属于股价加速上涨的小波段，所以在通常情况下，主升浪波段在上涨的时间上都不会太长，所以适合短线操作。

（2）主升浪波段一旦形成，就会表现出明显的特征，但主要的特征是：K 线的持续快速上涨和量能的持续明显放大。所以在判断主升浪时，只要根据这两个明显特征和表现，即可寻找到主升浪波段。

（3）在持续快速的反弹行情中，也会出现股价持续快速上涨和量能的持续放大，但并不能根据主升浪的要求来操作。因为反弹往往时间较短，所以即使时间相对较长、涨幅较大时，也不应以主升浪来操作。

1.2 主升浪的两种表现形态

1.2.1 快速启动的主升浪

快速启动的主升浪波段，是指反映股价的K线在长期弱势震荡整理期间，突然出现了快速上涨，并表现为持续上涨。因此，快速启动的主升浪波段形成时有着明显的特征。

1. 快速启动的主升浪形成时的特征

（1）在快速启动的主升浪波段出现前，股价会表现出时间较长的弱势整理，经常以横盘小幅震荡的形式出现。如图1-4红日药业（300026）在B段走势的快速启动的主升浪之前的A区域，股价表现为较长时间的横盘小幅震荡的弱势震荡。

图1-4 红日药业－日线图

（2）快速启动的主升浪波段形成期间，通常股价短期上涨的幅度极快，容易出现持续涨停，甚至会以一字涨停的方式出现。如图1-4中，当B段走势出现快速启动的主升浪行情时，股价出现了持续快速上涨，先是出现了跳空高开，接着在B区域和C区域出现了股价的快速涨停。

2. 实战注意事项

（1）在判断是否出现快速启动上涨的主升浪形态时，往往前期的弱势整理时间越长，后市股价的涨幅越大。所以在选股时，要求前期股价弱势整理的时间，通常最少要在一个月左右，后市出现快速启动主升浪形态的概率越大。因此这种前期的长期弱势整理形态是根据筹码分布捕捉主升浪时一种重要的选股形态。

（2）当快速启动上涨的主升浪形态出现时，应根据筹码分布的具体启动形态，以及 MACD 或 BOLL 等辅助判断标准来综合判断。只有在启涨形态符合启涨买点要求时，方可及时把握住主升浪行情的快速展开。

1.2.2 加速上涨的主升浪

加速上涨的主升浪，是指反映股价的 K 线在持续缓慢的上涨走势中，股价短线下跌调整结束后，突然出现了持续阳线的加速上涨。因此，在判断加速上涨的主升浪行情时，也是有着明显特征的。

1. 加速上涨主升浪形成时的特征

（1）在加速上涨的主升浪出现前，股价往往处于明显的上涨走势，短线调整后，K 线表现为持续的上升阳线，或重叠上行，或跳空上行。如图 1-5 南都电源（300068）在 A 段缓慢上涨的走势中，当出现了 B 区域的短线快速下跌调整后，C 段走势出现加速上涨的主升浪时，K 线表现持续的上升阳线重叠向上运行。

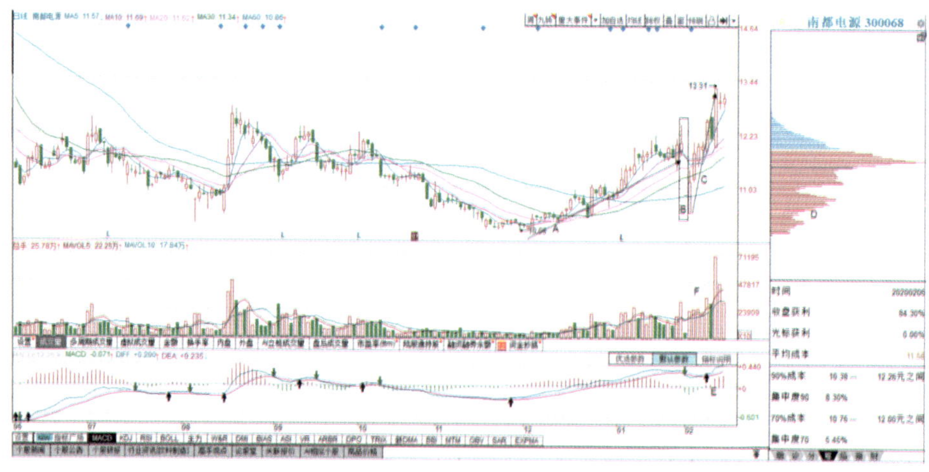

图 1-5　南都电源 -2020 年 2 月 6 日筹码分布图

（2）加速上涨的主升浪出现时，往往K线在持续上行中，筹码分布、MACD及BOLL等指标会出现明显的快速上涨形态，量价也表现为明显的放量上涨形态。如图1-5中C段主升浪出现时，K线在持续上行中，筹码分布图上的D区域下方红色筹码持续向上运行，E区域的MACD双线向上运行，F区域的量能表现出持续阳量放大、股价上行的放量上涨状态。

2. 实战注意事项

（1）判断股价是否形成了加速上涨的主升浪时，最明显的特征就是观察此时的K线趋势，必须为明显的缓慢持续的小幅上涨走势，否则后市形成的加速上涨即使较强，也难以形成加速上涨的主升浪，只是股价持续的震荡向上。

（2）加速上涨的主升浪波形成时，技术指标MACD、BOLL、均线及量价，都会形成明显的启涨形态和启涨点，这一点是确认加速上涨的主升浪成立的标准，也是最佳的买入时机。

1.3 主升浪的实战意义

1.3.1 主升浪是主力快速拉升股票的表现

当主升浪行情展开时，往往是股价出现快速向上拉升的时期，所以是主力资金在介入一只股票后，经过了震仓洗盘后，合力向上拉升股价的表现。因为主力无论介入哪只股票，如果不拉升股价，就无法实现最终的获利。所以寻找主升浪，事实上是通过技术指标与量价的变化，在主力拉升时期介入股票，与主力实现共赢的一种操作，以实现短期投入的快速获利。

1. 主升浪时期主力的具体表现

（1）当主升浪开始时，主力会表现为强势向上拉升股价，所以股价通常会表现为长阳线上涨、跳空上涨、一字板上涨。如图1-6当升科技（300073），在长期弱势震荡中，一旦在A区域出现股价快速启动的主升浪时，股价在长阳上涨后，为跳空高开高走上涨，表现出主力的强势向上拉升股价。

图 1-6　当升科技－日线图

（2）主升浪上涨期间，成交量必然会表现为较大状态的持续放大，尤其是主升浪开始时，因为股价上涨，必然离不开买入资金的推动，所以主力在快速向上拉升股价时，必然会表现为大量买入。如图 1-6 中 A 区域之后的主升浪上涨期间，成交量明显表现为 B 区域较大状态的持续大量水平，说明主力在快速拉升股价时，运用了较大的资金持续买入，否则难以推动主升浪期间股价的快速上涨。

2. 实战注意事项

（1）在根据主力动向操作股票时，切忌不要在主力建仓初期介入，因为主力在介入一只股票后，均会通过各种方式进行洗盘，而主力的洗盘方式较多，如果技术不够熟练，很容易被主力洗掉，所以应在主升浪开始时，通过筹码分布和移动的状态来寻找主力的动向，再通过其他指标的辅助判断，以及量价的变化来寻找股价快速向上变盘时的征兆，再买入。

（2）当主升浪开始时，如果量能不表现出明显放大，就无法达到以量破价的效果，因为这可能表现为主力快速拉升股价的愿望不够强烈，或是主力依然处于洗盘状态，股价上行的压力较大，所以这时是不应参与的。

1.3.2　主升浪是上涨趋势最明显的加速上涨

因为主升浪的出现是股价短期内快速持续上涨的阶段，所以在股价的整个上涨过程中，主升浪是股价上涨最明显的加速上涨阶段。因此，寻找主升浪行情很简单，一旦在主升浪开始时及时介入，短期内就会获利较大的收益。

1. 判断主升浪波段的方法

（1）判断快速启动的主升浪时，主要是通过筹码分布和移动形态、MACD、布林线、均线等技术指标，由长期弱势突然转强的启涨形态，以及量价的突然持续明显变化的启涨点来判断。如图 1–7 荃银高科（300087）在长期弱势震荡中，进入 A 区域，均线形成多头排列初期的形态、MACD 双线形成突破 0 轴后的 DIFF 线突然向上翘起，B 区域筹码分布形成低位单峰密集变为双峰上移的启涨形态，量价表现为明显的放量上涨启涨点，所以可以确认快速启动的主升浪行情已经开始，应及时买入股票。

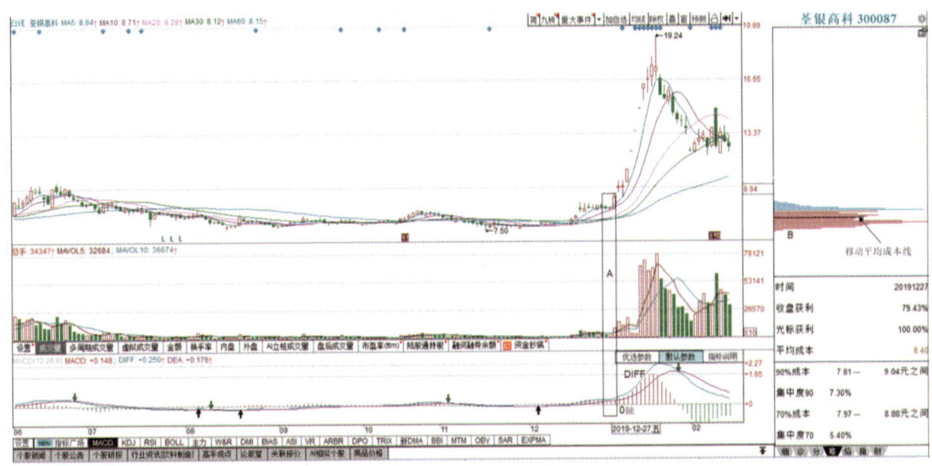

图 1–7　荃银高科 –2019 年 12 月 27 日筹码分布图

（2）判断加速上涨的主升浪时，主要是前期上涨趋势的确认，通过 MACD 或均线多头上涨趋势的确认，以及其后出现短线调整结束时形成的技术指标恢复上行的启涨形态和量价启涨点来判断。如图 1–8 长信科技（300088），B 区域形成了明显的均线多头上涨趋势，其后出现回调时形成了均线缠绕，进入 A 区域，恢复均线多头上涨初期排列，MACD 结束了在 0 轴附近的调整，出现 DIFF 线快速向上翘起的向上分离，B 区域形成筹码低位单峰密集的向上突破移动平均线后持续向上分散的启涨形态，且 A 区域形成了持续放量上涨的启涨点，因此可确认为加速上涨的主升浪行情已经展开，应及时买入股票。

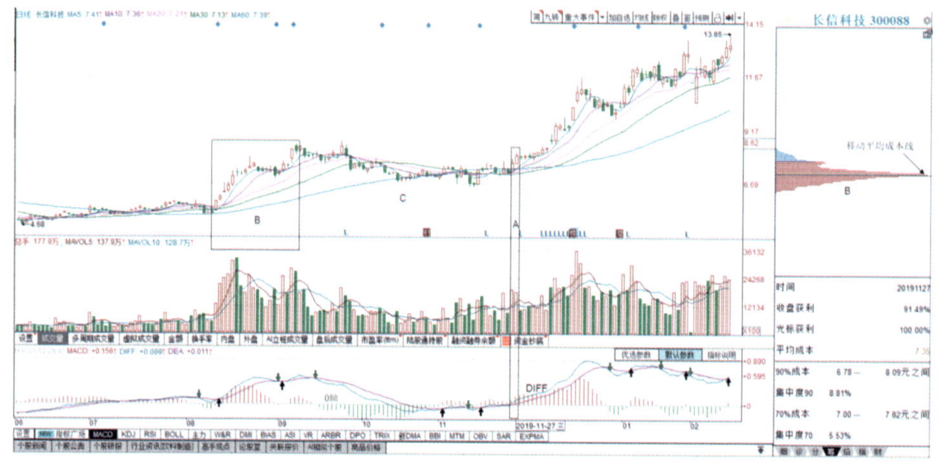

图 1-8　长信科技 -2019 年 11 月 27 日筹码分布图

2. 实战注意事项

（1）在判断主升浪行情时，应首先确认当前的股价趋势，以便确认是快速启动的主升浪或是加速上涨的主升浪，因为这两种主升浪行情出现前的形态有着明显的不同。

（2）快速启动的主升浪开始前，股价均是处于长期弱势震荡的趋势，越是窄幅的横盘震荡时间越久，后市主升浪的涨幅越大。

（3）加速上涨的主升浪开始前，往往股价趋势表现为明显的多头上涨趋势，主升浪开始时，是经过了短暂的短线震荡调整形成的恢复上涨趋势的形态。

（4）无论是哪种主升浪形态，一旦出现时，除了技术形态上会表现为启涨形态，还必须形成量价启涨点时，方可证明主升浪的开始。否则，只是股价短期的震荡表现，不应确认为主升浪的开始。

1.3.3　主升浪操作的风险最低

在实战中，由于主升浪行情的操作属于明确股价短期快速上涨的波段操作，也就是股价的短期强势特征明显时的波段操作，所以主升浪的操作是所有股票操作中风险最低的。因此，也是短线操作中最安全的一种操盘方法。

1. 主升浪操作风险低的原因

（1）在快速启动的主升浪操作中，由于股价是在长期弱势震荡整理期间出现的突然持续快速上涨，所以即使是判断失误，因为前期长期弱势整理平台积累了大量的筹码，对股价往往有着较强的支撑，即使买入股票后股价出现了震荡走弱，也是主力继续震仓洗盘的表现，其后会很快再回到整理平台。因此，在短线投资中所形成的短线亏损幅度也是极小的。如图 1–9 金刚玻璃（300093）在长期弱势横盘震荡中，一旦在 A 区域发现形成了 MACD 双线小幅向上分离，B 区域形成了长期低位单峰密集的红色筹码向上突破移动平均线后持续向上移动的启涨形态，以及 A 区域股价上涨的阳量持续明显放大的启涨点，形成了快速启动的主升浪启涨形态和启涨点时，如果买入了股票，其后却出现了 C 段的短时快速下跌，但由于之前存在一个股价长期弱势横盘震荡的整理平台，所以 C 段走势只是主力启动前的震荡洗盘行为，其后股价很快恢复了持续上涨，所以 C 段走势只是短线的小幅下跌风险，且风险极低。

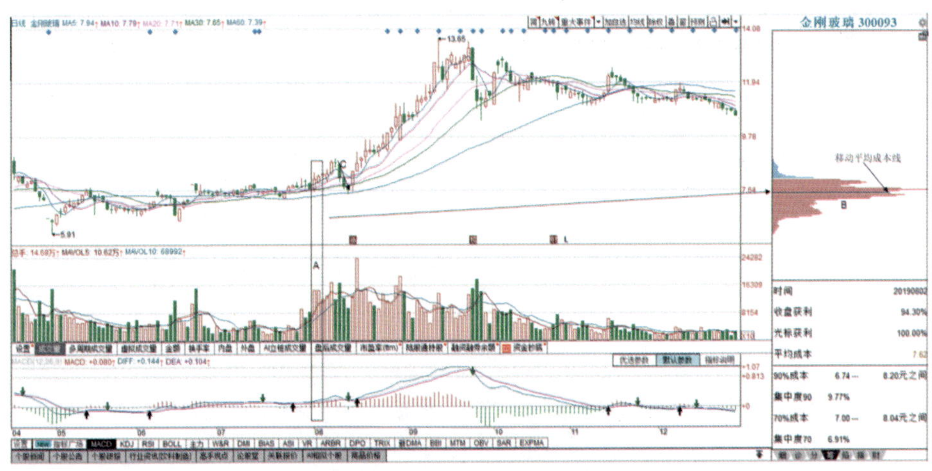

图 1–9　金刚玻璃 –2019 年 8 月 2 日筹码分布图

（2）在加速上涨的主升浪操作中，由于这种主升浪要求股价处于缓慢和持续小幅的震荡上涨走势，而趋势运行又有着持续性，所以即使股价的加速上涨只是一时的震荡走高行为，其后并未出现持续加速上涨，趋势也是继续保持震荡上涨的，所以即使判断失误，短期同样也会获利，不过是获利的幅度较小而已，是根本不存在风险的。如图 1–10 振芯科技（300101）在 MACD 双线向上突破 0 轴后，在 0 轴之上运行，A 区域形成了 MACD 双线恢复震荡后的持续上行，B 区域形成上涨双峰中的红色筹码向上突破移动平均线后持续向上分散和移动的启涨形态，同时 A 区域形成明显放量上涨的量价启涨点。如果是买入股票后，其后股价在上涨趋势中，虽然未出现持续大幅的加速上涨，但依然保持着震荡上涨的趋势，是根本不存在风险的。

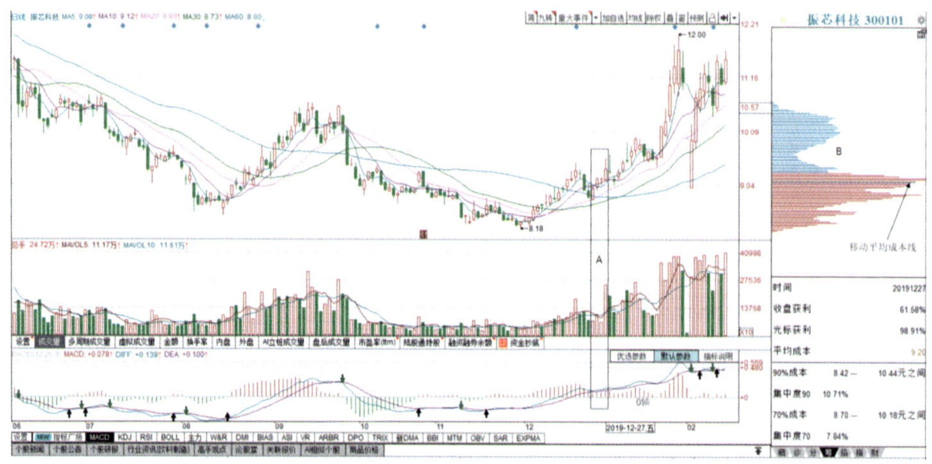

图 1-10　振芯科技 -2019 年 12 月 27 日筹码分布图

2. 实战注意事项

（1）在根据主升浪短线操盘时，由于存在一个重要的选股环节，所以无形中会大大降低投资失败的概率，因此选股是主升浪操作中的一个重要环节，不能忽略。

（2）根据主升浪短线操作时，并不是就不存在投资风险了，只是通过选股的流程，才能将风险的概率降到最低，因为在根据快速启动的主升浪波段操作中，一旦出现弱势走弱的情况，仍然会出现较大幅度的亏损，所以在买入股票时，一定要严格按照筹码分布的启涨形态和其他指标的辅助来判断启涨形态是否成立，然后在符合启涨点的要求下再买入股票。这样才能将投资风险降到最低。

第 2 章

筹码分布：解密股价快速涨跌的趋势变化

筹码分布，就是所有持有筹码在各个价位分布的情况，所以充分了解筹码分布图的调取和构成、筹码的主要形态、如何应用筹码密集与分散在移动中的变化，以及筹码分布与主升浪的关系，才能利用筹码分布和移动的情况准确把握住主升浪行情。

2.1 筹码分布与主升浪的关系

2.1.1 主升浪开始是筹码由低位密集向上移动和分散的始端

从主升浪的定义中可知，主升浪的开始，就意味着股价进入了快速上涨的时期。也就是说，这只股票开始短时受到了市场资金的关注，主力开始快速拉升股价。所以在筹码分布图上就可以明显地看到，低位区的主力筹码开始变为红色的获利筹码，并随着股价的持续上涨，获利筹码开始向上蔓延和增多，而跟风资金的介入，又造成了筹码不断地向上移动和分散。所以说主升浪的开始，是筹码由低位密集状态下不断向上移动和分散的初始时期。

1. 主升浪开始时的筹码移动分布形态

（1）当主升浪开始时，大多数筹码都会分布于分布图的低位区，只有形成密集状态时，才代表着筹码的集中，如果筹码只是在低位呈红色筹码与蓝色筹码的不断小幅变化，则说明未形成持续上涨，只能代表筹码集中，不能说明主力快速拉升的开始，所以下方的红色筹码在突破移动平均线后不断向上移动和蔓延时，才是主升浪的开始。如图 2-1 万讯自控（300112），当筹码在分布图低位区呈密集状态时，B 区域出现了红色筹码向上移动，到了 A 区域，红色筹码出现了向上快速突破移动平均线后持续向上蔓延，这时就要观察量能的变化，方可确认主升浪是否已经开始了。

（2）在下方红色筹码密集状态下，出现不断向上移动和蔓延时，如果量能不放大，则多数时候只是主力在利用资金向上拉升，而未能吸引到市场的关注，涌现出许多跟风资金的介入，所以量能不放大的筹码向上移动和蔓延，同样不能说明主升浪的开始。只有筹码低位密集状态下的红色筹码不断向上移动和分散的形态，才能证明主升浪的开始。如图 2-1 中 A 区域对应的筹码分布图上，红色筹码向上突破移动平均成本线后持续向上蔓延时，对应 C 区域的成交量表现为明显放大，所以即可确认主升浪已经开始了。

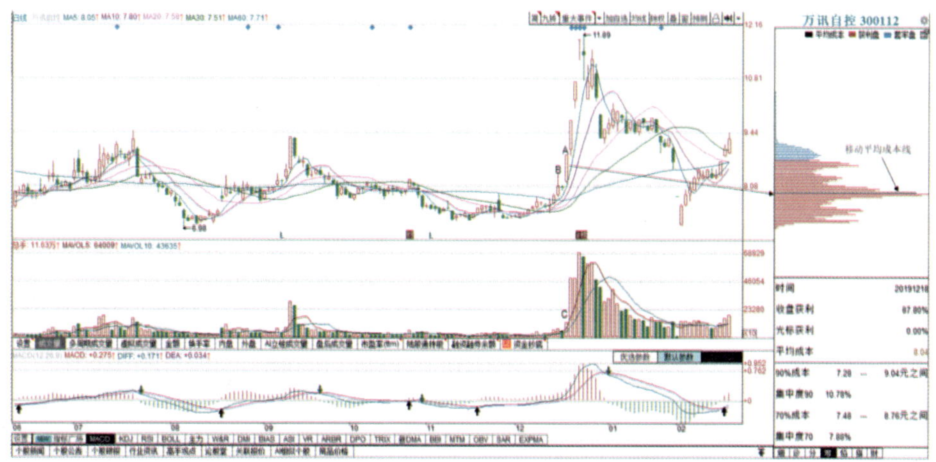

图 2-1　万讯自控 -2019 年 12 月 18 日筹码分布图

2. 实战注意事项

（1）利用筹码分布判断主升浪是否开始时，首先是判断筹码分布图上的筹码线是否在低位形成了密集状态。因主升浪的形态不同，所以筹码可表现为低位单峰密集，同时也可表现为低位双峰密集。

（2）当主升浪开始时，下方红色筹码必然会出现不断向上移动和蔓延，甚至是向上分散，但只有筹码线向上突破了移动平均线后，依然保持着不断向上移动和蔓延时，才能说明主升浪的开始。

（3）虽然筹码低位密集状态下的下方红色筹码不断向上移动和蔓延、分散是主升浪的开始，但只有量能同时也出现持续明显的放大时，才能确保这种主力快速向上拉升股价的主升浪能够持续。

2.1.2　主升浪结束是筹码由高位快速向下分散和移动的开始

当主升浪结束上涨时，就说明主力已经不再拉升股价，是以快速卖出股票为主，所以尽管在此期间股价可能不会表现为明显的下跌，由于筹码分布图上的筹码此时大多位于顶部或高位区，由于主力的大举卖出，所以会形成上方蓝色筹码的快速出现，并不断向下移动、分散和蔓延。因此，上方蓝色筹码的快速出现，并不断向下移动、分散和蔓延，是主升浪结束的开始。

1. 主升浪结束时的筹码移动分布形态

（1）当主升浪结束时，大多数筹码均会聚集在筹码分布图的顶部或高位区，呈红色筹码不再继续向上分散的状态，且筹码相对来说呈高位集中状态。如图 2-2 香雪制药（300147），在经过 A 段的快速上涨后，B 区域对应的筹码分布图上，筹码已向上分散到了顶部高位区，筹码呈相对密集状态，这时即可继续观察筹码变化来确认主升浪是否结束。

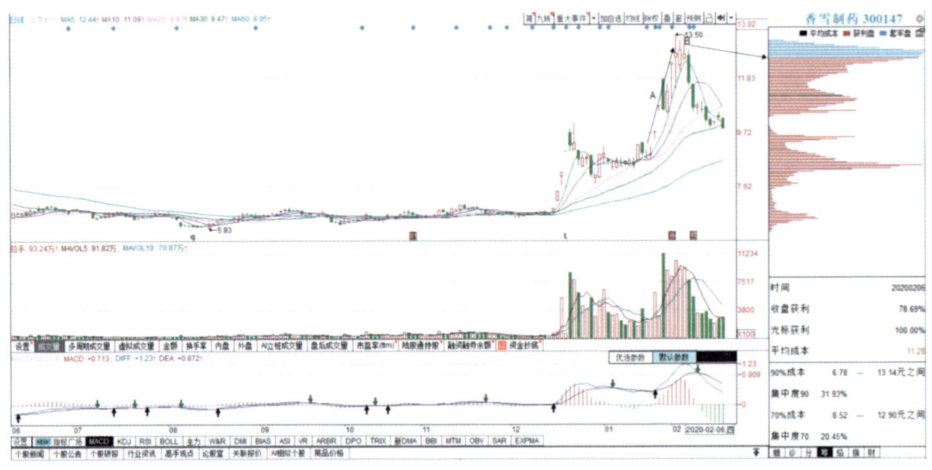

图 2-2　香雪制药 -2020 年 2 月 6 日筹码分布图

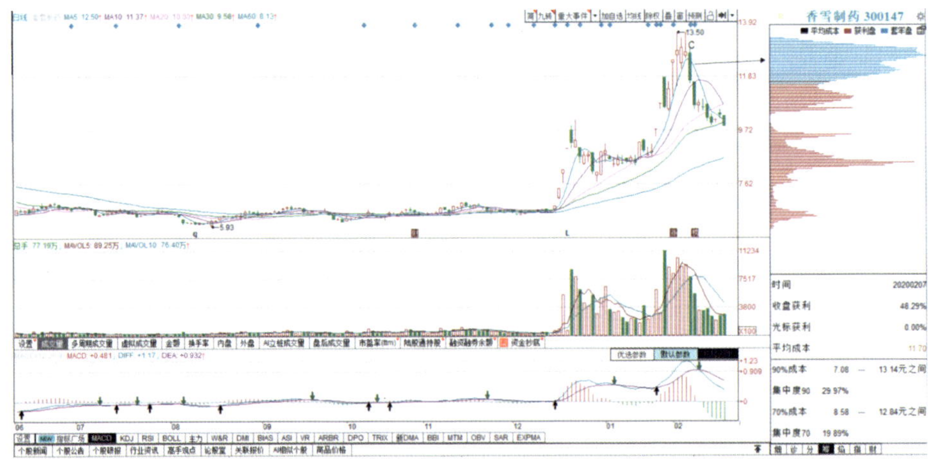

图 2-3　香雪制药 -2020 年 2 月 7 日筹码分布图

（2）主升浪结束时，当红色筹码不再向上移动和分散时，上方筹码会最先变为蓝色，并不断向下移动、分散和蔓延，也就是蓝色筹码在不断变多。这往往意味着高位浮筹亏损的不断增加，所以是主升浪结束的征兆。如图 2-2 形成筹码运行到顶部高位区，到了图 2-3 中 C 区域对应的筹码分布图上，可以清楚地看到红色筹码不再向上移动，图 2-2 中上方出现蓝色筹码后，到了下一个交易日的图 2-3 时，蓝色筹码在不断向下蔓延，结合上一点，即可确认主升浪已经结束。

2. 实战注意事项

（1）主升浪结束时，最直观的反映是在股价上，只要股价在快速上涨的高位区不再上涨时，即说明主升浪的结束。但为了准确判断出上涨行情是否结束，必须结合筹码分布图上顶部高位区的筹码颜色变化，以及筹码移动和分布形态的变化和量价情况来判断和确认。

（2）当主升浪结束时，通常筹码在不断向上移动和分散中运行到了顶部或高位区，不再继续向上移动和分散，而是聚集在了高位区，上方筹码变蓝后，出现不断向下分散和蔓延、移动时，只要表现为较大状态的阴量，即可确认主升浪的结束。

（3）主升浪结束时，因为前期上涨趋势的惯性，或是主力拉高出货的需求，往往上方蓝色筹码出现并不断向下移动和分散的过程中，仍然会出现中止向下移动和蔓延，出现红色筹码继续向上移动和分散，股价也会短时震荡走高，甚至是创出新高，但往往这种上涨为主力维持高位出货期间的虚假震荡走高，所以一旦卖出股票后，就不应再买回来。因为此时的所有股价震荡走高的行为，都是主力为了吸引跟风资金的高位接盘所做出的假象。

2.2 筹码分布图

2.2.1 筹码分布图的调取与显示

筹码分布图位于炒股软件的最右侧区域，只要打开一只股票的 K 线图，点击右侧筹码分布图的显示图标，即可显示出筹码分布图。但是，不同的炒股软件上筹码分布图的显示是不一样的，所以筹码分布图的调取方式也略有差别。

1. 筹码分布图的调取方法

（1）在以同花顺为代表的炒股软件上，调取筹码分布图时，应选择 K 线图右侧盘口信息区域右下方的“筹”标识，鼠标对准后点击，即可在右侧出现筹码分布图。如图 2-4 汤臣倍健（300146）为同花顺上的日线图，点击 A 区域的“筹”，右侧即会显示出筹码分布图。

图 2-4　汤臣倍健 -2020 年 2 月 19 日筹码分布图（同花顺）

（2）在以大智慧为代表的炒股软件上，调取筹码分布图时，应选择 K 线图右侧盘口信息区域右下方的“成本”标识，鼠标对准点击，即可在右侧出现筹码分布图。如图 2-5 同样是汤臣倍健日线图，但在大智慧上只要点击右下角 B 区域的“成本”，右侧同样会出现筹码分布图。

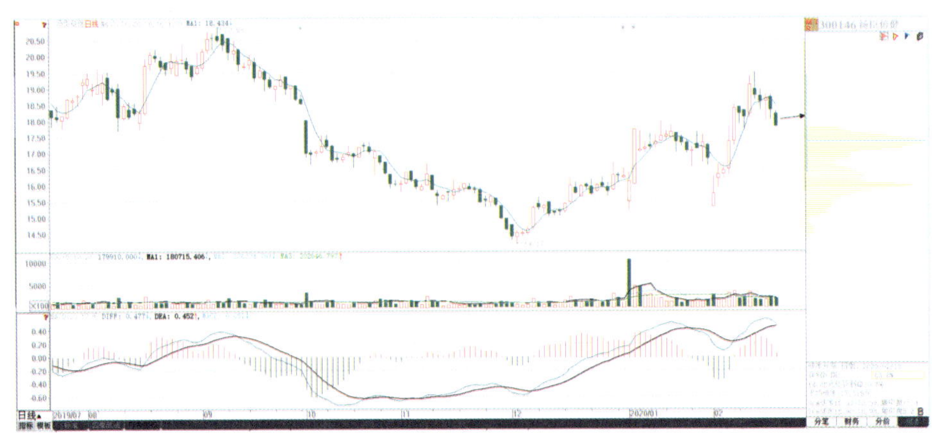

图 2-5　汤臣倍健 -2020 年 2 月 19 日筹码分布图（大智慧）

2. 实战注意事项

（1）在以同花顺为代表的炒股软件上，筹码线的分布是不分颜色的，所以根据筹码分布图分析行情时，应结合大多数筹码的成本和移动分布形态的变化来分析和判断。

（2）在以大智慧为代表的炒股软件上，筹码线是分为红色筹码和蓝色筹码的，所以在观察筹码分布时，最好是选择以同花顺为代表的炒股软件，这样更能细致地观察到筹码形态及移动变化对行情的影响。

2.2.2 筹码分布图的构成

在筹码分布图上，筹码的显示是完全不同于其他技术指标的，所以在运用筹码分布图判断和观察行情时，首先就要充分了解筹码分布图的构成。

1. 筹码分布图的主要构成

（1）筹码线。就是筹码分布图上一根根横着的或长或短的细线，分为红色筹码线和蓝色筹码线，红色筹码线代表着获利筹码，蓝色筹码线代表着亏损筹码。如图 2–6 中金环境（300145），右侧筹码分布图上的一条条横线，就是筹码线。上方的蓝色筹码线，代表着亏损筹码；下方的红色筹码，代表着获利筹码。

图 2–6　中金环境 –2020 年 2 月 19 日筹码分布图

（2）移动平均成本线。就是在筹码分布图上，位于筹码线中那条黑颜色的筹码线。这一根线代表着盘中绝大多数筹码的成本。如图 2–6 中筹码分布图上那根横排于中间的黑色筹码线，即为移动平均成本线。

2. 实战注意事项

（1）在利用筹码分布图分析行情时，一定要注意筹码线颜色的变化和筹码线组成的筹码形态，以及筹码线是分散或密集的状态来综合判断行情的演变。

（2）由于移动平均线代表着绝大多数筹码的持有成本，所以红色筹码或蓝色筹码与移动平均成本线的位置和筹码线的移动方向，往往意味着股价趋势的涨跌。

（3）当股价持续上涨时，下方红色筹码都会呈现出持续向上移动和蔓延，一旦红色筹码向上突破移动平均成本线后，依然保持着持续向上移动和分散、蔓延时，才证明上涨行情的持续。

（4）当股价下跌时，一旦蓝色筹码向下跌破移动平均成本线后，依然保持着持续向下移动和分散、蔓延时，才证明上涨趋势的结束。所以，移动平均线往往是一条多空分界线，红色筹码在其上方时意味着强势，红色筹码在其下方时意味着弱势。

2.3 筹码分布主要形态

2.3.1 筹码峰

筹码峰是筹码分布的一种筹码形态，是指筹码线聚集到一起时，就形成了一个像横倒的山峰，所以叫筹码峰。筹码峰的出现，说明较多的筹码在一定时期内聚集在一个较窄的价格区间，所以是筹码在某一价位集中的表现，在研判断行情时起着十分重要的作用。

1. 筹码峰的主要表现形态

（1）单峰。是指筹码分布图上的所有筹码线都聚集在一定区域，形成了一个横倒的筹码峰，是筹码高度集中在某一较窄价格区间的表现。如图 2-7 中环装备（300140）右侧的筹码分布图上，所有的筹码都聚集在 A 区域，形成了一个横倒的山峰，为单峰。

图 2-7　中环装备 -2020 年 2 月 3 日筹码分布图

（2）双峰与多峰。双峰是指所有的筹码形成了两个横倒的筹码峰，中间形成了一个存在较短筹码线的谷。多峰则是指筹码分布图上的所有筹码形成了至少两个筹码峰时，甚至是三个或四个筹码峰时的形态。如图 2-8 青松股份（300132）在 2020 年 2 月 7 日筹码分布图上，筹码密集状态下，形成了 A、B、C 三个筹码峰，为多峰；图 2-9 天齐锂业（002466）在 2020 年 2 月 12 日筹码分布图上，表现为 A、B 两个筹码峰，为双峰。

图 2-8　青松股份 -2020 年 2 月 7 日筹码分布图

图 2-9　天齐锂业 -2020 年 2 月 12 日筹码分布图

2. 实战注意事项

（1）正常状态的筹码峰，筹码是处于相对密集状态的，所以筹码线间距过大、过散的筹码形态，尽管也会形成一种筹码聚集的形态，但不应视为筹码峰。

（2）在双峰与多峰状态中，通常筹码峰之间的谷内是存在较短的筹码线的。但如果是股价持续向上跳空高开上涨或是持续向下跳空低开期间，形成了持续一字板涨跌时，由于没有成交量，所以筹码峰之间会出现间隔。这时应以筹码向上或向下移动与分散的情况来判断行情。

（3）如果是股价因高送转所造成的筹码峰之间间隔过大的情况时，筹码分布图上的筹码显示形态是不真实的，应将 K 线图复权后再进行观察。

2.3.2　筹码分散

筹码分散，是指筹码线之间的距离较大，筹码在分布图上所占据的区间较大时的一种表现。筹码分散往往代表着盘中筹码不稳定，股价会呈现出明显的震荡加剧，或明显上涨，或明显下跌，甚至是出现大幅震荡。所以，筹码分散是判断行情的一种重要形态。但判断行情时，应以筹码移动的眼光来看待分散。

1. 筹码移动和分散的主要表现

（1）筹码向上移动和分散。当筹码由低位区向上移动和分散时，筹码线是向上出现了持续分散，所占的范围在持续向上扩大，下方红色筹码在持续向上蔓延。一旦筹码形成了向上移动和分散时，只要不运行到顶部高位区，红色筹码依然在持续向上蔓延，就代表着行情为上涨。如图 2–10 亚光科技（300123）在 A 区域的 2020 年 1 月 17 日时，筹码分布图上的筹码处于低位区密集，但到了图 2–11 中 B 区域对应的 2020 年 2 月 13 日时，筹码分布图上的下方红色筹码在持续向上蔓延，所占面积明显变大，说明 A 至 B 区域为上涨行情，这种形态就是筹码向上移动和分散的形态。

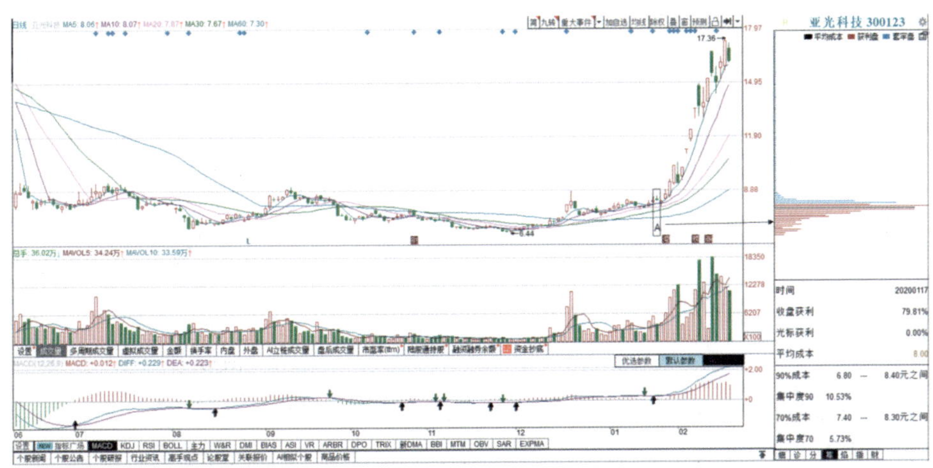

图 2–10　亚光科技 –2020 年 1 月 17 筹码分布图

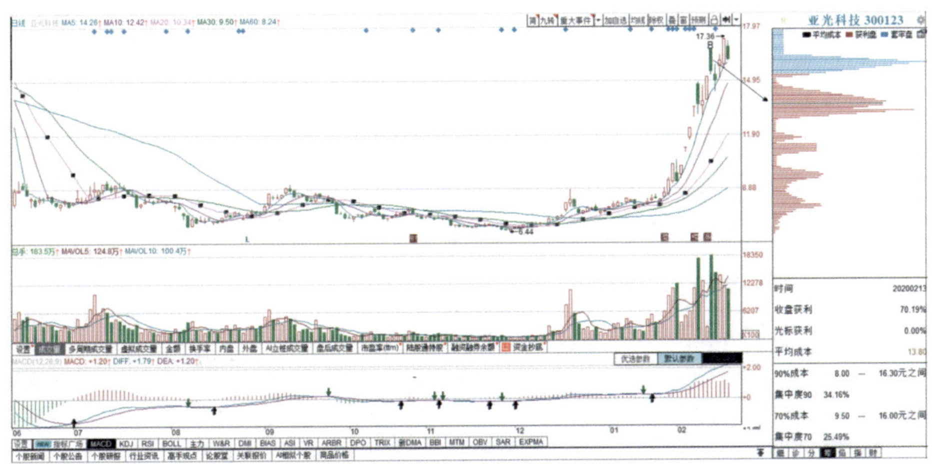

图 2–11　亚光科技 –2020 年 2 月 13 筹码分布图

（2）筹码向下移动和分散。当筹码由顶部高位区向下移动和分散时，是指筹码在运行到高位区后，不再向上移动和分散，而是形成了高位密集后开始向下分散，主要表现在筹码线的间距在不断向下拉大和移动，上方蓝色筹码在不断向下蔓延。一旦蓝色筹码形成了持续向下移动和分散时，就代表着行情为下跌。如图 2-12 晓程科技（300139）在 2019 年 4 月 4 日时，筹码已聚集在高位区，但到了图 2-13 中的 2019 年 5 月 6 日时，筹码分布图上明显看到上方蓝色筹码在向下移动和蔓延，筹码线的间距在不断拉大，说明股价出现了持续下跌，这种形态就是筹码向下移动和分散的形态。

图 2-12　晓程科技 -2019 年 4 月 4 日筹码分布图

图 2-13　晓程科技 -2019 年 5 月 6 日筹码分布图

2. 实战注意事项

（1）判断筹码分散时，主要是筹码由集中在某一狭小区域出现了向更大区域的持续扩散，所以筹码分散是由集中到分散的一种表现，但筹码向上分散与向下分散所代表的行情却是截然相反的。

（2）当筹码向上移动和分散时，往往是由低位密集到向高位不断分散的状态。此时的红色筹码是在不断向上移动和蔓延的，所以代表着获利筹码的不断增加，为股价的上涨行情。

（3）当筹码向下移动和分散时，往往是由顶部高位区由密集到向低位区不断分散的状态。此时的蓝色筹码是在不断向下移动和蔓延的，所以代表着亏损筹码的不断增加，为股价的下跌行情。

2.3.3 筹码密集

筹码密集，是指筹码线之间的距离较小，也就是筹码线之间相距较近，所有的筹码都集中在一个相对较小的价位区间时，又叫筹码集中，所以往往意味着筹码的稳定，因此在大多数时候，筹码密集是股价即将上涨的征兆。一旦出现向上分散，一轮上涨行情就展开了，但利用筹码密集判断主升浪行情时，应考虑到筹码的位置。

1. 筹码移动和密集的主要表现

（1）高位筹码密集到向下分散。是指筹码在高位区呈密集状态时，一旦开始向下移动和分散，筹码线的间距就表现为向下扩散加大，蓝色筹码不断向下蔓延，就意味着股价出现了持续下跌，所以筹码高位密集到低位分散的过程，意味着行情的下跌。如图 2-14 黑芝麻（000716）A 区域对应的 2019 年 5 月 16 日筹码分布图上，筹码表现为运行到高位区的密集，但是到了 B 区域，也就是图 2-15 中 B 区域对应的筹码分布图上，筹码已明显出现了大幅向下分散，蓝色筹码快速向下蔓延和移动。因此说明图 2-14 中由 A 到 B 区域的筹码高位密集到向下分散的过程，是一轮下跌行情。

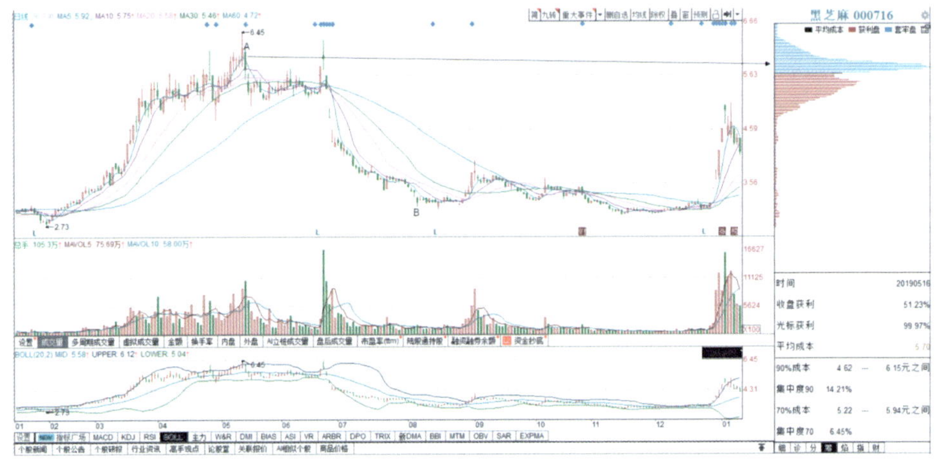

图 2-14　黑芝麻 -2019 年 5 月 16 日筹码分布图

图 2-15　黑芝麻 -2019 年 8 月 6 日筹码分布图

（2）低位筹码密集到向上分散。是指筹码在低位形成密集后，一旦出现持续向上分散，筹码线间距向上扩张，红色筹码持续向上移动和蔓延，就意味着上涨行情的开始，因此低位筹码持续向上分散的过程，往往意味着一轮上涨行情。如图 2-16 中 C 区域形成了筹码低位密集后，到 D 区域开始出现红色筹码向上蔓延和移动，到了 E 区域，即图 2-17 中 E 区域对应的筹码分布图上，筹码已由图 2-16 中的低位密集变为了向上分散状态，所以由 D 到 E 区域的筹码低位密集持续向上发散的过程，为一轮上涨行情。

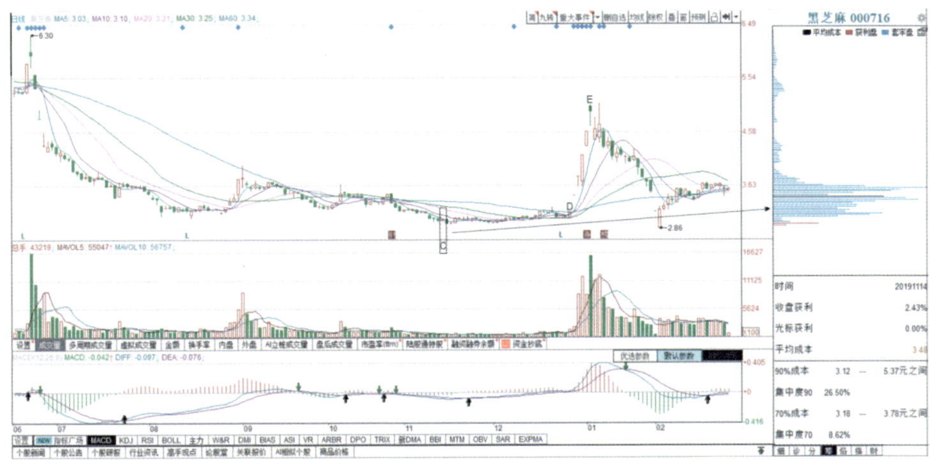

图 2-16　黑芝麻 -2019 年 11 月 14 日筹码分布图

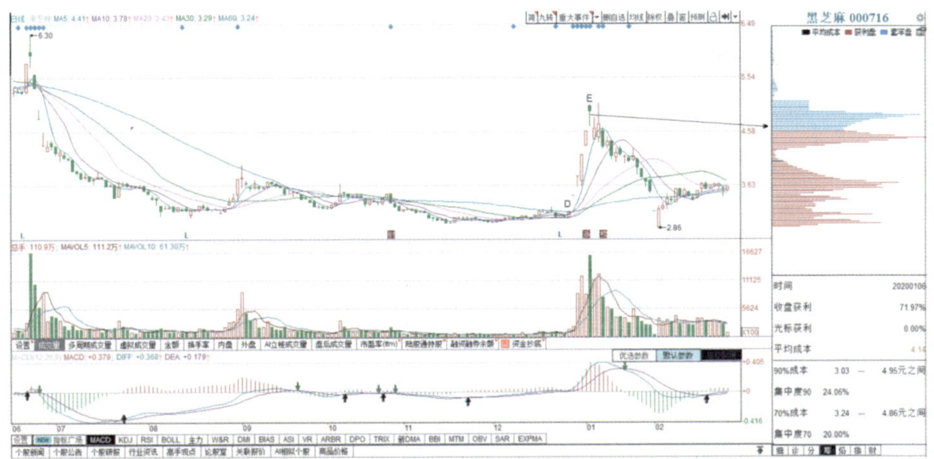

图 2-17　黑芝麻 -2020 年 1 月 6 日筹码分布图

2. 实战注意事项

（1）筹码密集是筹码集中的表现，尤其是在低位区出现的单峰密集，往往是一轮快速上涨主升浪即将开始的征兆，但是否启动上涨，还要观察筹码密集是否会出现向上分散和移动，所以低位单峰密集是选股时的一种重要形态，判断启动形态时，应以移动的眼光来观察。

（2）当筹码在顶部高位区呈密集状态时，大多时候筹码的密集状态只是相对密集，因为筹码在顶部时，代表着股价已上涨至高位区，而高位区最容易出现筹码松动，筹码分歧在加大，所以一旦筹码在顶部高位区出现快速向下分散时，就意味着下跌的开始，成为主升浪行情结束的征兆。

（3）筹码在顶部高位区密集后，并不意味着行情一定会即刻转为下跌趋势，因为长牛股在经过持续上涨后，筹码也会聚集到顶部高位区，但经过震荡后，又会在相对低位区形成密集，所以只要筹码在顶部高位区始终不散，一旦再次密集后向上移动时，就成为了股价再次启动加速上涨的征兆。

2.4 筹码分布应用

2.4.1 从筹码移动的角度分析行情

在利用筹码分布分析行情时，一定要以移动的眼光来观察，这种移动眼光，事实上是指筹码的移动，因为只有筹码出现了移动，才意味着行情出现了变化，比如筹码的向上移动和向下移动，但这种筹码的移动，在观察时是有着不同要求的。

1. 筹码移动的具体观察方法

（1）筹码向上移动。筹码向上移动是与筹码向上分散分不开的，但观察筹码向上移动和分散时，主要是观察下方红色筹码的持续向上移动和分散，一经形成，就意味着是股价的上涨。如图 2-18 中黄山胶囊（002817）A 区域的 2019 年 12 月 16 日对应的筹码分布上，筹码表现为低位密集，到了图 2-19 中 B 区域对应的 2020 年 1 月 20 日筹码分布图上时，红色筹码在持续向上蔓延时形成了分散、移动，说明 A 区域至 B 区域的 C 段走势为股价上涨的筹码向上移动。

图 2-18　黄山胶囊 -2019 年 12 月 16 日筹码分布图

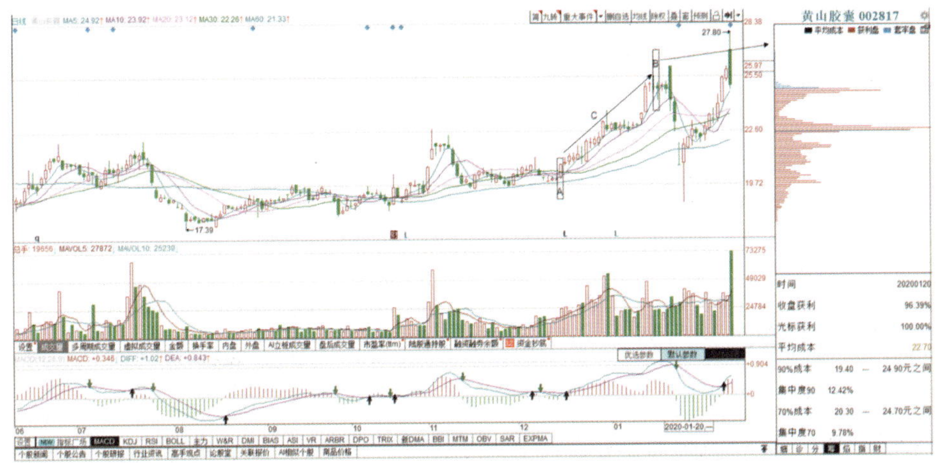

图 2-19　黄山胶囊 -2020 年 1 月 20 日筹码分布图

（2）筹码向下移动。筹码向下移动与筹码向下分散离不开，观察筹码向下移动和分散时，主要是观察上方蓝色筹码出现持续向下移动和分散、蔓延，一旦形成，就意味着股价的下跌。如图 2-20 可立克（002782）在 A 区域的 2019 年 6 月 12 日对应的筹码分布图上，筹码表现为高位相对密集，到了图 2-21 中 B 区域的 2019 年 11 月 26 日对应的筹码分布图上，筹码却表现为蓝色筹码持续向下蔓延、移动，筹码面积变得较大，形成了分散的状态，说明 A 区域到 B 区域的 C 段走势，为筹码向下移动的下跌走势。

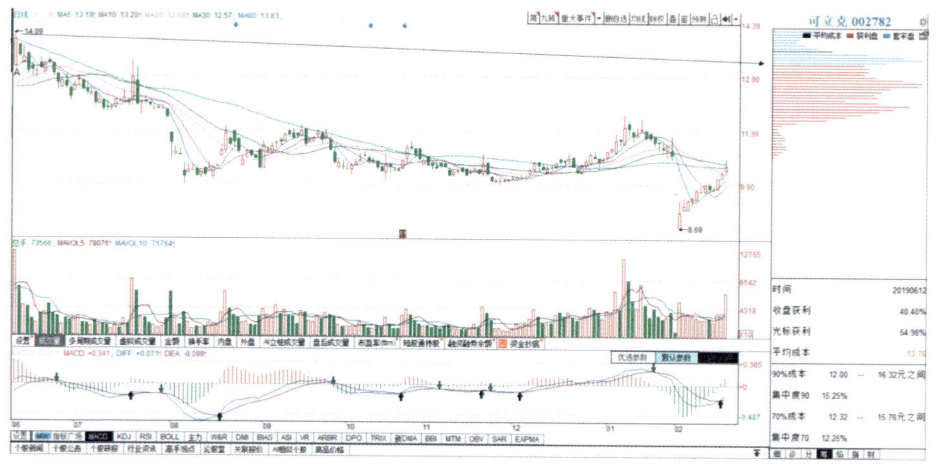

图 2-20　可立克 -2019 年 6 月 12 日筹码分布图

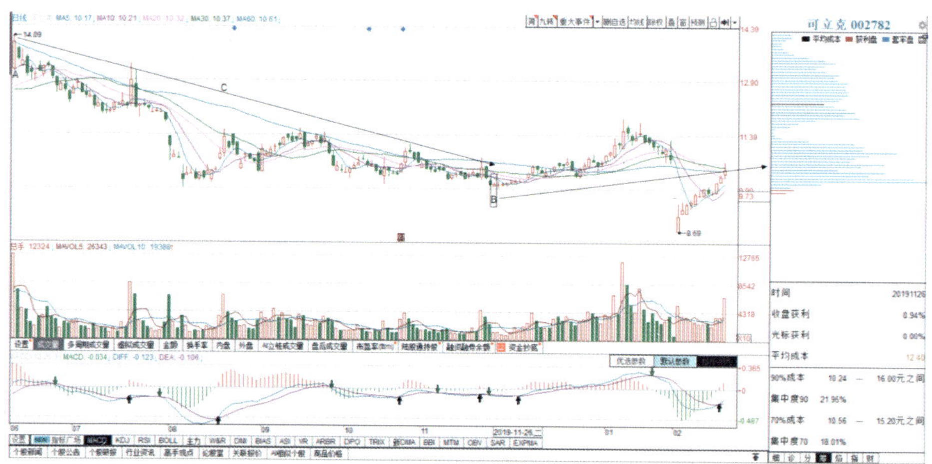

图 2-21　可立克 2019 年 11 月 26 日筹码分布图

2. 实战注意事项

（1）在以移动眼光观察筹码分布时，应结合筹码分散及分散的方向一起分析行情，这也就意味着只要筹码在移动中不出现明显的分散，往往只是盘中股价短时的震荡，这时筹码的移动也会不太明显。

（2）只有筹码在移动中形成了明显的持续分散时，才意味着股价出现了明显的向上或向下的运行：筹码向上持续移动和分散时为上涨行情，筹码向下持续移动和分散时为下跌行情。

（3）如果筹码在较分散的状态下，即筹码占分布图较大位置时，筹码移动的方向不明显，主要观察不同筹码的移动和蔓延来判断行情：当下方红色筹码持续向上蔓延时为上涨行情，当上方蓝色筹码持续向下蔓延时为下跌行情。

2.4.2 筹码向下分散与下跌行情

筹码向下分散，是指筹码在顶部高位区呈相对密集状态时，出现了向下分散。这往往说明筹码在高位区出现了松动，市场主要表现为以卖出股票为主，所以造成了筹码的向下分散。因此，筹码在高位区向下分散代表着下跌行情。

1. 筹码向下分散的具体表现

（1）筹码向下分散时，是筹码在相对密集状态下的向下扩散，筹码表现为在高位区占据较小区域持续占据较大区域的扩展。如图 2-22 科泰电源（300153），在 A 区域的 2019 年 7 月 2 日筹码分布图上，筹码相对密集在高位区，到了图 2-23 中 B 区域的 2019 年 8 月 6 日时，筹码分布图上的筹码出现了明显的向下扩散，明显筹码所占区域范围在向下扩大，所以筹码向下分散期间的 C 段走势为下跌。

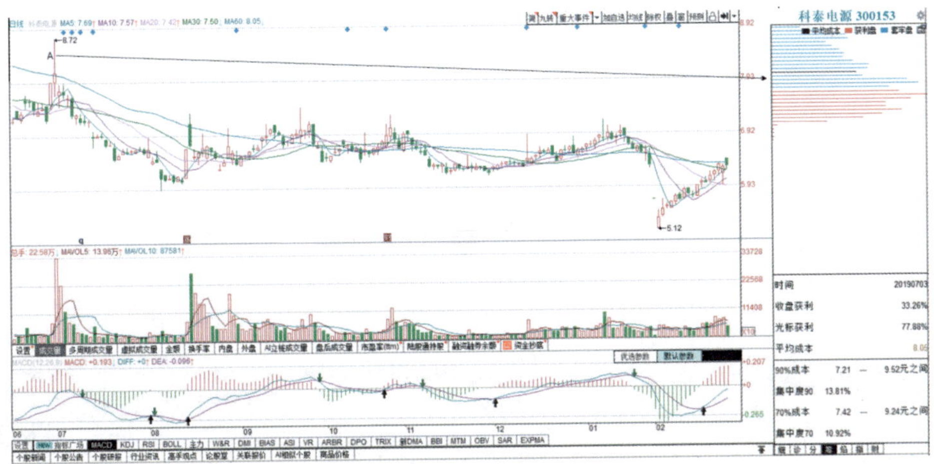

图 2-22 科泰电源 -2019 年 7 月 3 日筹码分布图

图 2-23　科泰电源 -2019 年 8 月 6 日筹码分布图

（2）筹码向下分散期间，最先形成时是上方蓝色筹码出现后，持续向下蔓延。这种情况经常出现在筹码向下分散不够明显时。如图 2-22 中筹码聚集于高位区时，当运行到图 2-24 中 B 区域的 2019 年 7 月 4 日时，筹码分布图上方蓝色筹码持续出现了向下蔓延，所以 D 区域时即可确认这种筹码向下移动和分散的状态。

图 2-24　科泰电源 -2019 年 7 月 4 日筹码分布图

2. 实战注意事项

（1）筹码出现向下分散时，往往筹码出现在分布图顶部高位区时，才是主升浪启跌形态和启跌点形成的时候，所以在利用筹码分布判断主升浪是否结束时，筹码向下分散是一种重要的依据。

（2）筹码向下分散时，主要是观察整个高位区的筹码是否出现了向下扩散，筹码线之间的间距是否快速拉大。但如果是筹码分散不够明显时，应观察上方在出现蓝色筹码后，是否出现了持续向下蔓延。

（3）在利用筹码向下分散判断主升浪启跌点时，一定要结合量价来判断，因为筹码向下移动，只能说明盘中筹码在持续亏损，是难以表现出具体的卖出量是否强烈的，所以筹码分布形态只是一种技术指标显示，具体操作还应以量价表现为是否转跌的依据来判断。

2.4.3 筹码向上分散与上涨行情

筹码向上分散，是指筹码在低位区呈相对密集状态时，出现了向上分散。这往往说明主力在低位区出现了向上拉升股价，市场主要表现为以买入股票为主，所以造成了筹码的向上分散。因此，筹码在低位区向上持续分散代表着上涨行情。

1. 筹码向上分散的具体表现

（1）筹码向上分散时，是筹码在相对密集状态下的向上扩散，分布图上的筹码表现为在低位区占据较小区域持续占据较大区域的放大。如图 2-25 中 A 区域的 2020 年 2 月 4 日筹码分布图上，筹码密集于低位区，但到了图 2-26 中 B 区域的 2 月 13 日时，筹码出现了明显的向上扩散，筹码所占位置明显变大。

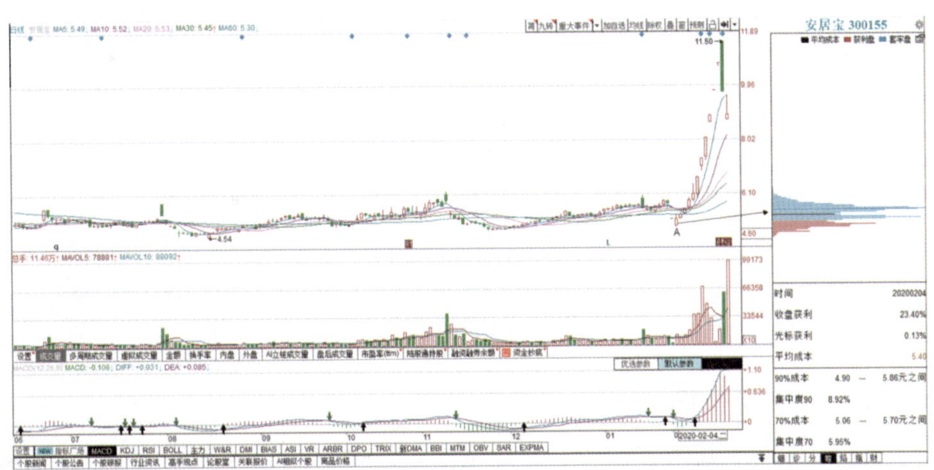

图 2-25 安居宝 -2020 年 2 月 4 日筹码分布图

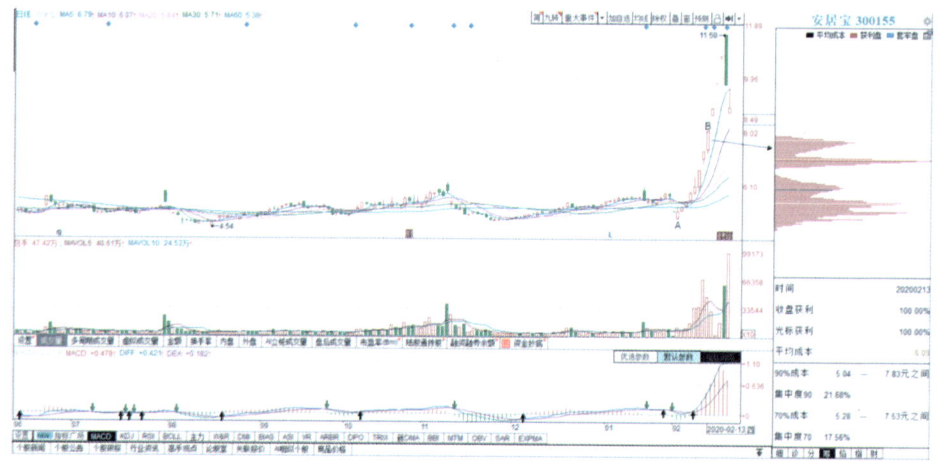

图 2-26　安居宝 -2020 年 2 月 13 日筹码分布图

（2）筹码向上分散期间，最先形成时是下方红色筹码持续向上蔓延。这种情况经常出现在筹码向上分散不够明显时。如图 2-25 中筹码分布图上的筹码形态，到了图 2-27 中 C 区域的 2020 年 2 月 10 日筹码分布图上的筹码形态，为筹码向上分散初期，只是出现了红色筹码的持续向上蔓延，筹码向上分散和移动的情况不够明显。

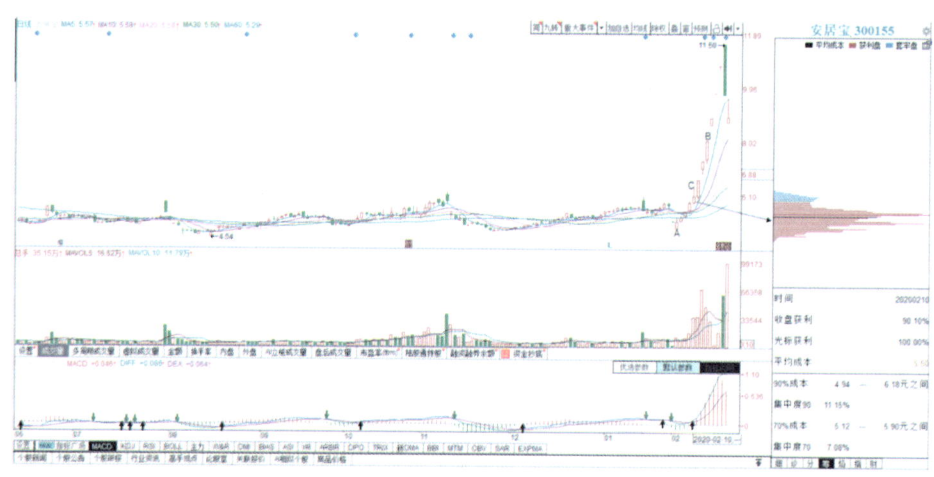

图 2-27　安居宝 -2020 年 2 月 10 日筹码分布图

2. 实战注意事项

（1）筹码向上分散出现时，往往筹码形态表现为较密集或集中，向上移动和分散得越明显时，越能代表股价的快速上涨，但必须是持续向上分散时才具有参考价值。

（2）如果筹码向上分散时，下方筹码向上移动的速度较快，向上远离了低位区，更能说明主力全力向上拉升的欲望。但这种情况出现时，表明股价在加速上涨的同时，也不能忽视行情的随时转跌，因主力持筹成本在滚动上涨时也在不断卖出。

（3）如果是筹码在低位区呈单峰密集状态形成向上分散和移动期间，应以下方红色筹码是否突破了移动平均成本线后能够保持持续向上移动和分散、蔓延时，为判断主升浪启涨形态的成立，但买入时必须符合启涨点的要求时方可确认。

2.4.4 筹码由分散到集中与蓄势待发

筹码分散代表着筹码成本的差距较大，分布于各个价位，是不利于股价持续上涨的。所以股价要想形成持续上涨前，必然会有一个从分散到集中的过程。因此，股价在启动前，必须有一个由分散到集中的过程，所以一旦筹码形成了集中的密集形态后，往往意味着即将启涨，筹码由分散到集中的演变，也就成为股价蓄势待发的一种状态。

1. 筹码由分散到集中与行情的演变过程

筹码由分散到集中的演变，是筹码集中到低位某一较窄价格区间的表现，是一种股价即将启涨的蓄势，但这并不能说明股价就会立刻启动上涨。因为主力在介入一只股票后，只有通过震仓洗盘，洗掉了更多的低位筹码后才会启动上涨，所以筹码由分散到集中只是股价启涨前的一种蓄势，是选股时的一个标准。只有筹码在演变为密集的集中形态，也就是密集的筹码峰形态后，再经过反复震荡洗盘后，形成了启涨形态和启涨点时，才是主升浪启动时介入的最佳时机。如图 2-28 华中数控（300161）2019 年 9 月 10 日的 A 区域对应的筹码分布图上，筹码在低位区由分散状态形成了密集状态，但股价并未出现快速上涨，是由于主力虽然建仓了，但尚未震仓洗盘，所以一直到图 2-29 中 2020 年 1 月 20 日的 B 区域后，筹码分布图上才形成了低位单峰密集向上突破的启涨形态，同时表现为温和放量上涨的启涨点，其后才启动了主升浪行情。因此，A 区域到 B 区域的走势，为筹码由分散到集中后的蓄势待发阶段，因为在图 2-28中筹码分布图上方，依然存在着一定的短小浮筹，是筹码尚未完全集中于低位区的表现，所以 A 区域到 B 区域只是股价上涨前选股时的一个标准。

图 2-28　华中数控 -2019 年 9 月 10 日筹码分布图

图 2-29　华中数控 -2020 年 1 月 20 日筹码分布图

2. 实战注意事项

（1）筹码由分散到集中，只是股价未来即将启动上涨的初步形态，所以只是一种选股时的筹码移动分布形态，只有在后续的观察中，形成了启涨形态和启涨点时，才是买入股票的时机。

（2）当筹码由分散形成集中后，如果期间股价下跌较严重时，并不是说股价就不会出现持续上行，但这种情况往往说明只是反弹行情，下方红色筹码出现后会持续向上蔓延，但只要不形成明显的启涨形态和启涨点，就不应以主升浪波段来操作，只能以抢反弹的策略来进行短线操作。

2.4.5 顶部筹码不散与跌势不止

顶部筹码不散，是指筹码在由分散到不断集中的过程中，尽管大多数筹码已经集中到了低位区，或是形成了密集状态时，只要是顶部高位区依然存在看似较短的零散筹码，就说明高位区依然存在一定的亏损筹码，即使股价出现持续上涨，这种上涨也难以持久，很难出现主升浪行情，应采取尽量回避的策略，参与时应以反弹对待。

1. 顶部筹码不散的具体形态

（1）顶部筹码不散中的“顶部”是指筹码分布图上的筹码位于最上方的顶部高位区。如图 2-30 通源石油（300164）A 区域的 2019 年 4 月 22 日筹码分布图上，大多数筹码已聚集到了顶部高位区。

图 2-30　通源石油 –2019 年 4 月 22 日筹码分布图

（2）顶部筹码不散，是指位于筹码顶部高位区存在着一定的蓝色筹码线，筹码线或长或短，并出现了蓝色筹码的向下蔓延，且保持着相对密集的状态。如图 2-30 中筹码分布图上，上方存在一定数量的蓝色筹码，到了图 2-31 中 B 区域对应的 2019 年 6 月 26 日筹码分布图时，上方蓝色筹码明显出现了快速向下蔓延，较短，且一直保持着相对密集的状态。综合上一点内容，即可确认股价的下跌趋势依然会持续。

图 2-31　通源石油 -2019 年 6 月 26 日筹码分布图

2. 实战注意事项

（1）实战中顶部筹码不散最容易造成操作失误的，因为在分布图上方存在蓝色筹码的情况下，下方筹码呈密集状态向上持续移动时，尤其是顶部筹码看似不多的较短状态分布于顶部区域时，即使进行操作，也不应以主升浪行情来对待。

（2）如果一只股票是刚刚经过了高送转行情后，筹码分布图的顶部必然会存在许多筹码，这并不是顶部筹码不散形态，应将 K 线图复权处理后再来观察筹码形态。

2.4.6　底部筹码锁定与涨势未尽

底部筹码锁定，是指在筹码分布图上，无论上方筹码如何移动，最下方的红色筹码始终存在，并未出现明显的减少。由于这种筹码分布形态存在，说明主力低位获利筹码始终没有卖出，所以尽管短期行情出现了下跌，也往往只是股价的短线调整，股价的整体上涨趋势是不会改变的。

1. 底部筹码锁定的具体形态

（1）底部筹码锁定中的“底部”，是指筹码分布图的下方低位区。如图 2-32 智慧松德（300173）A 区域对应的 2019 年 12 月 11 日筹码分布图上，筹码大多位于下方的低位区，这时即可再观察是否形成了“筹码锁定”。

图 2-32 智慧松德 -2019 年 12 月 11 日筹码分布图

（2）在底部筹码锁定的形态中，只有下方的红色筹码始终保持着最初的状态和位置不变时，才是底部筹码锁定的状态。在图 2-32 中，当股价经过了 C 段的上涨和 D 段的下跌后，到了 2020 年 2 月 4 日，即图 2-33 中 B 区域时，对应的筹码分布图上，下方低位区的红色筹码在原来的位置保持不变，所以即可确认为底部筹码锁定。结合上一点内容，即可确认上涨行情依然未中止。

图 2-33 智慧松德 -2020 年 2 月 4 日筹码分布图

2. 实战注意事项

（1）底部筹码锁定出现时，说明主力低位建仓的筹码一直保持着持仓不动的状态，所以意味着主力依然保持着重仓的状态，未出货，所以股价的上涨趋势是不会改变的。

（2）在主升浪波段操作中，一旦在多峰或双峰状态中出现了股价短时下跌后止跌回升的启涨形态和启涨点时，只要是发现底部筹码依然呈锁定状态时就应坚决买入。

（3）如果是持股中出现了股价的短期下跌时，一旦发现底部的红色筹码呈锁定的状态时，就要坚定持股的信心，因这种股价的下跌只是短时的震荡与调整。但如果是震荡行情出现在这种情况下，并不是买入时机，因为主力虽然依然存在，但并不意味着主升浪出现了。

2.5 主升浪起始时的筹码分布形态

2.5.1 快速上涨时的筹码分布形态

当主升浪出现时，筹码分布图上的筹码移动分布，整体会表现为红色筹码在移动平均线上方的持续向上蔓延和移动、分散。但由于具体的主升浪形态不同，所以具体的筹码形态也是不一样的，一定要根据具体的主升浪形态来进行具体区分。

1. 主升浪启动上涨的筹码分布形态要求

（1）快速启动的主升浪筹码分布形态。股价在弱势震荡期间出现快速启涨时，筹码分布形态必然会形成低位单峰密集，一旦出现向上启动时，下方红色筹码就会出现快速向上蔓延和移动、分散，突破移动平均线后依然保持这种向上持续分散、移动、蔓延时，形成了量价齐升状态，即说明主升浪已经展开。如图 2-34 秀强股份（300160）A 区域对应的 2020 年 2 月 5 日筹码分布图，筹码形成了低位单峰密集中红色筹码持续向上蔓延时，B 区域与 A 区域形成了量价齐升的状态，所以即可确认 A 区域已出现了快速启动的主升浪。

（2）加速上涨的主升浪筹码分布形态。股价在上涨趋势中出现加速上涨的主升浪时，筹码往往呈双峰或多峰形态，上方蓝色在终止继续向下蔓延后，下方红色筹码出现了持续向上蔓延、分散和移动，出现量价齐升时，即说明主升浪已经展开。如图 2-35 易华录（300212）B 区域形成了多峰上涨中的上方蓝色筹码下移，但 A 区域的 2020 年 2 月 3 日对应的筹码分布图上，蓝色筹码出现了中止继续向下移动。到了 2 月 5 日时，即图 2-36 中 C 区域对应的筹码分布图上，红色筹码出现了向上突破移动平均成本线后的持续向上蔓延，形成了多峰上涨向上突破的启动形态，且出现了量价齐升，因此可确认加速上涨的主升浪行情已经启动。

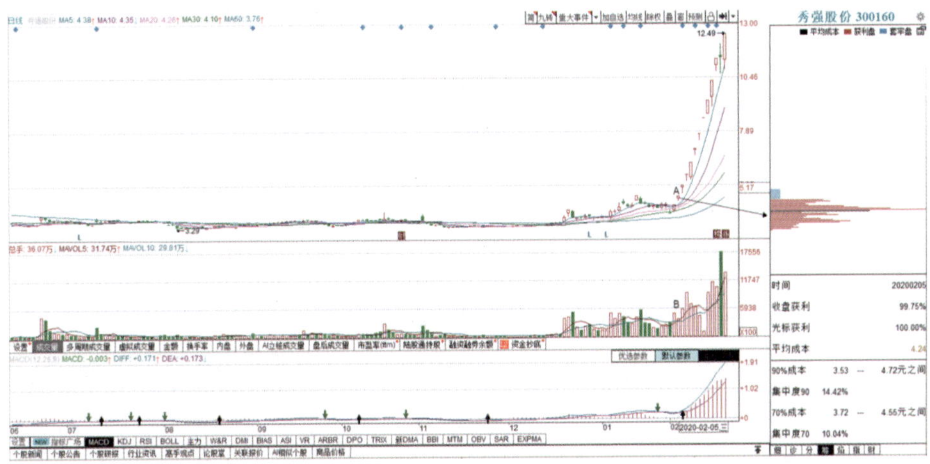

图 2-34　秀强股份 -2020 年 2 月 5 日筹码分布图

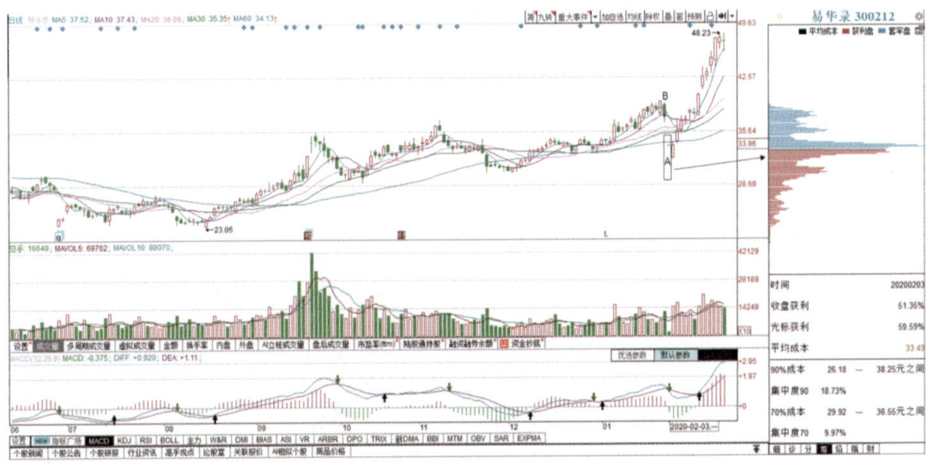

图 2-35　易华录 -2020 年 2 月 3 日筹码分布图

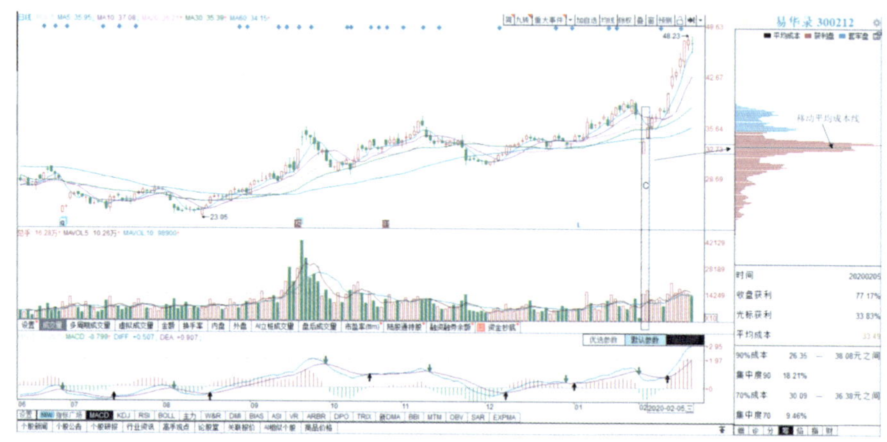

图 2-36　易华录 -2020 年 2 月 5 日筹码分布图

2. 实战注意事项

（1）当快速上涨的主升浪出现时，无论是哪一种主升浪上涨形式出现，筹码分布和移动都会表现为下方红色筹码在不断向上蔓延时突破了移动平均成本线后，依然保持着持续向上蔓延、移动和分散的形态。所不同的只是筹码分布形态可能是单峰上行或多峰上行。

（2）主升浪加速上涨行情展开时，当形成了明显的下方红色筹码不断向上移动、分散和蔓延期间，突破移动平均成本线是一个判断关键，同时还要形成量价启涨点时，才可证明主升浪已经开始。

2.5.2　快速转跌时的筹码分布形态

当主升浪上涨结束时，筹码分布和移动的形态同样会出现上方蓝色筹码的不断向下持续移动、分散、蔓延，因为在此期间是以卖出股票为主，所以高位浮筹就会出现亏损筹码增多。所以，必须了解股价快速转跌时的筹码分布和移动的具体形态，才能更好地把握主升浪上涨波段的卖点。

1. 快速转跌时筹码分布和移动形态要求

（1）当股价快速转跌时，大多数筹码往往已向上移动到了分布图的顶部高位区，红色筹码不再向上移动。最上方的筹码最先变为蓝色，并持续向下蔓延、移动和分散。如图 2-37 永利股份（300230）A 区域 2020 年 2 月 19 日对应的筹码分布图上，当股价快速转跌时，大多数筹码已经上行到了顶部高位区，出现了红色筹码不再上移，且上方蓝色筹码出现后，呈快速向下蔓延的状态。

图 2-37　永利股份 -2020 年 2 月 19 日筹码分布图

（2）确认蓝色筹码出现并持续向下移动和蔓延、分散为股价快速转跌时，必须出现量价齐跌的启跌点时，方为卖出股票的最佳时机。如图 2-37 中 A 区域对应的筹码分布图上，当蓝色筹码快速向下蔓延时，A 区域出现了 B 区域格外放量的量价齐跌。因此结合上一点内容，即可确认主升浪结束了。

2. 实战注意事项

（1）当股价出现快速转跌时，也就是主升浪上涨波段结束时，只要是发现上方蓝色筹码出现并持续快速向下蔓延、移动和分散时，即可确认为筹码分布的启跌形态。

（2）筹码分布的启跌形态形成时，必须符合量价启跌点要求时方可卖出股票。但主升浪的卖股时机与买股时机不同，因股价在快速转跌时都是迅速的，所以在判断卖出时机时，应主要以量价启跌点为主，筹码分布形态只要形成了蓝色筹码的向下蔓延、分散和移动时即可确认。

（3）在利用筹码分布判断主升浪是否结束时，不是以股价的快速转跌为依据的，只要是发现筹码无法再继续向上移动和分散时，就说明股价已无力再上涨。所以只要形成了下方红色筹码反复向上和向下蔓延的震荡时，即可确认继续持股已难以获利，就应卖出股票。不一定非要等到上方蓝色筹码向下跌破了移动平均线，确认了下跌趋势时再卖出。

第3章

辅助指标：筹码分布捕捉牛股主升浪的辅助判断

在利用筹码分布操作主升浪行情时，一定要了解其他指标的辅助判断，因为主升浪行情的出现，是股价特殊时期的一种特殊表现，只有充分利用其他指标进行验证，才能确保主升浪行情出现或结束时股价突然转强和转弱的信号有效。

3.1 MACD 对主升浪行情的辅助判断

3.1.1 MACD 构成与趋势判断

MACD 为异同移动平均成本线，通常只是用来判断股价中长期波段运行的高低点操作时使用，但在筹码分布判断主升浪波段行情的操作中，同样起着重要的辅助作用，所以必须充分了解这一指标的构成与趋势判断方法，才能更好地运用这一指标。

1. MACD 构成与判断趋势的方法

（1）MACD 构成。MACD 指标主要包括快速 DIFF 线和慢线 DEA 线，合称双线；红色量能柱与绿色量能柱，简称红柱或绿柱，红柱代表多方动能的强弱（持续变长代表多方动能在变强，持续变短意味着多方动能在变弱），绿柱代表空方动能的强弱（持续变长代表空方动能在变强，持续变短意味着空方动能在变弱）；红柱与绿柱之间的水平线为 0 轴，是多空分界线。如图 3-1 华能水电（600025）下方显示区间，两根线即分别为快速 DIFF 和慢线 DEA；A 区域为红柱持续变长，意味着股价持续上涨，B 区域红柱持续变短意味着股价多方动能在持续减弱，D 区域为小绿柱；O 区域绿柱持续变长意味着跌势在加速，H 区域绿柱持续变短意味着跌势渐缓；红柱与绿柱之间的水平线，为 0 轴。

（2）MACD 判断趋势的方法。上涨趋势又称 MACD 多头趋势，是双线在 0 轴以上持续向上运行时，为标准的上涨趋势，DIFF 线或 DEA 线向下或是震荡时，只要不跌破 0 轴，即代表着多头趋势未结束；下跌趋势又称 MACD 空头趋势，是双线在 0 轴以下运行时，持续向下时表明跌势较强，DIFF 线或双线向上运行时，只要不突破 0 轴，意味着弱势反弹；震荡趋势，是 MACD 双线在相距较近状态下呈水平小幅震荡的状态。如图 3-1 中 C 区域双线持续向上突破 0 轴，表明进入多头上涨趋势；E区域双线相继跌破0轴，为进入空头下跌趋势；G区域表现为双线相距较近的水平小幅震荡，为震荡趋势。

图3-1　华能水电－日线图

2. 实战注意事项

（1）在MACD指标中，当红色量能柱或绿色量能柱表现为较短状态时，为小红柱或小绿柱，在此期间往往说明多空动能较为均衡，所以多出现在震荡趋势期间。

（2）当MACD表现为震荡趋势时，期间出现的所有金叉或死叉均为无效的，DIFF线大角度向上金叉或大角度向下死叉，或是双线明显的分离，才意味着股价的快速变盘。

（3）在利用MACD判断行情时，一旦出现MACD双线的方向与股价运行的方向相反时，为MACD背离形态。MACD背离不能构成买卖股票的依据，只有背离结束后，股价与双线趋向一致时，才能根据趋势方向来选择操作。

3.1.2　启涨形态的辅助判断

当筹码分布形成了启涨形态时，利用MACD进行辅助判断时，一定要满足MACD指标呈明显的快速向上运行时，才可确认筹码分布的主升浪启涨形态成立。

1. MACD 辅助判断启涨形态的具体形态

（1）DIFF 线突然向上翘起。这种形态是指 MACD 双线在长期弱势震荡期间，DIFF 线突然出现明显的向上翘起和分离。所以这种辅助判断通常是出现在快速启动的筹码分布和移动启涨形态期间，也就是筹码低位单峰密集向上突破期间。如图 3-2 晶方科技（603005），当 A 区域形成了低位单峰密集向上突破移动平均成本线的筹码分布启涨形态时，MACD 在双线长期弱势震荡的情况下，出现了 A 区域的 DIFF 线突然向上远离 DEA 线的突然向上翘起，可以确认筹码分布的快速上涨的主升浪启涨形态成立。

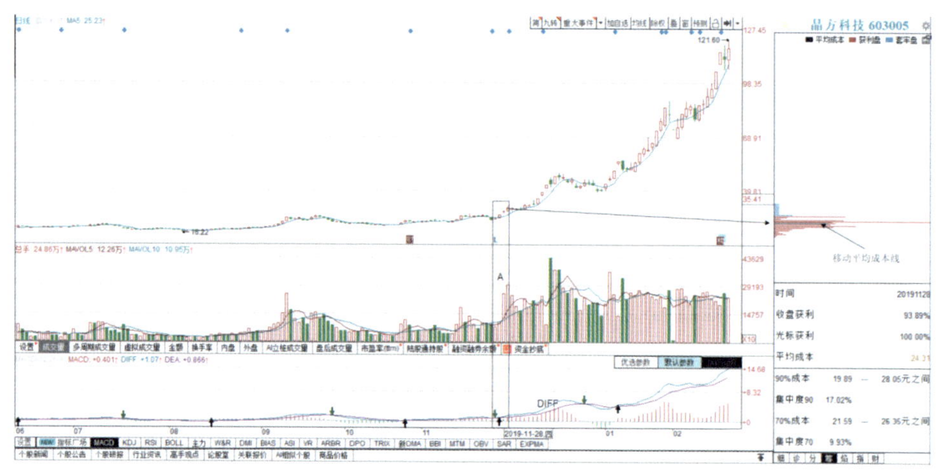

图 3-2　晶方科技 -2019 年 11 月 28 日筹码分布图

（2）0 轴附近金叉后双线向上发散。是指 MACD 双线在向上突破 0 轴后的上行过程中，一旦出现回调，双线在 0 轴附近出现止跌时，先是形成了 DIFF 线由下向上与 DEA 线的金叉，然后呈双线向上发散远离的形态。这种形态大多时候是出现在双或多峰上行中转蓝色筹码向下蔓延时中止了继续向下蔓延，转为红色筹码持续向上蔓延和分散、移动时，所以是筹码分布形态表现为加速上涨主升浪时的一种辅助判断形态。如图 3-3 晶方科技（603005），在 A 区域的 2020 年 1 月 13 日，筹码分布图形成了双峰上涨的向上突破时，MACD 双线在 0 轴略上方，先是在 B 区域出现了向上金叉，其后至 A 区域期间，形成双线向上发散，为 0 轴附近金叉后双线向上发散形态，可确认筹码分布加速上涨的主升浪启涨形态成立。

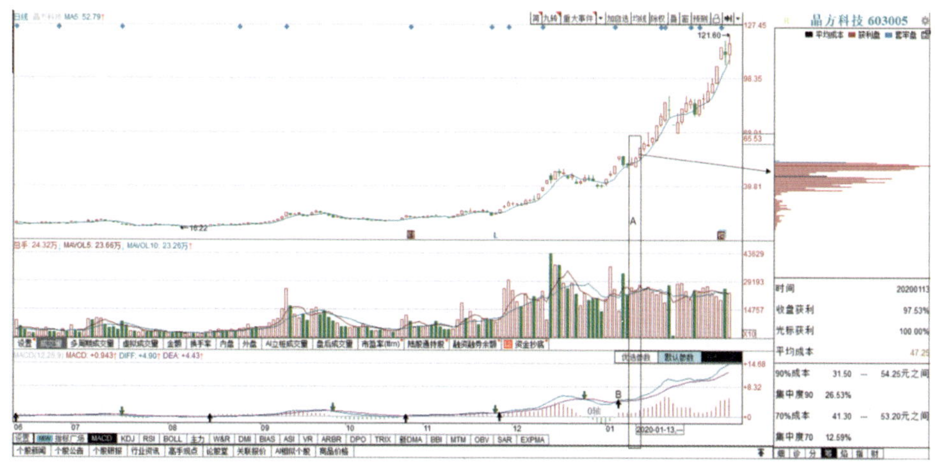

图 3-3　晶方科技 -2020 年 1 月 13 日筹码分布图

（3）MACD 死叉不死。是指双线在持续向上运行中，一旦 DIFF 线不再继续上行转为下行时，在即将与下方的 DEA 线交叉时未形成死叉，然后快速转为继续向上运行的形态。通常是出现在 MACD 多头趋势下，所以是筹码分布表现为加速上涨主升浪启涨形态时的一种辅助判断。如图 3–4 常熟汽饰（603035）A 区域形成了筹码分布图上的多峰向上突破移动平均线的红色筹码持续向上蔓延的加速上涨主升浪启涨形态期间，DIFF 线在略向下运行中未与 DEA 线形成死叉，即转为上行，形成了 MACD 死叉不死的强势形态，所以可以确认筹码分布主升浪启涨形态成立。

图 3-4　常熟汽饰 -2020 年 1 月 2 日筹码分布图

2. 实战注意事项

（1）DIFF 线突然向上翘起、0 轴附近金叉后双线向上发散、MACD 死叉不死三种 MACD 形态，只是 MACD 表现最为强势的三种助涨形态，但并不是唯一的辅助判断形态，只要是筹码分布表现为主升浪启涨形态时，MACD 表现为持续双线向上分散运行或多头趋势时，即可确认 MACD 指标是支持筹码分布的启涨的。

（2）在利用 MACD 辅助判断筹码分布的主升浪启涨形态是否成立时，如果是 MACD 出现了背离状态时，应放弃这一指标，选择其他指标来进行辅助判断。

（3）利用 MACD 辅助判断筹码分布的主升浪启涨形态是否成立时，如果 MACD 表现为死叉不死，必须确保这种死叉不死形态是发生在 0 轴以上区域时，方可证明强势特征，因为这时的主升浪才是加速上涨的主升浪形态，所以必须确保为 MACD 多头趋势。

3.1.3 启跌形态的辅助判断

当筹码分布形成启跌形态时，利用 MACD 进行辅助判断时，一定要满足 MACD 指标形成了明显的快速向下运行或水平震荡时，方可确认筹码分布的主升浪启跌形态成立。

1. MACD 辅助判断启跌形态的具体形态

（1）高位死后双线向下发散。是指 MACD 双线在上行到高位区后，上方 DIFF 线由上行转为下行时，与 DEA 线形成了向下交叉的死叉后，双线呈向下不断分离的形态。如图 3-5 昭衍新药（603127），当股价上涨中运行到 2019 年 10 月 21 日的 A 区域，筹码分布图上形成了高位蓝色筹码快速向下蔓延和移动的启跌形态，MACD 在高位区先是出现了 DIFF 线向下死叉 DEA 线，然后形成双线向下发散。因此，可以确认筹码分布的启跌形态成立。

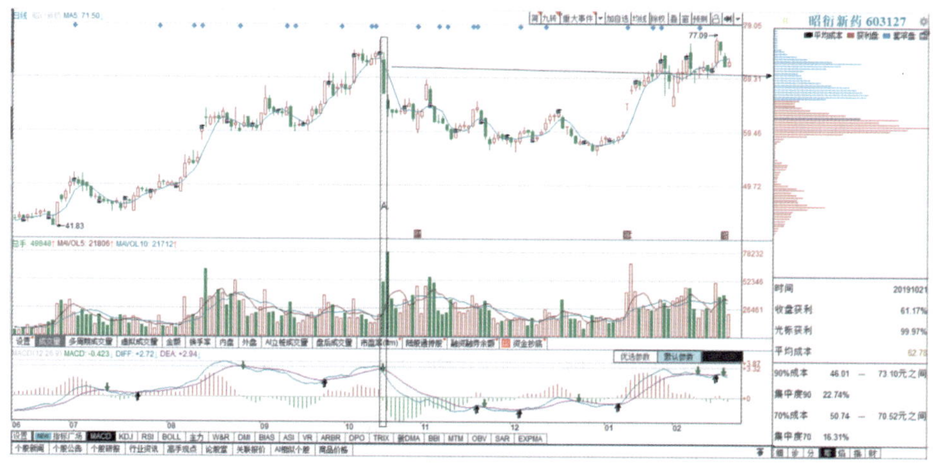

图 3-5　昭衍新药 -2019 年 10 月 21 日筹码分布图

（2）DIFF 线大角度下行。是指当双线向上运行到高位区后，DIFF 线转为下行时，是以日线图上大于 30° 的水平角度向下运行的状态。这种 DIFF 大角度下行的出现，可以是在死叉前形成，也可以是死叉后形成，是股价快速转跌的表现。如图 3-6 共进股份（603118），2019 年 9 月 26 日的 A 区域，筹码分布图上形成了多峰分散、上峰下移的启跌形态，MACD 出现了 DIFF 线以 30° 左右的角度向下，形成 DIFF 线大角度下行。因此，可确认 A 区域的筹码分布启跌形态成立。

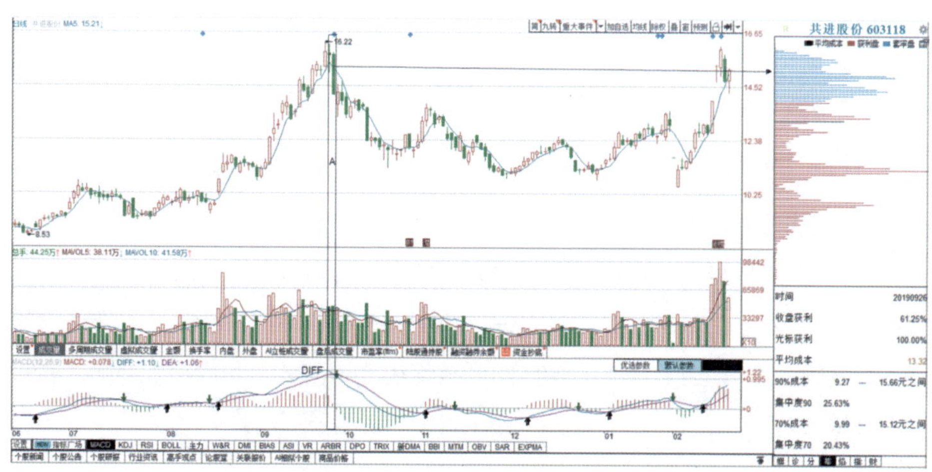

图 3-6　共进股份 -2019 年 9 月 26 日筹码分布图

2. 实战注意事项

（1）高位死后双线向下发散、DIFF 线大角度下行是两种 MACD 快速转跌的形态，但在根据 MACD 辅助判断筹码分布启跌形态时，并不是必需的，因为 MACD 这一指标在股价极强状态下，经常会出现钝化失真，无法及时反映出股价趋势，所以只要形成明显的 MACD 快速转跌形态时，就要确认筹码分布启跌形态。

（2）如果筹码分布表现为启跌形态时，不出现 MACD 快速转跌形态，也就是 MACD 表现为迟钝时，只要符合量价启跌点要求，也应卖出股票。

（3）在通过 MACD 辅助判断筹码分布启跌形态时，MACD 顶背离的结束虽然也能证明主升浪的结束，甚至是金叉不叉形态，但关键还在于对量价启跌点的判断来决定是否操作，所以多数时候应忽略这种背离状态，只根据量价启跌点的强弱程度来确认卖点。

3.2 均线对主升浪行情的辅助判断

3.2.1 均线构成与趋势判断

均线是移动平均线的简称，英文简称为 MA，是指一定周期内收盘价的平均值。炒股软件中的均线，通常有 5 条周期均线：5 日均线、10 日均线、20 日均线、30 日均线、60 日均线等。

1. 均线判断趋势的方法

（1）上涨趋势。也叫均线多头排列，是指短期均线在长期均线上方，各均线持续向上发散运行的形态。如图 3-7 东睦股份（600114）A 区域，均线出现了 5 日均线、10 日均线、20 日均线、30 日均线、60 日均线依次由上向下排列的向上发散状态，为短期均线在长期均线上运行的多头上涨趋势。

图 3-7　东睦股份 - 日线图

（2）下跌趋势。也叫均线空头排列，是指短期均线在长期均线下方，各均线持续向下发散运行的形态。如图 3-8 铁龙物流（600125）A 区域，形成了 60 日均线、30 日均线、20 日均线、10 日均线、5 日均线由上向下依次排列时的各均线向下发散运行，为长期均线在短期均线上方向下运行的空头下跌趋势。

图 3-8　铁龙物流 - 日线图

（3）震荡趋势。是指各均线相距较近状态下出现了反复相互缠绕。如图 3-7 中 B 区域，各均线均处于相近的状态，呈反复缠绕状态，为震荡趋势。

2. 实战注意事项

（1）在主升浪波段操作中，均线的主要作用是对趋势的判断，这一点与 MACD 对趋势的判断是一样的。虽然两个指标判断趋势的方法不同，但结果是一样的，所以使用时只需要用其中的一个指标来判断即可。

（2）在使用均线进行主升浪辅助判断时，一定要明白均线还有两种形态：均线金叉与均线死叉。均线金叉是指短期均线与长期均线的向上交叉，如 5 日均线与 60 日均线金叉等；均线死叉是短期均线与长期均线的向下交叉，如 5 日均线与 10 日均线死叉等。

3.2.2 启涨形态的辅助判断

当筹码分布形成了主升浪启涨形态时，如果使用均线进行辅助判断，其辅助判断主要是在于趋势是否形成了多头上涨格局。但由于主升浪启动的形态不同，所以具体的要求也是不同的。

1. 均线辅助判断启涨形态的具体要求

（1）快速启动的主升浪启涨形态期间，均线表现为多头排列的初期形态，即短期均线由上向下依次位于长期均线之上，各均线均呈向上发散排列的初期。如图 3-9 中国卫星（600118）2020 年 1 月 16 日的 A 区域，筹码分布图上形成了低位单峰密集向上突破的快速上涨的主升浪启涨形态，A 区域的均线排列表现为短期均线在长期均线之上向上发散的多头排列初期状态，可确认筹码分布快速上涨的主升浪启涨形态成立。

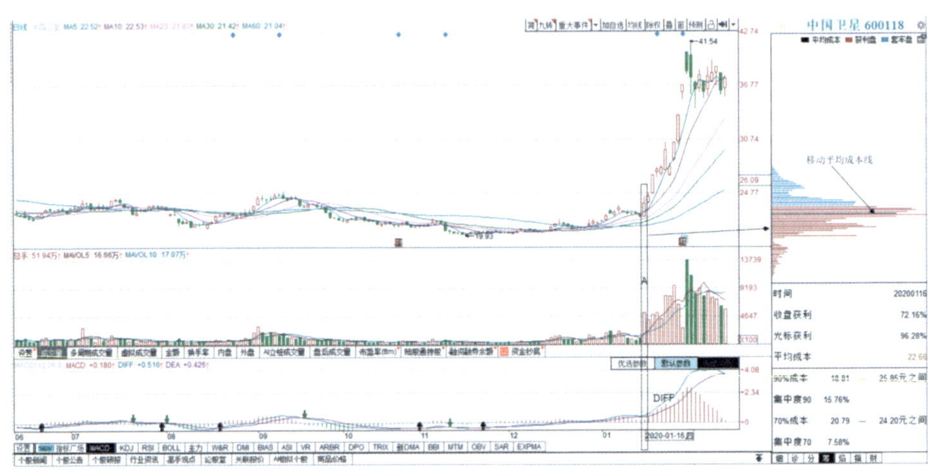

图 3-9　中国卫星 –2020 年 1 月 16 日筹码分布图

（2）加速上涨的主升浪启涨形态期间，均线表现为长期均线向上、短期均线向下的多头排列下的短线调整形态，一旦短期均线恢复继续上行，各均线重回多头上涨排列时，即可确认主升浪启涨形态的成立。如图 3-10 上海贝岭（600171）2020 年 2 月 7 日的 A 区域，筹码分布图上形成了单峰密集向上移动的加速上涨的主升浪启涨形态，均线在此期间呈 5 日均线恢复上涨的多头排列，所以可确认筹码分布加速上涨的主升浪启涨形态成立。

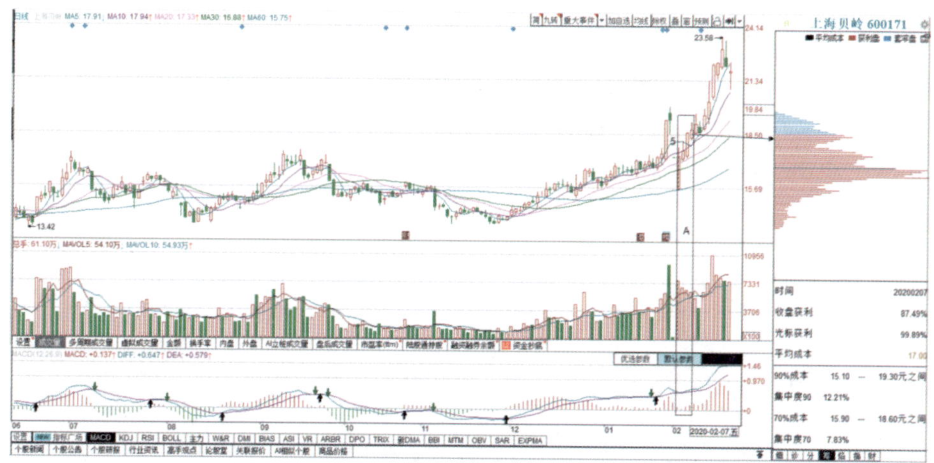

图 3-10 上海贝岭 -2020 年 2 月 7 日筹码分布图

2. 实战注意事项

（1）均线对筹码分布主升浪启涨形态的辅助判断，主要是通过均线排列的形态判断是否形成了多头上涨趋势，但由于主升浪启动时有两种形态，所以必须充分了解两种均线多头排列初期和恢复多头排列的均线形态。

（2）在快速启涨的主升浪形态期间，经常出现长期均线先形成向上发散运行的状态，只有短期均线，如 5 日均线与 10 日均线表现为震荡，一旦形成多头排列初期时，5 日均线会带动 10 日均线快速转上行，短期与长期均线形成金叉。这种形态虽然看似多头排列初期不太标准，但短期均线与多条长期均线金叉出现时，只要是其他长期均线均形成了多头向上发散时，即可确认为多头上涨初期。

3.2.3 启跌形态的辅助判断

当筹码分布形成了主升浪启涨形态时，如果使用均线进行辅助判断，其辅助判断与启涨形态的辅助判断是截然不同的，不能以均线空头下跌排列为依据，因为当均线形成空头排列时，股价早已跌去许多，错过了最佳的短线卖点。

1. 均线辅助判断启跌形态的具体要求

（1）主升浪启跌形态形成时，均线会表现为5日均线与10日均线的死叉，这在股价转跌较缓慢的主升浪结束期间经常出现，只要表现为阴量下跌时，即可确认主升浪结束的启跌形态成立。如图3-11中再资环（600217）2019年4月29日的A区域，筹码分布图上形成了多峰分散、上峰下移的启跌形态，A区域的均线表现为5日均线向下与10日均线的死叉，表现为阴量下跌，所以可确认筹码分布主升浪启跌形态的成立。

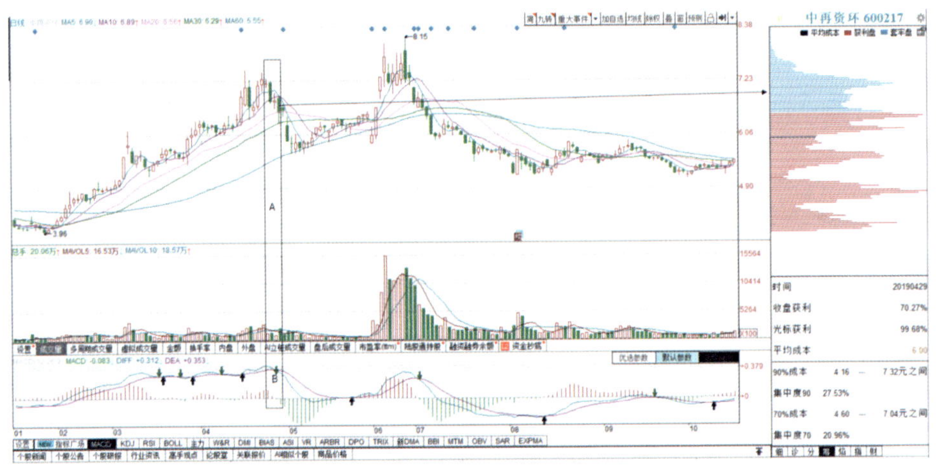

图3-11 中再资环-2019年4月29日筹码分布图

（2）主升浪启跌形态形成期间，如果是快速转跌的启跌形态，如顶部筹码快速变蓝色并迅速向下蔓延时，往往短期均线表现不明显，这时应主要观察5日均线与K线的位置，以及量价启跌点的强弱程度来辅助判断启跌形态和启跌点，一般以K线在5日均线之上的格外放量下跌与5日之下的量价齐跌为主要判断启跌形态和启跌点的快速成立。如图3-12中国巨石（600176）2020年1月2日的A区域，筹码分布图上形成了多峰分散、上峰下移的启跌形态，在此期间的K线虽然在5日均线上方，但下方却出现了一根明显放大的阴量，所以即可确认筹码分布启跌形态与启跌点同时形成。

图 3-12　中国巨石 -2020 年 1 月 2 日筹码分布图

2. 实战注意事项

（1）由于股价运行经常表现为牛长熊短的特征，所以当筹码分布形成启跌形态时，多数时候其他指标都会表现为反应迟钝，因此启跌形态成立时，主要的判断是量价启跌点是否成立，其他指标的辅助判断往往是次要的。

（2）当筹码分布形成启跌形态期间，股价转跌的程度不够强烈时，均线也会表现出明显的短线转跌的形态，如 5 日均线与 10 日均线的死叉；如果是转跌较为强烈时，5 日均线与 K 线的位置和形态，以及量价启跌点的判断，往往成为重要依据。

3.3 布林线对主升浪行情的辅助判断

3.3.1 布林线构成与趋向判断

布林线指标是由三条互不相交的轨道组成，称为上轨、中轨和下轨，判断趋势时主要以布林线三轨的趋向为主，所以又叫布林通道、价格通道或布林带，英文简称 BOLL。但与其他指标不同的是，布林线有着其他某些特殊的形态，可以用来判断股价的涨跌。

1. 布林线主要形态

（1）开口。表现为上轨向上、下轨向下，主要分为向上开口与向下开口。上轨向上、下轨向下，中轨向上时为向上开口；上轨向上、下轨向下，中轨向下时为向下开口。如图 3-13 宏图高科（600122）中 A 区域，布林线表现为上轨向上、下轨向下，中轨向上的向上开口；B 区域表现为上轨向上、下轨向下，中轨向下的向下开口。

图 3-13 宏图高科 - 日线图（大智慧）

（2）收口。表现为上轨向下、下轨向上，主要分为向上收口与向下收口。上轨向下、下轨向上，中轨向上时为向上收口；上轨向下、下轨向上，中轨向下时为向下收口。如图 3-14 金发科技（600143）中 A 区域表现为上轨向下、下轨向上、中轨向上的向上收口；B 区域表现为上轨向下、下轨向上、中轨向下的向下收口。

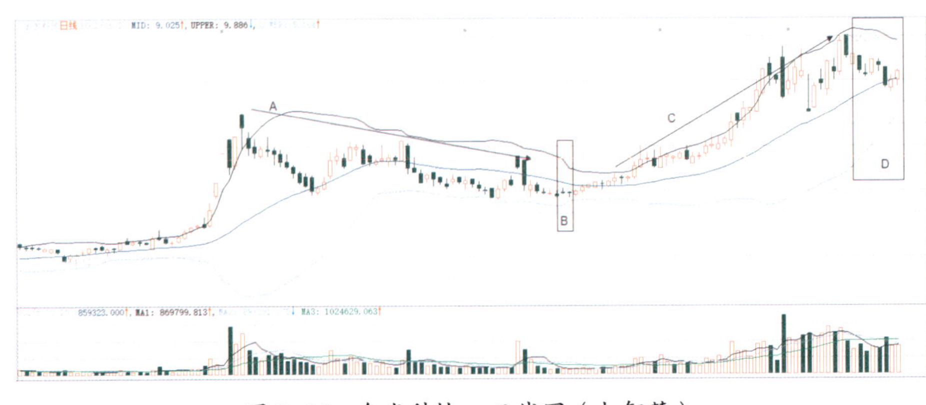

图 3-14 金发科技 - 日线图（大智慧）

（3）喇叭口。是指上轨极度向上扩张、下轨极度向下扩张，主要表现为开口型喇叭口、收口型喇叭口、紧口型喇叭口三种形态：开口型喇叭口，是指上轨极度向上扩张、下轨极度向下扩张期间，中轨向上时为开口型喇叭口；上轨快速向下、下轨快速向上时为收口型喇叭口；在长期下跌的过程中，上轨与下轨持续向中轨靠近，形成一个倒立的喇叭口，为紧口型喇叭口。如图 3-15 商赢环球（600146），A 区域表现为上轨极度向上扩张、下轨极度向下扩张、中轨向上的开口型喇叭口；B 区域表现为上轨快速向下、下轨快速向上的收口型喇叭口；C 区域表现为长期下跌过程中形成了上轨与下轨持续向中轨靠近的紧口型喇叭口。

图 3-15　商赢环球 - 日线图（大智慧）

2. 实战注意事项

（1）在单独利用布林线判断趋势时，主要是通过布林通道的方向：三轨持续或震荡上行时为上涨趋势；三轨持续或震荡向下时为下跌趋势；三轨形成波带在较窄状态下的水平小幅震荡时为震荡趋势。这种趋势变化经常用来进行中长线投资。

（2）在布林线指标中还有两种极端形态：上轨上为极强区域，所有的快速上涨都发生在股价在上轨上持续向上运行中；下轨下为极弱区域，所有股价持续下跌都发生在股价在下轨下持续向下运行中。

（3）在布林线指标中，中轨是条强弱线，股价在中轨之上运行期间，表明趋势偏强，越是偏向上轨越能证明这种强势，如 K 线沿上轨附近持续上行，是较强的状态；股价在中轨之下运行，则表明趋势偏弱。因此，可视中轨为一条强弱支撑线。

（4）开口意味着趋势的加强：向上开口是股价上涨的强势表现；向下开口

是股价下跌的弱势表现。收口意味着趋势的渐缓：向下收口时，意味着涨势渐缓；向上收口时，意味着跌势渐缓。喇叭口，则是开口与收口的极度表现，所以是股价短期暴涨和暴跌时的征兆。

3.3.2 启涨形态的辅助判断

当筹码分布形成了主升浪启涨形态时，如果使用布林线进行辅助判断，其辅助判断主要是开口型喇叭口的判断，或是布林线波带恢复震荡上行的判断。

1. 布林线辅助判断启涨形态的具体形态和要求

（1）开口型喇叭口。是股价短期快速上涨时的一种形态，所有股价出现快速上涨时，都会形成开口型喇叭口，但最强势的开口型喇叭口出现时，除了观察上轨与下轨是否形成了大角度向外扩张外，中轨向上的角度也很重要，同时 K 线向上突破上轨也是一个重要标志。如图 3-16 泰和新材（002254），在 A 区域形成了单峰密集向上突破的启涨形态期间，布林线表现为上轨极度向上、下轨极度向下、中轨上行的开口型喇叭口，且股价向上突破了上轨。因此，可确认筹码分布启涨形态的成立。

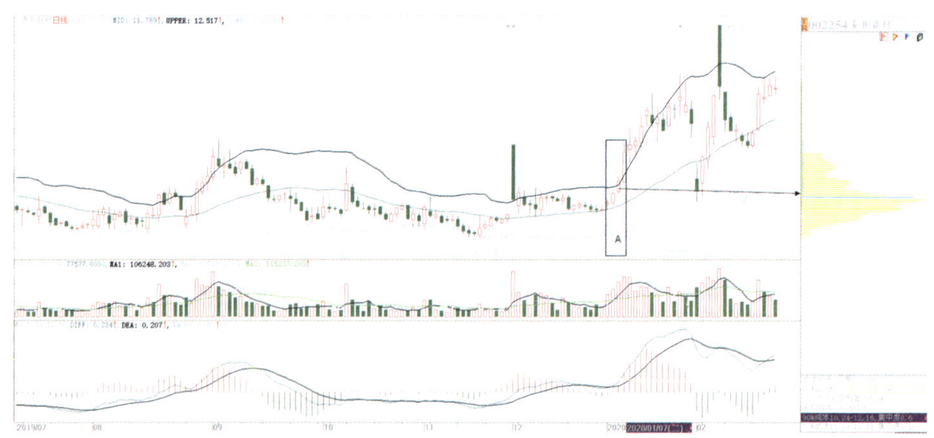

图 3-16　泰和新材 -2020 年 1 月 7 日筹码分布图（大智慧）

（2）波带恢复震荡上行。是用来判断那些涨势明显但上涨速度并不明显的长牛股恢复持续上涨的一种征兆，是指波带在震荡上行中，一旦向下收口出现后，很快恢复三轨向上时，即可确认股价恢复了上涨。如图 3-17 歌尔股份（002241）A 区域，筹码分布形成了双峰密集、上峰上移的启涨形态，此时布林线波带呈略收紧后的向下收口形成后，变为三轨向上运行，为长牛股恢复上行的布林线震荡上行状态，所以可确认筹码分布的启涨形态成立。

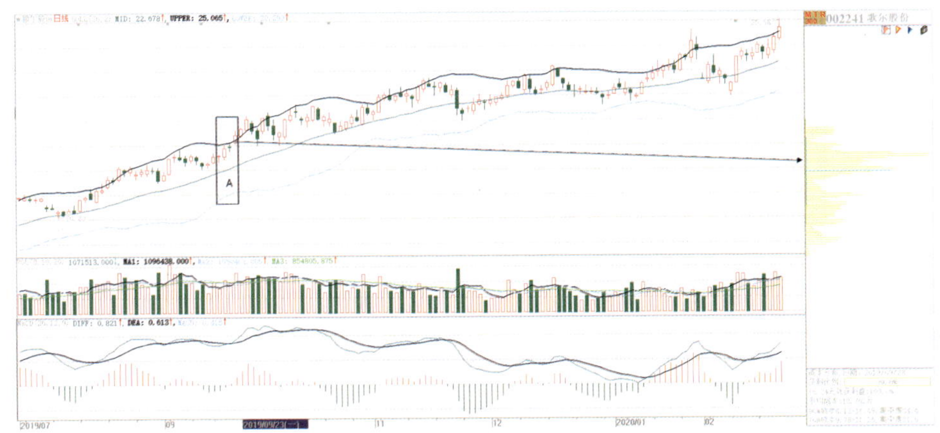

图 3-17　歌尔股份 -2019 年 9 月 23 日筹码分布图

2. 实战注意事项

（1）开口型喇叭口是根据筹码分布判断主升浪启涨形态时的一种重要的布林线辅助判断形态，只要在此期间形成了开口型喇叭口，尤其是 K 线向上突破上轨的开口型喇叭口时，即可确认主升浪筹码分布启涨形态的强势。

（2）在判断开口型喇叭口时，允许中轨呈水平或略偏上运行的状态出现，这时只要是确认 K 线是快速向上突破了上轨或是涨停的方式强势突破中轨后接近上轨，且上轨与下轨向外扩张的角度极为明显时，同样可以确认主升浪筹码分布启涨形态的成立。

（3）波带恢复震荡上行形态是布林线判断长牛股恢复持续上行的征兆，因为长牛股经常表现为涨涨停停，所以波带恢复震荡上行出现时，股价的短期涨幅可能不大，但同样是主要上涨波段出现的征兆，因此也可以视为并不强烈的主升浪波段的开始。因为长牛股的上涨波段是经常反复出现的。只要把握住长牛股的每一轮上涨波段，同样会累计获利较大。

3.3.3　启跌形态的辅助判断

当筹码分布形成了主升浪启跌形态时，由于股价通常表现为快速转跌，所以布林线的辅助判断往往并不是太重要，主要是以量价启跌点来判断，但是同样有一些布林线快速转跌的形态是可以依据的，只要是在股价转跌初期出现，就应确认筹码分布的启跌形态成立。

1. 启跌形态的布林线形态和要求

（1）筹码分布启跌形态形成期间，布林线短期下跌的形态主要包括收口型喇叭口与向下开口，收口型喇叭口时中轨为向上状态，向下开口时为中轨向下。如图 3-18 恩华药业（002262）2019 年 9 月 11 日的 A 区域，筹码分布图上形成了筹码峰至顶、蓝色筹码突现的启跌形态时，也就是图 3-19 的 A 区域，形成了明显的收口型喇叭口。这时就要及时观察量价启跌点来判断是否卖出股票。

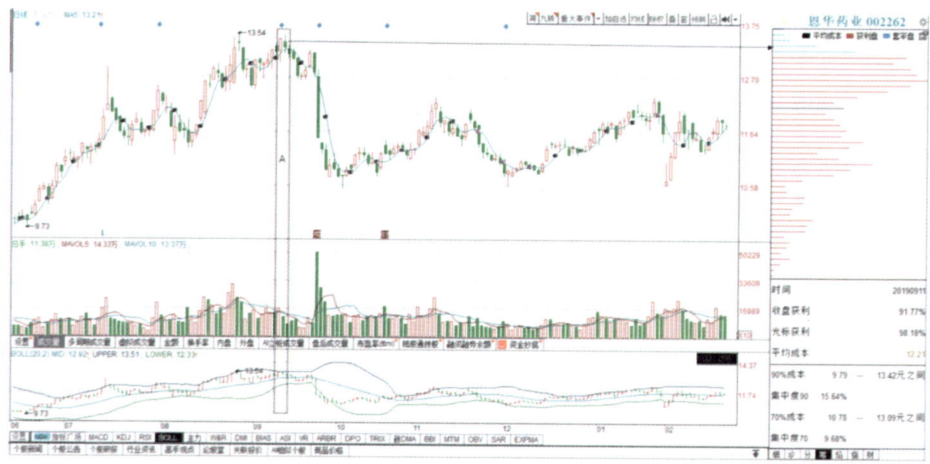

图 3-18　恩华药业 -2019 年 9 月 11 日筹码分布图

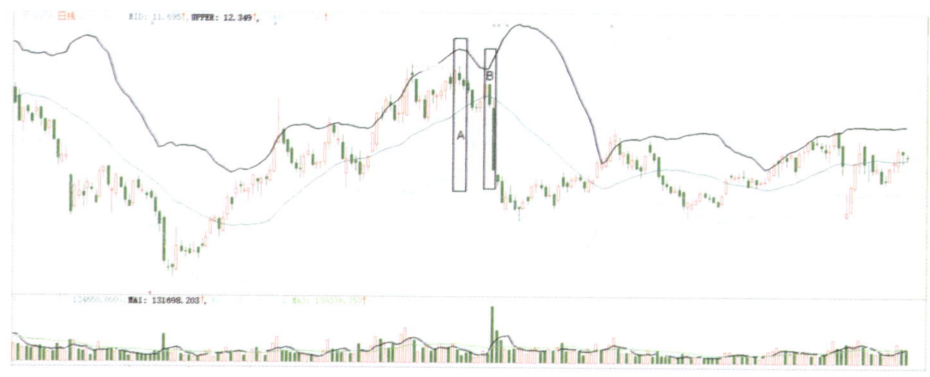

图 3-19　恩华药业 -2019 年 9 月 11 日筹码分布图（大智慧）

（2）当筹码分布启跌形态形成时，在第一时间内形成了布林线启跌形态时，或是尚未形成启跌形态时，均可用来辅助判断启跌形态，但主要依然是依据量价启跌点来判断是否卖出股票。如图 3-19 中 A 区域的收口型喇叭口，就是股价转跌初期形成了布林线卖出形态，而其后的 B 区域则是股价快速转弱时的向下开口，但在主升浪操盘中，应以 A 区域形成布林线收口型喇叭口时，图 3-18 中 A 区域形成了筹码分布启跌形态时形成了持续阴量下跌的启跌点，选择卖出股票。

2. 实战注意事项

（1）利用布林线指标来对筹码分布启跌形态进行辅助判断时，布林线的启跌形态并不是主要的，所以不管筹码分布是否形成启跌形态，也不管是否形成布林线启跌形态时，只要形成量价启跌点，即可确认主升浪已经结束。

（2）由于股价在转跌时，大多时候都会表现为快速，所以布林线对启跌形态的判断往往是次要的，因主升浪往往表现为来得快去得也快，所以只要筹码分布显示为蓝色筹码快速向下蔓延时符合了量价启跌点时，即应果断选择卖出，这是卖股时的一条重要原则，包括 MACD 或均线等指标的辅助判断，都应遵守这一原则。

3.4 量价对主升浪买卖点的重要判断

3.4.1 量价构成及具体表现

筹码分布只是对持筹码价格的分布及移动变化的一种反映，量价才能代表市场对这只股票的态度，以及市场供需关系的变化，从而影响到股价短期的涨跌。所以在根据筹码分布的变化买卖股票时，启涨买点与启跌卖点的判断，应充分尊重量价在短期的极端表现。

1. 量价构成与具体表现

（1）量价构成：量是指成交量，价是指体现股价的 K 线。如图 3-20 当代文体（600136），位于下方的量柱为成交量，位于上方 K 线图上的一根根柱线，为 K 线，两个结合在一起时为量价。

图 3-20 当代文体 - 日线图

（2）量价具体表现：量有阳量与阴量之分，阳量代表着买入量大于卖出量，说明市场供小于求，所以阳量时股价多为上涨；K 线有阴线和阳线之分，阴线是指收盘价低于开盘价，代表着股价下跌；阳线是指收盘价高于开盘价，代表着股价上涨。如图 3-20 中 E 区域中 B 区域的量柱为阳量，上方 A 区域的柱线为红色阳线；F 区域中上方 C 区域为绿色阴线，下方量柱为绿色的阴量。G 区域的阳线中，阳线实体最上方为收盘价，实体最下方为开盘价；H 区域的阴线中，阴线实体最上方为开盘价，实体最下方为收盘价。

2. 实战注意事项

（1）量价是最能体现股价短期趋势变化的指标，因为一只股票的上涨需要买入量大于卖出量时，就会形成供小于求的情况，股价自然会持续上涨，以促成交易；当卖出量大于买入量时，就会出现供大于求的情况，股价自然会持续下跌，以促成交易。所以成交量明显变化时，股价才会出现明显的短期趋势变化，这种量价短期的明显变化，就成为判断主升浪买卖点的重要依据。

（2）在量价表现中，当量价发生明显变化时，主要是阳量持续明显放大时，才能证明买入量远高于卖出量，才会促成股价的持续上涨；当阴量持续明显放大时，才能证明卖出量远高于买入，才会促成股价的持续下跌。最终这种量价的明显持续变化，才会促成以量破价的趋势转变。所以股价趋势的短期变化，最根本的原因都是量变的结果。

（3）充分认识和理解量价在趋势变化初期的形态，才能更好地把握住主升浪波段起始点的征兆。

3.4.2 量价齐升的启涨买点判断

量价齐升是指成交量出现明显放大时，股价也出现了明显的上涨，从而造成了以量破价的短期趋势的突然转强，所以量价齐升是主升浪开始时的启涨买点。

1. 具体形态要求

（1）量价齐升中的量升是指成交量为红色的阳量时，明显要高出之前的量能水平。如图 3–21 金发科技（600143）在 2019 年 9 月 3 日的 A 区域，筹码分布图上形成了低位单峰密集、筹码向上突破的启动形态期间，MACD 也形成了 DIFF 线突然向上翘起的启涨形态。量价方面，成交量为持续红色阳量，温和放大状态，可确认为量升。这时即可继续观察是否形成价升了。

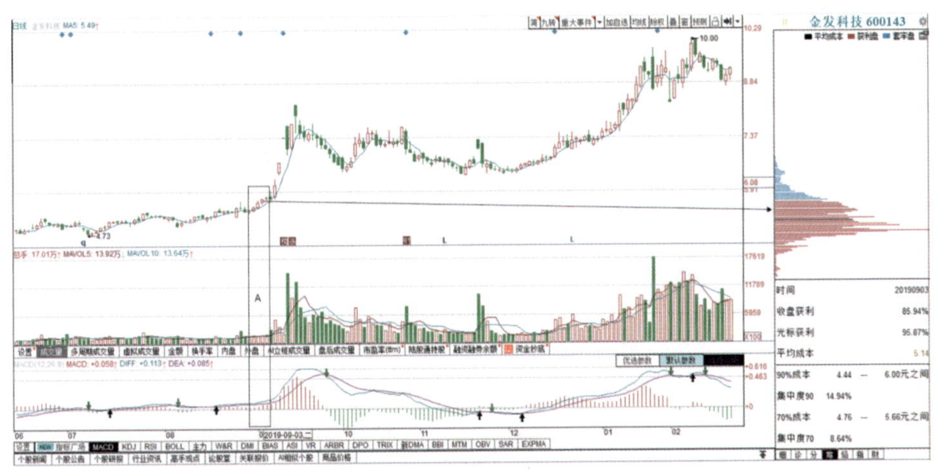

图 3–21 金发科技 –2019 年 9 月 3 日筹码分布图

（2）量价齐升中的价升，是指股价的上涨，也就是 K 线明显高于之前 K 线的向上运行。如图 3–21 中 A 区域上方的 K 线表现为持续向上运行的阳线，可确认为价升。

（3）量价齐升成为主升浪启涨买点时，通常有三种形态：明显放量上涨、持续放量上涨、温和放量上涨。如图 3–21 中 A 区域，表现为阳量温和放大、K 线持续上行的温和放量上涨，所以形成启涨点，应及时买入股票。

2. 实战注意事项

（1）量价齐升是股价上涨时最健康的一种量价形态，在判断时，应与之前的量价表现进行对比，只有量价变化明显高于之前的量价水平时，才能证明启涨买点的成立。

（2）量价齐升的启涨点形态包括三种经典的形态：明显放量上涨、持续放量上涨、温和放量上涨。只要是在筹码分布启涨形态，至少有一种辅助指标同样形成了助涨形态时，一旦出现了三种量价形态中的任意一种时，即可确认为启涨买点，及时买入股票。

3.4.3 量价齐跌的启跌卖点判断

量价齐跌是指成交量出现明显放大时，股价也出现了明显的下跌，从而造成了以量破价的短期趋势的突然转弱，所以量价齐跌是主升浪结束时的启跌卖点。

1. 量价齐跌的具体形态要求

（1）量价齐跌中的量跌，是指成交量为绿色的阴量时，明显阴量柱要长于之前的量能水平。如图 3-22 建发股份（600153）的 A 区域，筹码分布图表现为筹码峰至顶、蓝色筹码突现的启跌形态。这时即应观察是否形成量价齐跌了。首先，A 区域的成交量表现为持续阴量，这时就要继续观察股价了。

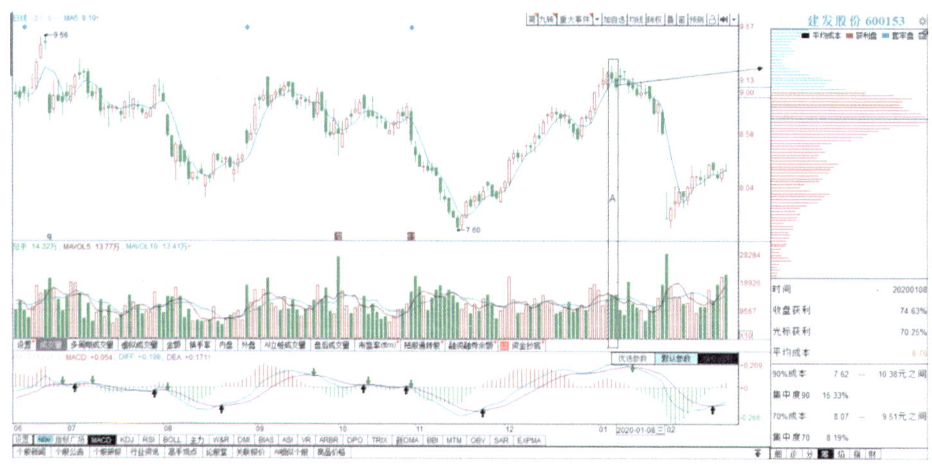

图 3-22 建发股份 -2020 年 1 月 8 日筹码分布图

（2）量价齐跌中的价跌，是指 K 线与之前的 K 线比较出现了明显的向下运行。如图 3-22 中的 A 区域，K 线表现为持续下行的阴线，为股价下跌状态。

（3）量价齐跌成为主升浪启跌卖点时，通常有两种形态：明显放量下跌、持续阴量下跌。如图 3-22 中，综合以上两点内容发现，A 区域形成了持续阴量下跌的量价齐跌，所以可确认形成启跌卖点，应及时卖出股票。

2. 实战注意事项

（1）量价齐跌是股价快速转跌时的一种经典的量价卖出形态，在判断时应与之前的量价表现进行对比，只有量价变化明显时，才能成为启跌卖点的判断依据。

（2）量价齐跌的启跌卖点形态包括两种经典的形态：明显放量下跌、持续阴量上涨。只要是在筹码分布启跌形态形成初期，一旦形成了这两种量价形态中的任意一种时，即可确认为启跌卖点，就应及时卖出股票。

（3）在根据量价齐跌判断启跌点时，虽然放量滞涨不属于量价齐跌形态，但是由于在主升浪波段操作时，选择是否继续持股的标准，是观察股价是否能够继续上涨，而放量滞涨的出现，虽然量能保持在大量水平，但股价却表现平平，所以再继续持有已无法获利，加上放量滞涨是主力维持高位出货的表现，所以是启跌形态初期一种量价启跌点出现的前兆，也应卖出股票。

第 4 章

选股：筹码分布捕捉牛股主升浪行情启涨前的目标股

选股，是主升浪行情中不可缺少的一个重要环节，因为只有做到未雨绸缪，操作前选好目标股，做到有的放矢，才能缩小目标，集中精力去捕捉主升浪开始的最佳时机。很多投资者之所以在短线操作中难以获利，很大程度上都是操作时随机交易、也不会选股造成的。

4.1 选股策略

4.1.1 以日线图为主的选股策略

根据主升浪选股时，在K线图的周期选择上，应当以日线图为选股的标准，但这并不意味着从主升浪的角度来看，就只有日线图上才会出现主升浪了。因为如果当投资者在中线主升浪波段操作时，是可以观察更长周期（如周线图），按照同样的方法选股和进行操作的。

1. 日线图选股的原因

由于从众多的K线周期图来看，日线图是一种统计周期不长也不短的周期图，且恰好在股票交易市场，又是以法定交易日的一天中上午的9点30分至11点30分、13点至15点为交易时间段进行的交易，所以一个交易日正好在日线图上反映为一根K线，能够完整地反映出一个交易日的股价走势。因此，日线图更能准确地反映出股价在完整交易日的趋势波动和不长时间内的波段变化，所以根据日线图进行主升浪波段操作，短期收益更为理想。如图4-1武汉控股（600168）日线图，在A区域主升浪开始时买入的6.5元左右计算，和B区域主升浪结束时的9元卖出，其间只有11根K线，说明持股在11个交易日，收益在38%左右，短期获利较高。因此，日线图是主升浪选股的主要K线周期图。

图 4-1　武汉控股 - 日线图

2. 实战注意事项

（1）日线图的选股策略，是以日线图更能完整反映出主升浪波段趋势的角度选定的，因主升浪波段是上涨波段的一个股价加速上涨的小波段，时间周期较短，更能完整地体现出股价的短期趋势。

（2）虽然日线图是主升浪波段操作中最适合操作的 K 线图，但是如果投资者更习惯于其他周期图的操作，如 30 分钟图或周线图，若是仍然以主升浪操作为主，在选股时同样可以按照日线图的选股方法和策略，根据习惯的周期图去选股，但操作时也应按照这一周期图的主升浪启涨与启跌形态及启涨点与启跌点的要求去操作。必须确保选股、买股与卖股时参照的 K 线图周期一致。

4.1.2　尊重趋势的选股策略

尊重趋势，就是在根据筹码分布选股时，一定要尊重趋势的演变规律，也就是股价在涨跌或震荡中，主升浪容易出现前的上涨初期和长期弱势震荡时期。因为只有这两种趋势形态形成后，其后才最容易出现主升浪行情。

1. 趋势选股策略的具体要求

（1）上涨初期的调整行情选股策略。在这一策略下进行选股时，一定不要只局限于筹码分布形态，应多从股价的趋势出发，可辅助参考均线、MACD 两个指标，因为这两个指标对趋势的判断是比较准确的，如 MACD 与均线的多头上涨趋势的判断。如图 4-2 上海贝岭（600171）2020 年 1 月 23 日筹码分布图上，B 区域在双峰上移中形成满盘盈利后的上峰出现蓝色筹码，表明形成了上峰、双峰终止继续向上移动的情况，所以是上涨趋势中加速上涨前的短线调整行情的开始，这时应结合 A 区域均线是否形成了多头排列，或是下方 MACD 是否表现为双线突破 0 轴后上行的多头趋势来判断是否形成上涨趋势，以确认 B 区域是否是出现了上涨趋势的短线调整，因为加速上涨的主升浪出现前，就是这种趋势表现。

图 4-2　上海贝岭 -2020 年 1 月 23 日筹码分布图

（2）长期弱势震荡整理选股策略。在这一策略下选股时，应多考虑股价的长期弱势震荡，不要只局限于筹码分布形态。因为当股价处于长期弱势震荡整理时，MACD 和均线、布林线均能很好地判断出当前的长期弱势震荡，比如 MACD 双线长期相距较近状态下的小幅水平震荡、均线长期反复缠绕、布林线波带较窄状态的长期水平小幅震荡。如图 4-3 太龙药业（600222）2020 年 1 月 3 日筹码分布图上，当 B 区域表现为低位单峰密集反复震荡时，应结合趋势来分析，如下方布林线呈波带较窄状态的长期水平小幅震荡、K 线周围的均线为各均线相距较近的反复震荡，这些都能佐证筹码分布形态，说明股价当前是处于长期弱势震荡的趋势，为长期弱势震荡整理期间主浪选股时的重要趋势表现。

图 4-3　太龙药业 -2020 年 1 月 3 日筹码分布图

2. 实战注意事项

（1）在尊重趋势的选股策略下，应充分尊重股价的趋势。总体而言，就是股价快速上涨主升浪出现前的趋势表现为选股的主要标准，而不要过于局限于筹码分布的形态。

（2）由于主升浪有两种启动形态，所以对应的趋势选股策略也有两种标准：根据快速启动的主升浪选股时，应选股股价、筹码分布、MACD、布林线、均线等处于长期弱势震荡形态的股票，根据加速上涨的主升浪选股时，应着重于股价、均线、MACD 处于多头上涨趋势期间出现调整的股票。

（3）在趋势策略选股下，一定要明白选股只是选择那些未来可能会操作的目标股，也就是选股不是买股，所以一定要克服冲动，按照操盘流程来操作，即选好股后，通过持续观察，在确认启涨形态和启涨点后再进行操作。

4.2 股票要求

4.2.1 中小盘股

中小盘股，就是指那些流通盘较小的股票。因为一只股票的流通筹码数量越小，主力拉升股价时所需要的资金就会越少，这样更有利于主力快速拉升股票。因此，在选股时，应尽量选择那些流通筹码数量小的中小盘股。

1. 具体要求与查看方法

（1）一般流通筹码数量在几千万股的为小盘股，但随着股票上市后的高送转，很多原本流通盘小的股票，已经发展成为中盘股，所以对于那些流通筹码数量在数亿股的股票，同样可作为中小盘股票的目标股。如图 4-4 是同花顺中力合科技（300800）“个股资料”页面“股本结构”的内容，从 A 区域可看到，这只股票的 A 股总股本只有 8000 万，流通股本仅有 2000 万的数量，为绝对的小盘股，是主升浪选股时最理想的目标股。

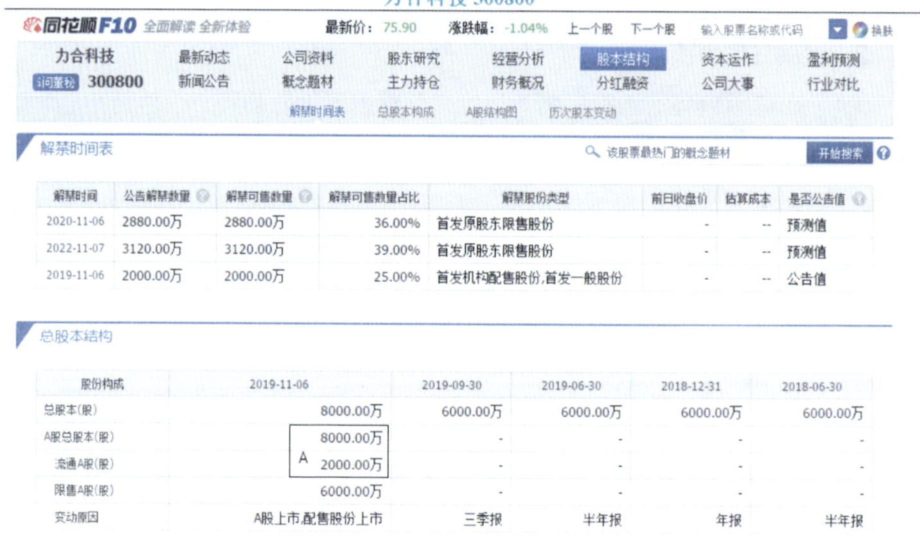

解禁时间	公告解禁数量	解禁可售数量	解禁可售数量占比	解禁股份类型	前日收盘价	估算成本	是否公告值
2020-11-06	2880.00万	2880.00万	36.00%	首发原股东限售股份	-	--	预测值
2022-11-07	3120.00万	3120.00万	39.00%	首发原股东限售股份	-	--	预测值
2019-11-06	2000.00万	2000.00万	25.00%	首发机构配售股份,首发一般股份	-	--	公告值

总股本结构

股份构成	2019-11-06	2019-09-30	2019-06-30	2018-12-31	2018-06-30
总股本(股)	8000.00万	6000.00万	6000.00万	6000.00万	6000.00万
A股总股本(股)	8000.00万	-	-	-	-
流通A股(股)	A 2000.00万	-	-	-	-
限售A股(股)	6000.00万	-	-	-	-
变动原因	A股上市,配售股份上市	三季报	半年报	年报	半年报

图 4-4　力合科技 - 个股资料 - 股本结构（同花顺）

（2）判断一只股票的流通筹码数量多少时，不同的炒股软件中显示的方式略有不同。如同样是力合科技这只股票，在图 4-5 大智慧中却表现为“基本资料”，可查看其中目前流通 A 股的数量为 2000 万，总股本为 8000 万。

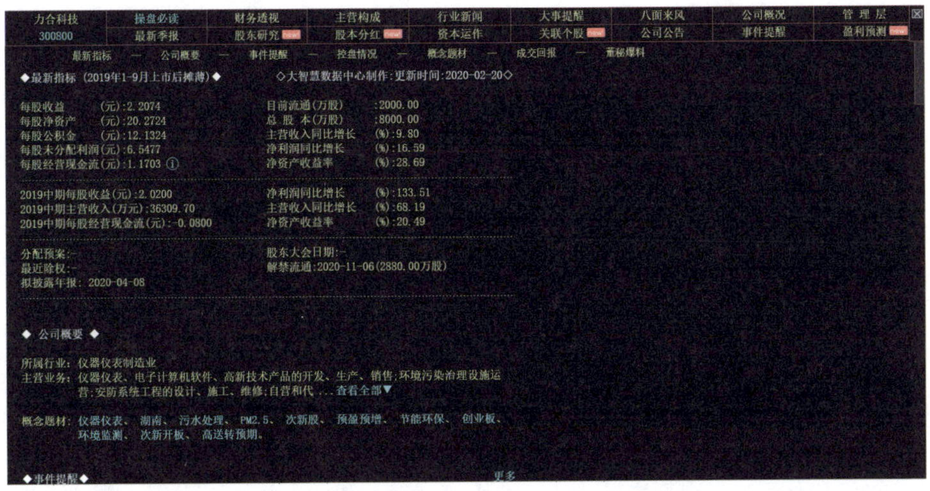

图 4-5 力合科技 - 基本资料（大智慧）

2. 实战注意事项

（1）在通常情况下，以 002 开头的深市中小板、300 开头的深市创业板、688 开头的沪市科创板、603 开头沪市主板的股票，多为中小盘股，但同样要观察这只股票的当前流通筹码数量再最后确定，因上市久的股票会出现多年反复的高送转，许多原本的小盘股如今已变为流通盘大的中、大盘股。

（2）投资者如果操作的是科创板股票，应注意一个问题，因科创板股票投资时必须事先开通，所以选股时一定要确保已经开通了科创板。同时在交易科创板股票时，科创板股票与主板股票的交易规则也是有区别的，主要表现在科创板股票的涨跌制度，是以上下 20% 为最高或最低涨跌幅限制的，也就是说，一只科创板股票的涨跌停标准是 20%。并且交易科创板股票时的最低交易数量也是不一样的。这些都要在选股时做到充分了解。

（3）深市主板或沪市主板上的不少股票，其流通筹码数量同样不大，也是很好的操作标的，但流通筹码数量过大，当前市值一般达到了数百亿水平的股票，选股时应尽量回避。

（4）在主升浪波段操作中，一定要注意回避那些千亿流通市值的超级大盘股，因为这类股票的涨跌如果是仅从趋势上看，涨跌也很明显，但事实上涨跌的幅度并不大，主升浪的小波段涨幅就会更小，所以是不适合小资金操作的，如中国石油与中国石化的“两桶油”，以及四大国有银行等股票。因为这些超级大盘股除了涨幅的实际幅度有限外，其还有一个功能，就是维持证券市场的稳定，所以其涨跌在很多时候会受到政策影响，脱离技术走势的惯性和规律。

4.2.2 行业细分龙头股

行业细分龙头股，就是指那些在二级行业分类下的三级行业分类内，处于前三名的股票。因这类股票处于细分行情中的领先地位，所以通常其细分行业核心技术壁垒领先并较高，产品市场所占的份额都会较高，一旦这一行业成为市场热点发动上涨时，更容易形成主升浪的快速持续上涨，所以是选股时重要的目标股。

1. 具体要求与查看方法

查看一只股票是否为行业细分龙头股时，应观察个股基本资料中的行业对比，原则上是个股在细分行业中基本每股收益的排名在前三名的股票，都可算作细分行业龙头，但由于细分行业的上市公司数量不一定多，所以应尽量选择细分行业中基本每股收益排名第一的股票，可作为细分行业的龙头股。如图 4-6 力合科技（300800）为“个股资料”中“行业对比”栏，这只股票处于三级行业分类中环保工程及服务这一细分行业中每股收益排名的第一位，明显为细分行业细分龙头股，所以是选股时最为理想的目标股。

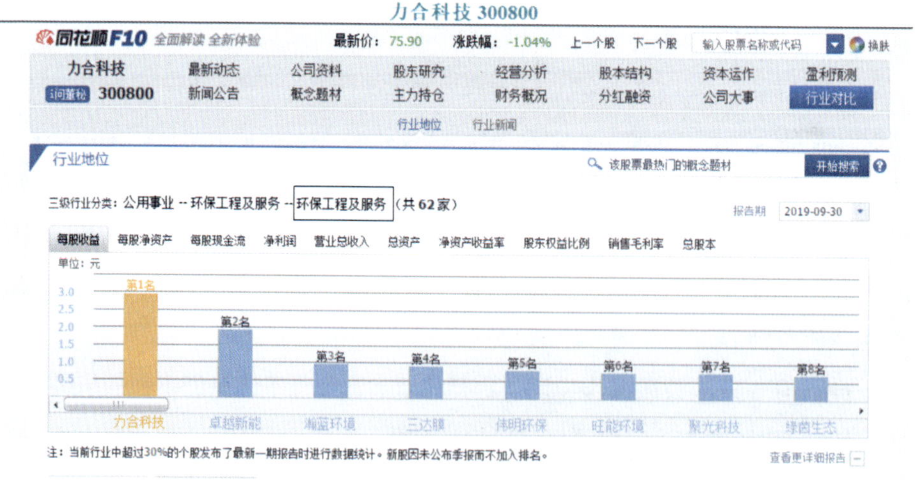

图 4-6 力合科技 - 个股资料 - 行业对比

2. 实战注意事项

（1）在主升浪波段操作股票中，由于是一种短线操作，所以大多数细分行业的龙头股都属于中小盘股，但如果是二级行业分类中排名在前三的龙头股，只要是符合主升浪启涨形态的要求，股性活跃，同样可作为选股时的目标股放入自选股。

（2）由于投资者使用的炒股软件略有不同，如以大智慧为代表的炒股软件与以同花顺为代表的炒股软件，在一只股票的基本资料的显示名称上会略有不同，所以查看时可在打开一只股票 K 线图后，点击电脑键盘上的快捷键【F10】，这样就会自动跳出这只股票的基本资料。

4.2.3 绩优股

绩优股，就是业绩持续优良的上市公司。因为一只股票的上涨，最终都是由于上市公司的业绩出现大幅提升，所以业绩优良的绩优股是选股时一个重要要求。但这并不是说那些业绩亏损的股票就不会出现上涨和主升浪行情了，而是绩优股的股价通常都比较稳定，除非特殊情况发生时，很难出现持续较久的弱势下跌。

1. 绩优股的具体要求

查看绩优股时，应选择个股基本资料中的财务概况，观察其中的“净资产收益率”，只要至少最近 3 年内的净资产收益率保持在 10% 以上的水平时，即可确认为绩优股。如图 4-7 力合科技 (300800) 在个股资料中的财务概况，下方“净资产收益率”显示，这家上市公司从 2013 年到 2018 年，年净资产收益率一直保持在 10% 以上，为绩优股，所以是选股时最为理想的目标股。

2. 实战注意事项

（1）选择绩优股的原因：一是绩优股最容易因业绩的稳定增长而引发上涨，另一个原因就是将投资风险尽量控制在最低的水平。因为绩优股经营稳定，业绩有保障，持股风险较小，很难在买入股票后出现突然的“变脸”。

（2）绩优股与中小盘股和行业细分龙头股，是选股时三个重要的要求，如果技术形态符合要求的股票，同时满足了这三点内容后，当然属于最理想的目标股，这样的股票，一旦出现主升浪行情时往往短期的涨幅也最为可观。但是如果是这只股票未完全满足这三个条件，只满足了其中的一条或两条，只要技术形态满足主升浪启跌形态和启跌点要求时，同样可以操作。

力合科技 300800

同花顺F10 全面解读 全新体验　最新价：75.90　涨跌幅：-1.04%　上一个股　下一个股　输入股票名称或代码　换肤

力合科技 问董秘 300800　最新动态 新闻公告　公司资料 概念题材　股东研究 主力持仓　经营分析 财务概况　股本结构 分红融资　资本运作 公司大事　盈利预测 行业对比

财务指标　资产负债构成　杜邦分析

按报告期　按年度　按单季度

科目\年度	2018	2017	2016	2015	2014	2013
成长能力指标						
净利润(元)	**1.81亿**	**7762.77万**	**5323.02万**	**3953.89万**	**3553.06万**	**3411.35万**
净利润同比增长率	132.78%	45.83%	34.63%	11.28%	4.15%	-12.57%
扣非净利润(元)	1.76亿	7554.35万	4584.54万	3241.28万	2869.93万	2733.31万
扣非净利润同比增长率	133.24%	64.78%	41.44%	12.94%	5.00%	-26.20%
营业总收入(元)	6.13亿	3.69亿	2.68亿	2.16亿	1.86亿	1.69亿
营业总收入同比增长率	66.06%	37.79%	23.91%	16.55%	9.93%	6.06%
每股指标						
基本每股收益(元)	3.0100	1.2900	0.8900	0.6600	0.5900	0.5700
每股净资产(元)	9.11	6.59	5.47	4.65	3.99	3.43
每股资本公积金(元)	1.04	1.04	1.04	--	--	1.04
每股未分配利润(元)	6.27	4.06	3.06	--	--	1.25
每股经营现金流(元)	1.79	1.98	1.22	0.71	0.75	0.34
盈利能力指标						
销售净利率	29.46%	21.02%	19.86%	18.28%	19.14%	20.20%
销售毛利率	54.33%	46.64%	47.81%	46.96%	49.89%	51.08%
净资产收益率	37.77%	21.35%	17.63%	15.26%	15.98%	18.08%
净资产收益率-摊薄	33.07%	19.62%	16.23%	14.18%	14.85%	16.58%

图 4-7　力合科技 - 个股资料 - 财务概况

4.3 目标股的筹码分布形态

4.3.1 满盘亏损的股票

满盘亏损是一种筹码分布形态，是指在筹码分布图上，筹码分布在分布图的大部分区域，但筹码的颜色均表现为蓝色，这就意味着这只股票的所有持有者均处于亏损的状态。一经发现这类筹码分布形态的股票，要及时将其作为目标股放入自选股中。

1. 选择满盘亏损股票的原因

满盘亏损的筹码分布形态的出现，通常是出现在股价长期的下跌过程中，是股价的主力出完货的表现，或是股价在长期下跌的弱势震荡中出现了连主力资金都形成亏损的情况，所以这类股票不管主力是否存在，都容易在其后的弱势震荡中吸引到新的主力介入，或介入的主力大举吸筹，所以是快速启动的主升浪最容易出现的目标股。如图 4-8 力合科技（300800）A 区域 2019 年 11 月 25 日对应的筹码分布图上，股价在明显下跌中形成了满盘亏损的筹码分布形态，说明盘中所有筹码都处于亏损状态，所以其后往往是弱势整理后最容易形成主升浪的股票走势类型，是选股时的一种筹码分布形态。

图 4-8　力合科技 -2019 年 11 月 25 日筹码分布图

2. 实战注意事项

（1）满盘亏损是股价在持续弱势中经常出现的一种筹码分布形态，但很多时候并不一定非要形成满盘亏损时，才可将其列入目标股的行列，因为当筹码分布于分布图大部分区域的分散状态时，是允许主力资金在低位存在的，所以只要下方有少量红色筹码的满盘分散筹码分布形态，同样是选股时的一类目标股形态。

（2）在利用满盘亏损选股时，可结合 MACD、均线或布林线进行辅助判断，只要是这三个指标中的任意一个表现出长期弱势震荡的形态时，均可将其作为目标股放入自选股，留待日后持续观察。

4.3.2 低位筹码峰反复分散到集中的股票

低位筹码峰反复分散到集中，是指当股价经过下跌进入震荡走势时，筹码分布图上的大多数筹码都已聚集到了底部低位区，出现了一个或两个筹码峰，反复出现由单峰密集到双峰分散再到密集的形态。

1. 选择低位筹码峰反复分散到集中股票的原因

低位筹码峰反复分散到集中的股票，往往是主力逢低建仓并展开低位震仓洗盘的股票，快速上涨的主升浪行情往往是出现在这类股票上，所以是选股时一种重要的快速上涨的主升浪启涨类股票所具有的前期股价长期弱势震荡的筹码分布形态。如图 4-9 泰和科技（300801）B 区域的 2020 年 1 月 3 日筹码分布图，筹码呈低位密集状态，但通过对 B 区域所在的整个 A 区域观察，筹码始终处于低位筹码峰为单峰密集状态的，反复由分散到集中再到分散的移动状态，所以是股价长期弱势震荡的表现，为选股时的一种重要筹码移动形态特征。

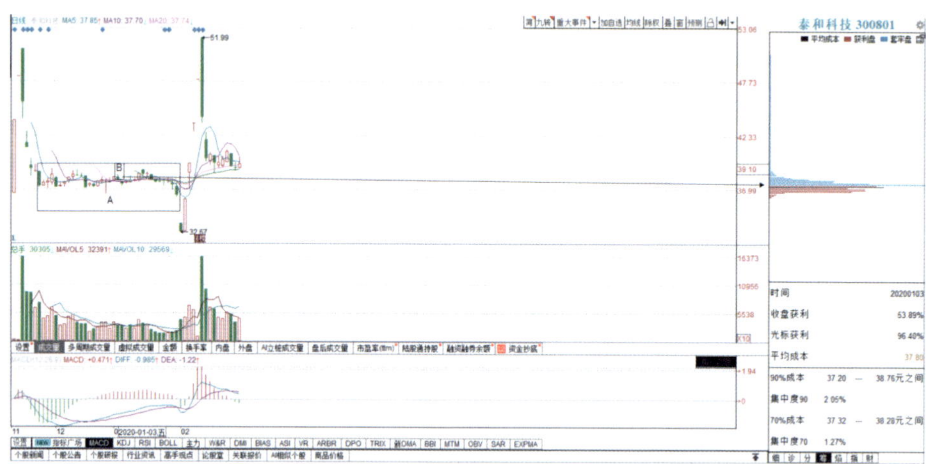

图 4-9 泰和科技 -2020 年 1 月 3 日筹码分布图

2. 实战注意事项

（1）低位筹码峰反复分散到集中的股票出现时，往往 MACD 会处于双线相距较近的长期水平小幅震荡的震荡趋势，或是 BOLL 呈现出波带较窄状态的水平小幅震荡状态，或是均线处于反复缠绕的状态。所以，当低位筹码峰反复分散到集中的筹码分布形态形成时，应结合 MACD、均线或布林线等指标来辅助判断。

（2）低位筹码峰反复分散到集中的股票出现期间，成交量往往会表现为较低水平的小阴量或阳量柱状态，并经常出现持续的小阳量，这往往是主力逢低吸筹的表现。

（3）低位筹码峰反复分散到集中的股票出现时，往往股价的上下震荡幅度越小，甚至是形成了小幅波动的一字横盘状态时，未来一旦启涨后，短期涨幅越是可观。

（4）低位筹码峰反复分散到集中的股票出现时，一旦形成了单峰密集向上突破和发散时，如果是保持这种筹码分布和移动形态的时间较长，即使是在震荡期间判断启涨点失误买入了股票，也不要轻易卖出，因为越是这种类型的股票，其后的短期涨幅越大。

4.3.3 上涨双峰终止向上移动的股票

上涨双峰终止向上移动，是指当股价在上涨过程中，一旦形成了双峰甚至是多峰向上移动的上涨趋势后，若是当筹码运行到一定高度后，突然上方筹码中止了继续向上移动和分散。这种形态一经出现，就说明股价进入了上涨趋势的短线调整行情，一经发现，就应将其作为目标股放入自选股。

1. 选择上涨双峰终止向上移动股票的原因

上涨双峰是筹码在低位区形成单峰密集向上突破移动平均成本线后，持续向上分散、移动后形成持续上涨后的筹码分布形态，此时筹码在向上分散中尚未到达分布图的高位区，多数位于中部偏上区域，一旦上峰筹码终止继续向上移动和分散时，就意味着连续上涨行情出现了短期调整，所以是上涨趋势调整的表现。一旦筹码恢复向上移动和分散时，则会成为上涨中继结束，加速上涨的主升浪启动的征兆，所以是选股时的一种重要形态。如图 4-10 深中华 A（000017）A 区域 2019 年 8 月 22 日对应的筹码分布图上，筹码表现为上涨双峰终止向上移动的形态，意味着上涨行情出现了短时调整，所以其后一旦恢复短线调整，则是恢复加速上涨的征兆，因此是操作加速上涨主升浪时的筹码分布选股形态。

图 4-10　深中华 A-2019 年 8 月 22 日筹码分布图

2. 实战注意事项

（1）在上涨双峰终止向上移动形态中，筹码分布为双峰形态，且筹码线之间为较密集的形态，不能过于分散，或向上移动到分布图的顶部高位区，否则就容易出现双峰终止向上移动的转跌走势。

（2）上涨双峰终止向上移动形态出现时，筹码峰也可以表现为两个筹码峰以上的多峰形态，但必须呈现相对密集形态时，方可作为目标股，放入自选股。

（3）上涨双峰终止向上移动出现时，往往是上涨趋势形成的首次出现下调时，其后发动主升浪加速上涨的概念更高，所以应结合 MACD 或均线等指标来确认上涨趋势。

（4）在上涨双峰终止向上移动形态中，分布图的顶部不能存在筹码，否则上涨行情很容易受到这些高位套牢筹码的抛售，进而影响到整个上涨行情并使之变弱，难以出现其后加速上涨的主升浪行情。

第 5 章

启涨形态：筹码分布判断牛股主升浪的买入形态

启涨形态是主升浪开始时的筹码分布形态，所以如何识别筹码分布启涨形态的方法和具体的启涨形态，以及需要引起注意的启涨形态，都是在买股前分析行情和判断主升浪是否展开的重要依据。但是在根据筹码分布判断主升浪时，一定不要忽略辅助指标的有效判断。

5.1 识别主升浪启涨形态

5.1.1 筹码长期低位单峰密集的向上突破

筹码长期低位单峰密集的向上突破，是指筹码在分布图下方的低位区长期处于单峰密集状态的情况下，当底部红色筹码在逐渐向上移动蔓延时，向上突破了移动平均成本线。这就说明股价已向上突破了大多数筹码的聚集区，快速启动的主升浪开始了。

1. 具体要求

（1）筹码在低位区形成单峰密集期间，筹码分布图上方不存在零散的筹码，或是零散筹码较少时，单峰密集的筹码是由最下方变为红色筹码后，出现了持续向上移动和蔓延。如图 5-1 威尔泰 (002058) 中 A 区域对应的筹码分布图上，筹码在低位单峰密集状态下，上方顶部 B 区域无零散筹码，下方红色筹码出现后，形成了持续向上移动和蔓延。所以可进一步观察是否形成突破。

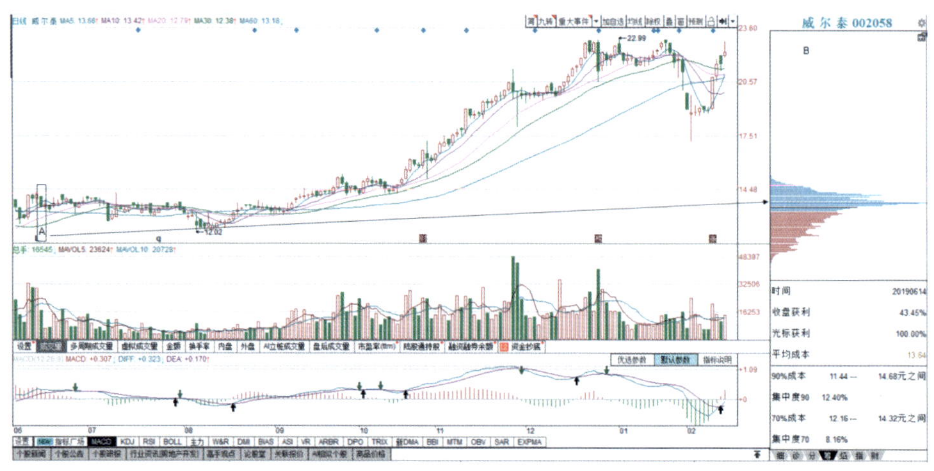

图 5-1　威尔泰 -2019 年 6 月 14 日筹码分布图

（2）筹码长期低位单峰密集的向上突破时，是下方红色筹码向上突破了移动平均成本线后，依然持续向上移动和蔓延。如图 5-1 威尔泰由 A 区域的 2019 年 6 月 4 日移动到了图 5-2 中 2019 年 9 月 10 日的 C 区域时，筹码单峰密集状态下，下方红色筹码向上突破了移动平均成本线后依然呈向上移动和蔓延的状态。这时应继续分析和观察。

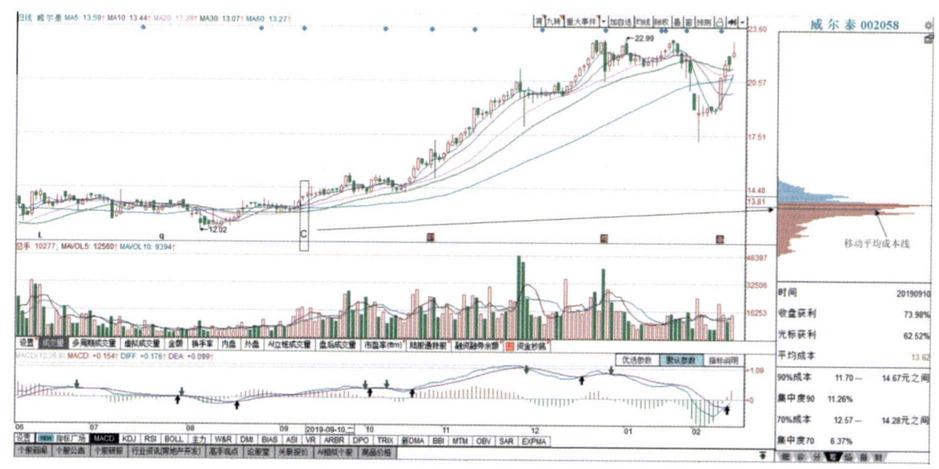

图 5-2　威尔泰 -2019 年 9 月 10 日筹码分布图

（3）筹码长期低位单峰密集的向上突破期间，至少有 1 个月左右时间方为长期，判断时应以其间的 K 线数量保持在 30 根左右时方可确认。如图 5-1 中 A 区域为 2019 年 6 月 14 日，图 5-2 中 C 区域为 2019 年 9 月 10 日，其间间隔近 3 个月的时间，未出现停牌，K 线保持着 80 多根，所以可以确认为筹码长期在低位单峰密集。结合前面两点内容，即可确认为快速启动的主升浪形态。

2. 实战注意事项

（1）筹码长期低位单峰密集的向上突破是识别快速启动的主升浪行情的一种启动形态，越是低位单峰密集时间长的股票，后市快速启动的短期行情越强烈，涨幅越可观，所以这种形态是捕捉牛股的一种筹码分布识别形态。

（2）在筹码长期低位单峰密集的向上突破形态中，允许其间出现筹码反复由分散到集中的震荡，所以在判断是否形成了快速启动的主升浪时，应以下方红色筹码向上突破移动平均成本线后依然呈向上移动和蔓延为准，最好筹码向上突破时同时突破了前期弱势震荡的高点，启动形态才更为可信。

（3）在利用筹码长期低位单峰密集的向上突破判断快速启动的主升浪时，应结合其他辅助指标的形态予以确认，如布林线开口型喇叭口、MACD 的 DIFF 线突然向上翘起或双线弱势震荡中的低位大角度金叉等，同时必须满足启涨点要求时，方可买入股票。

5.1.2 双峰上行中红色筹码的向上突破

双峰上行中红色筹码的向上突破，是指形成了两个筹码峰后，下方红色筹码在不断向上移动和蔓延时，一旦形成短期中止继续向上运行，突然恢复了震荡，红色筹码再次恢复了继续上行，并有效向上突破了移动平均成本线后，依然呈继续向上移动和蔓延的状态。由于双峰上行是上涨行情的表现，所以双峰上行中红色筹码的向上突破出现时，意味着加速上涨的主升浪行情开始了，是识别加速上涨主升浪启动时的一种方法。

1. 具体要求

（1）双峰上行中红色筹码的向上突破出现时，筹码必须形成了两个向上移动和分散的筹码，即双峰形态。如图 5-3 江苏国泰（002091）在经过 C 段的上涨后至 A 区域时，形成了两个筹码峰的双峰形态。这时即可继续观察。

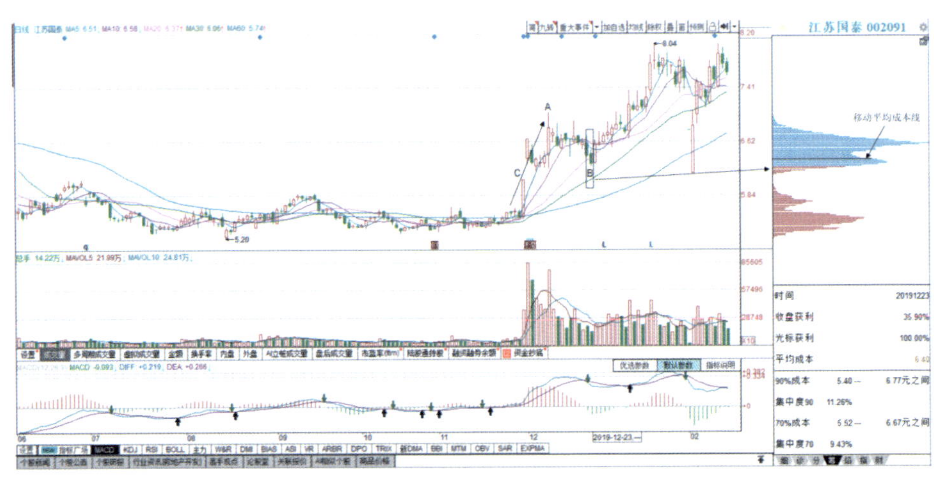

图 5-3 江苏国泰 -2019 年 12 月 23 日筹码分布图

（2）双峰上行中红色筹码的向上突破期间，是红色筹码在中止上行后恢复继续上行的情况，红色筹码向上突破时是突破了移动平均成本线。如图 5-3 中 A

区域，双峰上行中不再继续上行，出现了 A 区域至 B 区域的红色筹码震荡下行，并跌破了移动平均成本线，但到了图 5-4 中时，红色筹码却恢复了继续上行，向上突破了移动平均成本线。所以结合上一点内容，即可确认为加速上涨的主升浪启动形态。

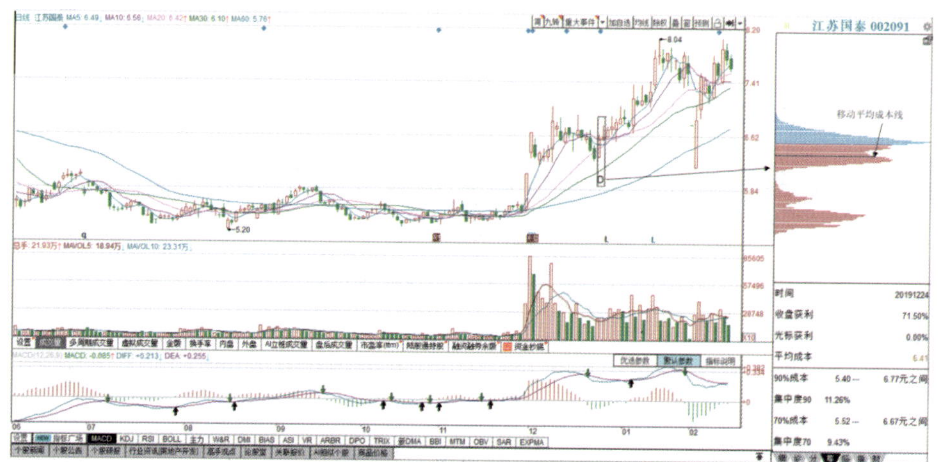

图 5-4　江苏国泰 –2019 年 12 月 24 日筹码分布图

2. 实战注意事项

（1）双峰上行中红色筹码向上突破时，必须确保筹码分布图上的筹码为双峰上行状态，筹码形态表现为双峰密集状态的持续向上分散和移动，这样才能确保股价启涨时的加速上涨。

（2）在根据双峰上行中红色筹码向上突破判断加速上涨的主升浪行情时，一定要结合其他辅助指标来判断，如 MACD 双线是否为在 0 轴附近结束震荡后向上突破了 0 轴，或是均线是否保持多头排列中的短期均线出现了下行或震荡后的再次转为上行等，以确保加速上涨的主升浪成立。

（2）在双峰上行中红色筹码的向上突破移动平均成本线的同时，往往股价会刷新前期的阶段性新高，所以这种启涨形态在识别时，一定要满足量价启涨点要求后，方可进行买入操作。

5.2 筹码分布启涨形态

5.2.1 低位单峰密集，筹码向上突破

低位单峰密集是一种筹码静态的分布形态，是指筹码均聚集在分布图的底部低位区时，呈密集状态；筹码向上突破则是筹码向上移动和分散的一种表现，是指低位单峰密集的筹码峰内，红色筹码向上蔓延和移动、分散的过程中，向上突破了移动平均成本线。因此，低位单峰密集、筹码向上突破是一种筹码密集向上快速移动和分散的启涨形态。

1. 形态具体要求

（1）低位单峰密集是选股时一种筹码聚集底部低位区的表现，要求筹码分布图上的所有筹码线均聚集到底部低位区，呈密集状态，且上方最好不能存在较多蓝色筹码。如图 5-5 鲁商发展（600223），在 B 区域股价长期弱势震荡期间，A 区域 2019 年 9 月 16 日对应的筹码分布图上，形成了筹码在低位区的单峰密集状态，上方不存在短小的浮筹。

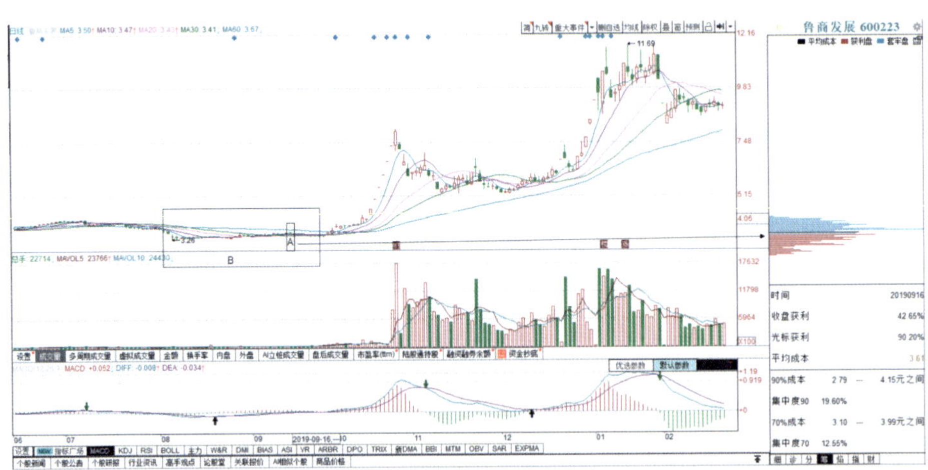

图 5-5　鲁商发展 -2019 年 9 月 16 日筹码分布图

（2）筹码向上突破是一种筹码向上移动时的表现，必须形成了低位单峰密集形态后，下方的红色筹码在向上蔓延和移动、分散过程中，向上突破了移动平均成本线后，依然保持着这种继续向上蔓延和移动、分散的状态时，方为筹码向上突破。如图 5-6 鲁商发展在 2019 年 10 月 16 日 A 区域对应的筹码分布图上，与图 5-5 对比，明显下方红色筹码出现了向上蔓延，并突破了移动平均线后持继续向上蔓延。所以图 5-6 中 B 区域的明显放量上涨，成为筹码低位单峰密集向上突破形态的启涨点。

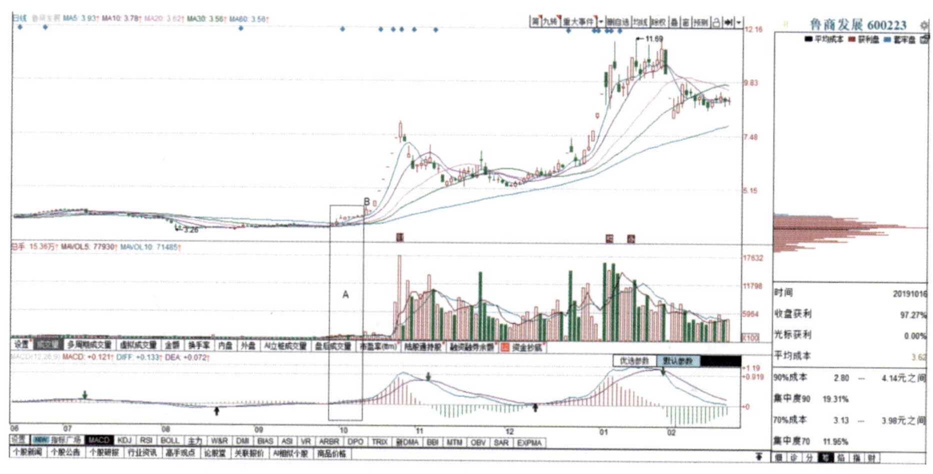

图 5-6　鲁商发展 –2019 年 10 月 16 日筹码分布图

2. 实战注意事项

（1）低位单峰密集、筹码向上突破是固定的筹码分布形态向上移动中突然转强的表现，所以要求下方红色筹码必须突破移动平均成本线，这样才能构成强势突破，这一点是判断启涨形态成立与否的关键。

（2）当低位单峰密集、筹码向上突破出现时，为确保启涨的突破，最好股价能够同时突破低位单峰密集震荡期间的震荡高点，这样才能证明股价的强势向上突破。

（3）低位单峰密集、筹码向上突破只是筹码静态分布与动态移动的突破表现，要想进一步确保突破，还应结合 MACD 指标中的 DIFF 线突然向上翘起或布林线开口型喇叭口等形态进行辅助判断，以确保启涨形态的成立。

5.2.2 双峰密集，上峰上移

双峰密集是筹码分布形态中筹码集中的表现，而上峰上移是筹码向上移动的表现，所以是静态筹码分布密集形态向上移动和分散的动态表现，是股价在上涨趋势中相对高位区持续上涨的征兆，因此是股价加速上涨的启涨形态。

1. 形态具体要求

（1）在双峰密集、上峰上移形态中，双峰密集必须确保筹码峰呈双峰相对密集的形态，且双峰的位置大多位于筹码分布图的中部，不能到达顶部高位区。如图 5-7 华微电子（600360）A 区域 2020 年 2 月 6 日对应的筹码分布图上，筹码分布为双峰密集的状态，双峰位于中低位区域，符合双峰密集的要求。

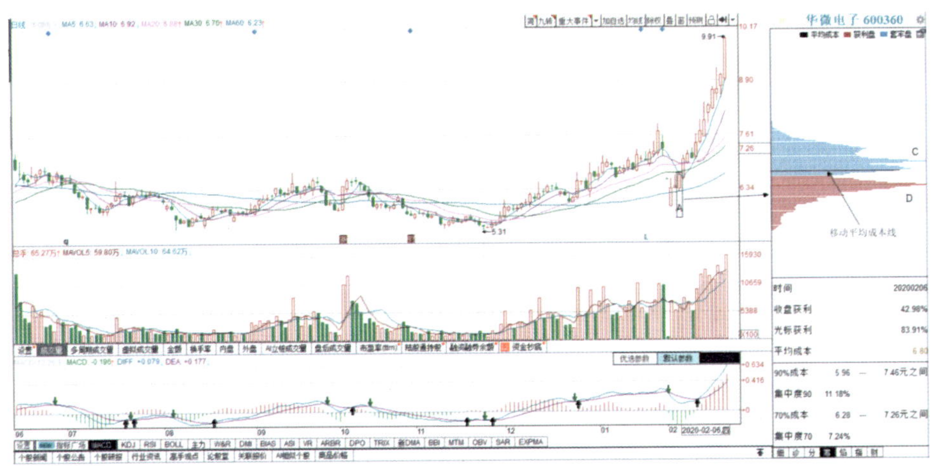

图 5-7 华微电子 -2020 年 2 月 6 日筹码分布图

（2）双峰密集、上峰上移中的上峰上移，是指位于双峰中最上方的筹码峰出现了持续向上移动，此期间红色筹码必须位于移动平均成本线上方，上峰筹码大多数已变为红色筹码，甚至是全部变为红色筹码。如图 5-7 其后的 2020 年 2 月 7 日，即图 5-8 中 B 区域对应的筹码分布图上，明显可以看出红色筹码向上突破移动平均成本线后的持续向上蔓延时，上面的筹码出现了向上移动和裂变，即将形成三个筹码峰，所以可确认为筹码向上突破后的上峰上移。结合上一点内容，可确认图 5-8 已形成了双峰密集、上峰上移的启涨形态。

图 5-8　华微电子 -2020 年 2 月 7 日筹码分布图

2. 实战注意事项

（1）双峰密集、上峰上移是选股时上涨双峰终止向上移动形态的股票出现向中止上涨调整后结束后的表现，所以是加速上涨主升浪开始的征兆。在选股观察中，一定要确保上峰筹码终止上移后，红色筹码恢复了继续上移时，是在移动平均成本线的上方，方可确认强势启动。

（2）双峰密集、上峰上移出现时的趋势必须确保为多头上涨趋势，所以可通过 MACD 或均线观察趋势，为上涨趋势结束短线调整的征兆。如是 MACD，往往是双线在 0 轴附近止跌时的回升状态，均线表现为短期均线恢复上行和多头排列再次形成的时候。

5.2.3　多峰密集，满盘盈利

多峰密集是筹码分布图中的筹码表现为多峰密集的形态，表明筹码的集中；满盘盈利则是所有的筹码都表现为红色的获利状态，所以这种形态意味着筹码是在持续上涨中形成的多峰。而市场又始终表现为强者恒强，因此在趋势惯性的作用下，一旦这种形态出现，股价必然会出现短期的加速上涨，所以是一种启涨形态。

1. 形态具体要求

（1）多峰密集、满盘盈利中的多峰密集，是指筹码表现为至少两个以上的筹码峰，并且呈密集状态，上峰筹码不能到达分布图的顶部。如图 5-9 博通股份

（600455）D 区域 2020 年 1 月 6 日对应的筹码分布图上，呈 A、B、C 三个筹码峰的多峰密集形态，均未到达顶部。这时即可观察是否形成了满盘盈利。

图 5-9　博通股份 -2020 年 1 月 6 日筹码分布图

（2）多峰密集、满盘盈利中的满盘盈利，是指筹码在多峰密集向上移动和分散中，红色筹码完全吞没了蓝色筹码，形成了筹码均为红色的情况。如图 5-9 中 2020 年 1 月 7 日 A 区域对应的筹码分布图上，明显形成了所有筹码为红色的满盘盈利，呈向上分散、移动形态，且突破了 B 区域的阶段高点，结合上一点内容，即可确认为加速上涨主升浪的启涨形态。

图 5-10　博通股份 -2020 年 1 月 8 日筹码分布图

2. 实战注意事项

（1）多峰密集、满盘盈利是筹码在集中不散的情况下，持续快速向上移动和分散的过程，所以必须确保在多峰密集中是红色筹码在持续向上蔓延中完全吞没了上方蓝色筹码，从而形成了满盘盈利。

（2）多峰密集、满盘盈利出现时，一定要确保多峰中的上方筹码未运行到分布图的顶部，否则这种筹码在顶部形成的满盘盈利，则是向上移动到高位区无法继续上行、即将转跌的征兆。

（3）在多峰密集、满盘盈利出现时，应结合 K 线趋势、均线、MACD 或布林线等指标来确认，通常均线、MACD 或布林线等指标表现为向上运行的状态，股价往往是向上突破了阶段性高点甚至是创出新高后的状态。

5.2.4 下峰锁定，红色筹码突破移动平均成本线

下峰锁定、红色筹码突破移动平均成本线，是指筹码在向上移动和分散的过程中，当形成了至少两个以上的多峰后，红色筹码在持续向上蔓延和移动时，突破了移动平均成本线后依然保持着继续向上蔓延和分散的状态时，最下面的筹码峰始终处于锁定不动的情况。这就说明，主力依然保持着低位的持仓水平，所以这种向上突破移动平均成本线的形态是一种股价快速启涨的形态。

1. 形态具体要求

（1）下峰锁定、红色筹码突破移动平均成本线出现时，首先必须确保下方的红色筹码在持续向上蔓延、移动和分散的过程中，向上突破了移动平均线后依然保持着这种向上蔓延的状态。如图 5-11 杭萧钢构（600477）在 2020 年 2 月 4 日 A 区域对应的筹码分布图上，红色筹码开始向上蔓延，但未突破移动平均线，可是到了图 5-12 中 2020 年 2 月 10 日 C 区域对应的筹码分布图时，红色筹码突破了移动平均成本线，并保持着这种向上蔓延的状态。

（2）下峰锁定、红色筹码突破移动平均成本线形成期间，在红色筹码突破移动平均成本线后的持续向上蔓延过程中，下峰红色筹码峰不能出现筹码线的大幅变短，甚至是筹码线的明显减少，也就是下峰依然保持着最初红色筹码上移时的状态，方为下峰锁定。如图 5-6 中，在确认 D 段上涨走势进入 C 区域后形成了红色筹码向上突破移动平均线后持续向上蔓延时，观察图 5-11 与图 5-12 中

筹码分布图下方 B 区域的筹码发现，红色筹码并未改变，所以可确认为下峰锁定。

图 5-11　杭萧钢构 -2020 年 2 月 4 日筹码分布图

图 5-12　杭萧钢构 -2020 年 2 月 10 日筹码分布图

结合上一点内容，即可确认为下峰锁定、红色筹码突破移动平均成本线的启涨形态。

2. 实战注意事项

（1）下峰锁定、红色筹码突破移动平均成本线出现时，筹码分布形态可以表现为双峰，也可以表现为多峰，但必须确保筹码呈相对密集状态，并且最上方的筹码不能运行到分布图的顶部区域。

（2）下峰锁定、红色筹码突破移动平均成本线形成期间，往往是股价向上突破阶段性高点的时候，所以在买入股票时，一定要在符合量价启涨点的要求后再操作。因为当股价突破阶段性高点时，前期阶段性高点会存在许多高位套牢筹码，所以通常会以量破价，以保持加速上涨。

（3）如果下峰锁定、红色筹码突破移动平均成本线形成时，股价出现了快速涨停或一字涨停，则更能说明这种强势突破的启涨，应在涨停时或是次日的量价齐升状态下，及时买入股票。

5.3 需要注意的启涨形态

5.3.1 筹码低位单峰密集的反复震荡

筹码低位单峰密集的反复震荡，是筹码聚集到底部低位区后的一种弱势震荡，所以即使是筹码的单峰密集形态已经说明了主力筹码的集中状态，但依然存在许多的浮筹。因此，筹码在低位的反复震荡，是主力震仓洗盘的表现，这时应保持持续观察，不能轻易买入，因主升浪尚未开始。

1. 形态具体要求

（1）筹码低位单峰密集的反复震荡出现时，筹码均已聚集于分布图的底部低位区，呈密集状态。如图 5-13 联环药业（600513），在 2019 年 6 月中旬至 12 月底期间的 A 区域，筹码均已聚集到了底部低位区，如 B 区域 2019 年 9 月 12 日对应的筹码分布图形态，即表现为低位单峰密集。

（2）筹码低位单峰密集的反复震荡中的反复震荡，表现为底部红色筹码不断向上蔓延，并会出现突破移动平均成本线的情况，但突破不久即又出现跌破行移动平均成本线。如图 5-13 中 B 区域，筹码分布图上的红色筹码即在不断向上蔓延中出现了突破移动平均成本线的情况。但是到了其后图 5-14 中 D 区域 2019 年 9 月 26 日时，筹码分布图上的红色筹码又跌破了移动平均线，持续震荡下行，所以表现为反复震荡。

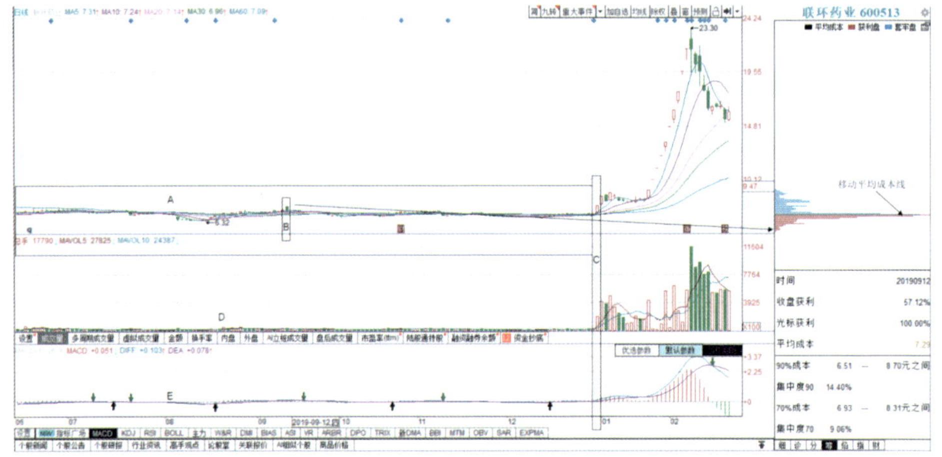

图 5-13　联环药业 -2019 年 9 月 12 日筹码分布图

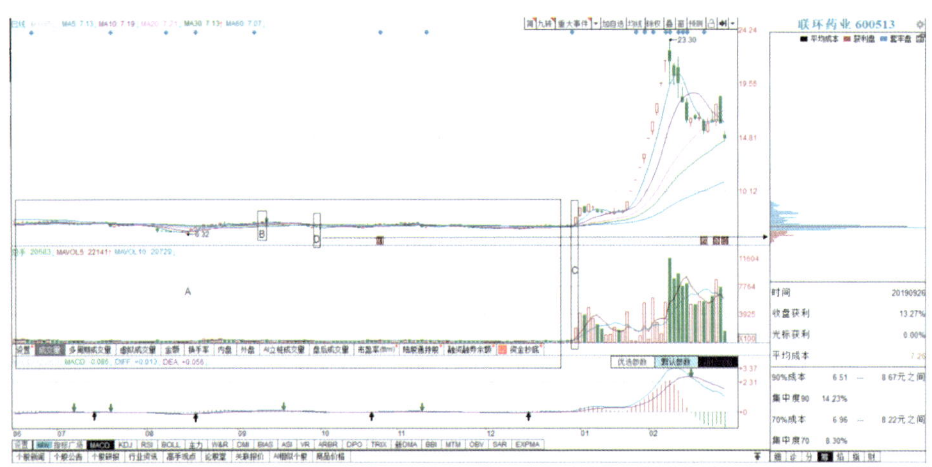

图 5-14　联环药业 -2019 年 9 月 26 日筹码分布图

（3）筹码低位单峰密集的反复震荡期间，往往成交量的变化并不明显，依然保持着低量水平。如图 5-14 中整个 A 区域下方的成交量柱，均保持着量柱极短的较低水平。

因此，综合以上三点，即可确认整个 A 区域为筹码低位单峰密集的反复震荡，为长期弱势震荡的趋势，一定不要轻易在红色筹码向上突破时贸然买入，因为不形成量价启涨点时是不能买入的，只有到了图 5-14 中 C 区域向上突破时形成了量价启涨点时，方可买入。

2. 实战注意事项

（1）筹码低位单峰密集的反复震荡是选股形态低位筹码峰反复分散到集中的股票的一种弱势震荡表现，所以也是主力继续低位建仓或震仓洗盘的表现，因此也是投资者在选股后最容易出现的一种提前买入形态。

（2）中长线投资者最容易根据筹码低位单峰密集的反复震荡形态建仓买入了，但事实上这种筹码分布形态虽然是快速启动主升浪前的蓄势形态，但并不能百分百就保证其后必然会出现快速启动，因主力洗盘的方式多种多样，因此在进行主升浪波段操作时，一定要等到启涨形态形成时再考虑参与。

（3）在筹码低位单峰密集的反复震荡形成期间，最容易出现小阳量温和放大的量价启涨点了，尤其是红色筹码突破移动平均成本线后的同时，更容易让投资者误以为形成了筹码分布的启涨形态与启涨点，所以一定要在筹码低位单峰密集形态形成不久出现红色筹码向上突破移动平均成本线时，观察量价启涨点的情况，并结合 MACD、均线、布林线等其他指标来确认主升浪是否已启动。

5.3.2 双峰填谷后的蓝色筹码向下蔓延

双峰填谷后的蓝色筹码向下蔓延，是指筹码分布和移动中形成了双峰填谷的形态后，上方红色筹码没有继续向上蔓延和移动、分散，反而出现了上方蓝色筹码的持续向下蔓延。这种形态出现时，往往说明双峰填谷中的上涨行情已经结束，所以一定不要认为筹码上移中形成了集中，从而按照启涨形态买入股票。

1. 形态具体要求

（1）双峰填谷后的蓝色筹码向下蔓延中的双峰填谷，是指当筹码形成了双峰后，下峰持续向上移动中，与上峰出现了合二为一的单峰。如图 5-15 中国软件（600536）D 区域 2019 年 5 月 17 日的筹码分布图上，表现为 A、B 两个筹码峰，中间存在 C 区域的峰谷，为双峰。到了图 7-16 中 E 区域 2019 年 5 月 23 日筹码分布图上，筹码却由于下峰的不断上移，双峰合为了单峰，表明形成了双峰填谷。

图 5-15　中国软件 -2019 年 5 月 17 日筹码分布图

图 5-16　中国软件 -2019 年 5 月 23 日筹码分布图

（2）双峰填谷后的蓝色筹码向下蔓延形成期间，蓝色筹码向下蔓延是指红色筹码在向上突破移动平均成本线后，不再向上蔓延、移动和分散，反而上方的蓝色筹码出现了向下持续蔓延。如图 5-16 中 2019 年 5 月 31 日的 F 区域，筹码分布图上方的蓝色筹码未持续减少，反而出现了持续向下蔓延。

结合上一点内容，可确认形成了双峰填谷后的蓝色筹码向下蔓延，表明股价在上涨趋势中再次进入了弱势震荡，此时不应以加速上涨的主升浪启涨形态，贸然买入股票。

图 5-17 中国软件 -2019 年 5 月 31 日筹码分布图

2. 实战注意事项

（1）双峰填谷原本是筹码在向上移动和分散的过程中再次集中的表现，所以也是上涨中途加油上涨的征兆，但如果是蓝色筹码出现向下蔓延时，则表明这种筹码的上涨中途的再集中未形成统一，才导致了筹码的震荡向下，所以是一种股价宽幅震荡向下的表现，一定不要参与这类形态的股票。

（2）双峰填谷后的蓝色筹码向下蔓延出现时，往往双峰填谷后筹码呈相对分散的状态，也就是集中度不高，这也是双峰填谷形成上攻形态时的最大区分。因为在上攻形态的双峰填谷中，是底部筹码快速上行中与上峰形成了密集的单峰，也就是单峰密集位于分布图中部区域，而震荡走低的双峰填谷后蓝色筹码向下蔓延时，填谷后的单峰不够密集。

5.3.3 红色筹码向上瞬间突破移动平均成本线

红色筹码向上瞬间突破移动平均成本线的情况经常出现，虽然这种筹码分布和移动的形态出现时，表明盘中绝大多数筹码都已实现了获利，看似上涨较为强势，但实际上这种看似转为强势的上涨状态是难以持久的，因为此期间的筹码大多处于较为分散的状态。

1. 形态具体要求

（1）红色筹码向上瞬间突破移动平均成本线的情况，一般会发生在根据满盘亏损形态选股后的观察阶段，所以筹码此期间的分布形态是分散状态的。如图5-18 厦门钨业（600549）在 2020 年 2 月 3 日的 A 区域，筹码分布图上形成了全是蓝色筹码的清盘亏损，这时判断买入形态时，一定要引起注意。

图 5-18　厦门钨业 -2020 年 2 月 3 日筹码分布图

（2）红色筹码向上瞬间突破移动平均成本线出现时，往往是在最底部出现少量红色筹码后，红色筹码持续向上蔓延中，出现了短时向上突破移动平均线，很快又跌破了移动平均成本线。如图 5-19 中，在 A 区域出现满盘亏损后的 B 区域，下方出现红色筹码，经过其后的上涨后，C 区域对应的筹码分布图上，红色筹码向上突破了移动平均成本线。这时，一定要持续观察。因为到了下一个交易日的2020 年 7 月 20 日，即图 5-20 时，明显 D 区域对应的筹码分布图上，蓝色筹码又快速跌破了移动平均成本线，持续向下蔓延。所以，综合上一点内容可以确认，这种红色筹码向上突破移动平均成本线的行为，只是瞬间突破，为震荡走强后走弱的瞬间转强行为，不可贸然操作。

图 5-19　厦门钨业 -2020 年 2 月 18 日筹码分布图

图 5-20　厦门钨业 -2020 年 2 月 19 日筹码分布图

2. 实战注意事项

（1）红色筹码向上瞬间突破移动平均成本线经常出现在股价持续下跌的末端，所以此期间往往形成满盘亏损状态，也可以是下方存在少量红色筹码，但此期间的筹码通常会在分布图上占据大部分区域，呈分散的状态。

（2）红色筹码向上瞬间突破移动平均成本线出现时，通常是股价持续下跌中形成的反弹行情，所以并不符合主升浪操作的启涨形态要求，一定要拒绝操作。

（3）红色筹码向上瞬间突破移动平均成本线出现后，有时候也会出现反弹形成反转的情况，但这种情况极少出现，一旦出现，往往筹码会在反弹行情中形成筹码集中，这时可根据具体的启涨形态要求来操作，不可贸然参与。

5.3.4 满盘盈利后的蓝色筹码出现与快速下移

满盘盈利后的蓝色筹码出现与快速下移形成时，原本是一种股价突破高点后的强势形态，甚至是突破历史新高的筹码分布形态，但如果满盘盈利后的蓝色筹码突然出现，并快速下移，说明股价已结束了快速上涨，所以一定不要根据这种形态来操作，应采取回避的策略。

1. 形态具体要求

（1）满盘盈利后的蓝色筹码出现与快速下移形成时，必须形成全是红色筹码的满盘盈利状态。如图 5-21 长电科技（600584）A 区域的 2020 年 2 月 25 日，筹码分布图上表现为全是红色筹码的满盘盈利。这时就要进一步观察了。

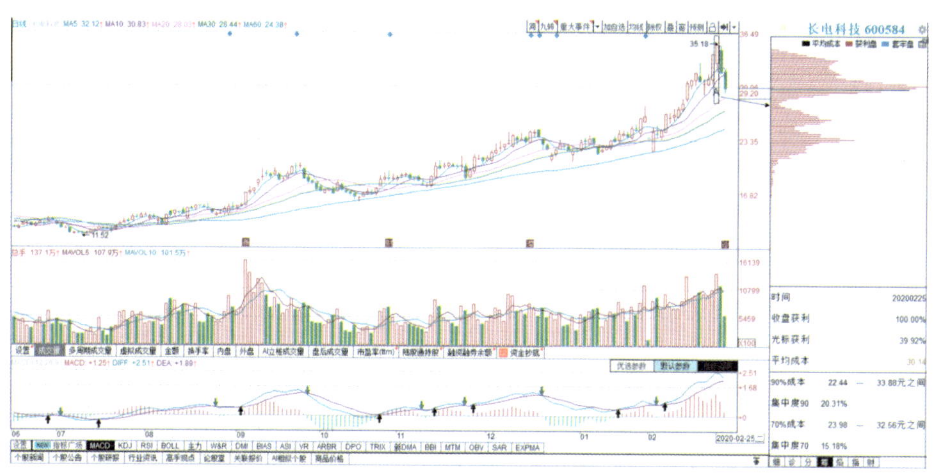

图 5-21 长电科技 -2020 年 2 月 25 日筹码分布图

（2）满盘盈利后的蓝色筹码出现与快速下移形成时，往往大多数筹码已向上移动到了顶部高位区，下方一般不会存在较集中的筹码。如图 5- 21 中的大多数筹码已向上运行到了顶部高位区，下方无筹码。

（3）在满盘盈利后的蓝色筹码出现与快速下移时，首先是形成满盘盈利形态，然后上方出现蓝色筹码后，持续出现向下快速蔓延。如图 5-21 下一个交易日的 2020 年 2 月 26 日，即图 5-22 中 B 区域对应的筹码分布图上，上方 C 区域在出现蓝色筹码后，即刻出现了快速持续向下蔓延。

综合前两点内容，即可确认形成了满盘盈利后的蓝色筹码出现与快速下移，所以一定不要贸然买入。

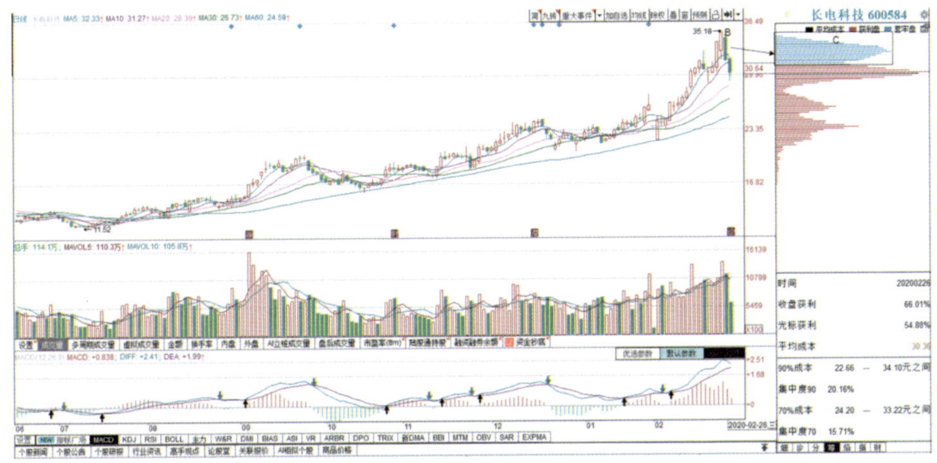

图 5-22　长电科技 -2020 年 2 月 26 日筹码分布图

2. 实战注意事项

（1）满盘盈利后的蓝色筹码出现与快速下移形成时，首先是筹码分布图上，筹码已向上移动到了顶部，或是接近顶部的高位区时，才是股价已上涨到极限的表现。所以筹码位于顶部的满盘获利是股价见顶时的征兆，而不是买入形态，观察时一定要引起注意。

（2）满盘盈利后的蓝色筹码出现与快速下移形成时，往往是股价突破阶段性高点或历史新高后无力继续上行的表现，但通常当上方出现蓝色筹码并快速下移时，筹码已处于顶部相对密集状态。

第6章

启涨点：量价齐升是筹码分布判断牛股主升浪买点的关键

启涨点，就是主升浪开始启涨的买点，所以一定要首先明白量价与启涨形态的关系，启涨点的量价表现，以及启涨点异动的量价形态，还要明白启涨点的买股策略，这样才能准确把握好买股的时机。

6.1 量价与启涨形态的关系

6.1.1 放量上涨是启涨形态成立的唯一标准

在启涨形态中，股价如果要确保这种快速上涨能够持续，筹码分布形态虽然能够准确地通过向上移动的形态表明这种愿望，但要想真正实现上涨，还必须在量价形态上进行确认，因为只有这种股价的上涨得到了成交量的支持后，方可确认启涨形态的成立。因此，放量上涨是判断筹码分布启涨形态成立的唯一标准。

1. 放量上涨形态表现

（1）放量上涨中的放量，是指成交量为阳量状态时，明显要高于之前的阳量柱水平。如图 6-1 法拉电子（600563）2019 年 12 月 16 日的 A 区域对应的筹码分布图上，当低位筹码密集突破后红色筹码持续向上移动中，A 区域下方 C 区域形成了持续阳量柱变长，为明显的放量形态。

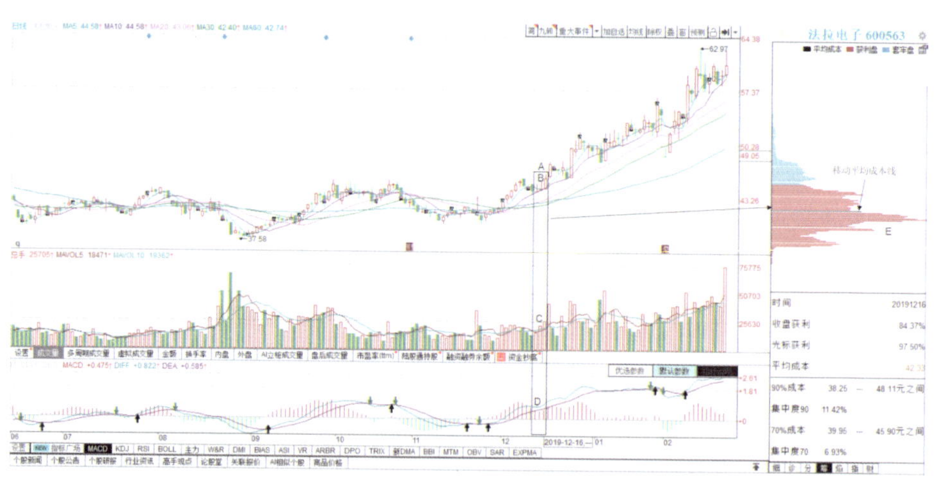

图 6-1　法拉电子 -2019 年 12 月 16 日筹码分布图

（2）放量上涨中的上涨，是指K线形成了红色阳线，并与之前的K线比较，呈明显的向上运行趋势。如图6-1中A区域上方B区域的K线为阳线持续向上运行的上涨状态。

综合以上两点内容，以及筹码分布的启涨形态及D区域MACD死叉不死的助涨形态，表明一轮明显加速上涨的主升浪已经开始，所以说，放量上涨才是启涨形成成立的唯一标准。

2. 实战注意事项

（1）在股价启涨初期，由于之前为至少短期的弱势状态，所以股价要想实现明显的快速上涨时，就必须出现成交阳量的明显放大，这样出现的股价上涨才是健康的上涨状态。所以判断筹码分布启涨形成是否成立时，放量上涨才是唯一的标准。

（2）放量上涨出现时，必须确保放量与上涨的明显，也就是成交量柱表现为阳量柱时，其长度必须明显高于之前的量柱水平，才能形成放量。上涨则是K线明显呈向上运行的阳线，方可确认为放量上涨。

6.1.2 无量上涨是启涨形态短暂形成的多头陷阱

无量上涨的出现，说明股价的上涨没有得到成交量的支持，所以这种上涨状态只是盘中主力筹码在以对倒的方式独自推高股价，因为没有市场散户资金的积极参与，所以这种上涨是难以持续的。这种无量上涨，也通常在主力洗盘时期出现，往往是主力逢低吸筹后发现股价持续上涨后即将遏制上涨的阶段性高点形成的征兆，所以多为引诱散户逢高买入的多头陷阱，即使是筹码分布形成了启涨形态，也是不可信的。

1. 启涨形态期间无量上涨的具体表现

无量上涨出现时，无量不是指真的没有成交量，而是量能较小，或是明显的缩量状态。即筹码分布启涨形态期间，量能放大不够明显时，K线表现为明显的上涨。如图6-2恒生电子（600570）A区域的2019年12月26日对应的筹码分布图上，当形成了低位筹码单峰密集向上突破的启涨形态时，虽然上方B区域表现为阳线上涨，但下方C区域的量却为极小的阳量柱，所以可确认为无量上涨，这往往意味着筹码分布的启涨形态未得到量能支持，所以在 A 区域 MACD 反而表现为向下死叉，表明依然处于震荡状态，是股价继续震荡的表现。因此，其后 F 区域再次启动时的持续放量上涨，才是股价真正启涨的征兆，而无量上涨只是股价震荡上行的多头陷阱。

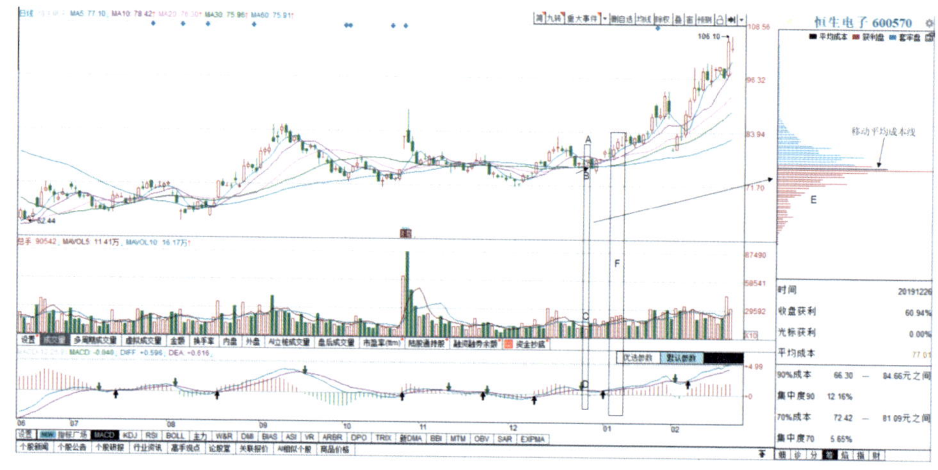

图 6-2　恒生电子 -2019 年 12 月 26 日筹码分布图

2. 实战注意事项

（1）无量上涨出现在筹码分布启涨形态期间时，是一种没有成交量支撑的股价虚假上涨，所以这种启涨点形态是难以持久的，即后市不会出现主升浪的启动，所以不应操作。只有在出现明显放量上涨时，才会形成真正的启涨点。

（2）筹码分布启涨形态期间出现的无量上涨，在多数时候也会表现为小阳量温和上涨，就是量能放大不明显的股价上涨，这种情况同样应以无量上涨的无效启涨点来对待，持续观察后，再决定是否操作。

（3）如果无量上涨出现时，是因为股价快速涨停所导致的量能未放大，如实体短小的涨停阳线或一字涨停板，则不应视为无量上涨，因量能未放大的原因是股价的快速涨停，所以引发买入资金无法成交从而形成的无量或缩量。

6.2 启涨点的量价表现

6.2.1 明显放量上涨，最强的启涨点

当筹码分布形成了启涨形态时，如果布林线、MACD、均线等其中任意一个指标也同时形成了助涨的启动形态后，如果成交量也形成了明显的放量、股价上涨的放量上涨形态时，就意味着最强势的启涨点出现了。因为量能明显突破的股价上涨，才最能证明股价中在以量破价的启动。

1. 明显放量上涨的具体要求

（1）成交量柱表现为红色的阳量柱，阳量柱的长度与之前的量能水平比较，明显要高。如图 6-3 卧龙电驱（600580）A 区域 2019 年 11 月 13 日对应的筹码分布图上，形成了低位单峰密集的向上突破移动平均线后，A 区域的量柱为阳量柱，明显高于之前的量柱水平，可以确认为明显放量。

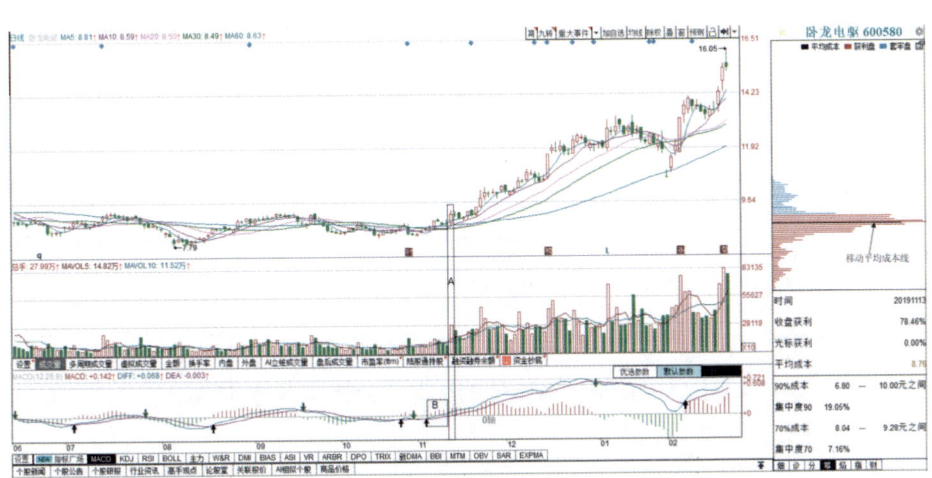

图 6-3 卧龙电驱 -2019 年 11 月 13 日筹码分布图

（2）股价在一般情况下，表现为较长的阳线。但在特殊情况下，如高开高走时，阳线实体较短。如图 6-3 中 A 区域的 K 线为一根略长的阳线，呈明显上涨。

结合以上两点内容，即可确认筹码分布形态与 B 区域、A 区域 MACD 双线突破 0 轴后的向上远离助涨形态时，形成了明显放量上涨的启涨点，为最强的启涨点，应及时买入股票。

2. 实战注意事项

（1）明显放量上涨为启涨点时，必须确保筹码分布形成了主升浪的启涨形态，同时 MACD、均线、布林线等指标中的任意一个指标也形成了启涨形态时，方可以明显放量上涨为启涨买点。

（2）当明显放量上涨的启涨点形成时，往往在股价长期弱势震荡形成的快速上涨主升浪形态时最容易出现，所以判断明显放量上涨中的放量程度时，必须确保启涨点的阳量柱要明显高于之前的量能柱水平。

（3）当明显放量上涨的启涨点出现时，如果明显放量的量能柱过长，形成了上至成交量区域顶部的天量时，应再持续观察，只有这种大量能够持续时，才能确认为启涨点，否则极易出现股价的回落震荡。

6.2.2 持续放量上涨，较强的启涨点

当筹码分布形成了启涨形态时，如果布林线、MACD、均线等其他任意一个指标也同时形成了助涨的启动形态后，在量能放大的时候，持续放量上涨同样是一种较为强势的启涨点形态，因为持续放量代表着买入量的持续。

1. 持续放量上涨的具体要求

（1）成交量为阳量柱，至少要有两根或以上时，方可确认为持续。放量，则要求阳量柱必须小幅高于之前弱势时的量柱水平。如图 6-4 长电科技（600584）2019 年 11 月 27 日筹码分布图，当形成了双峰密集、上峰上移的启涨形态时，MACD 也表现为 0 轴附近金叉后双线向上分散时，C 区域内下方 B 区域的阳量柱表现为第一根量柱小幅高于之前量柱的放量，且持续保持这种阳量较高状态，所以为持续放量。

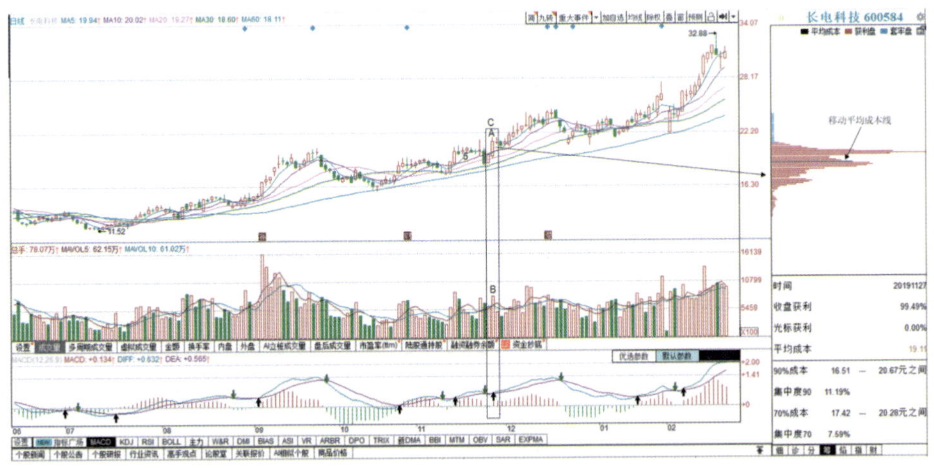

图 6-4　长电科技 -2019 年 11 月 27 日筹码分布图

（2）持续放量上涨中的上涨，是指 K 线必须至少两根阳线，呈且一根明显高于前一根的状态。如图 6-4 中 C 区域内 A 区域，表现为两根前短后长的阳线呈明显上涨状态。

结合以上两点内容，A 区域形成了筹码分布与辅助指标的启涨形态期间，量价形成了较强的持续放量上涨启涨点，应及时买入股票。

2. 实战注意事项

（1）持续放量上涨为启涨点时，必须确保筹码分布形成了主升浪的启涨形态，同时 MACD、均线、布林线等指标中的任意一个指标也形成了启涨形态时，方可确认明显放量上涨为启涨买点。

（2）当持续放量上涨的启涨点形成时，多数时候也是出现在股价长期弱势震荡形成的快速上涨主升浪形态时，所以判断明持续放量上涨中的放量程度时，应确保启涨点的至少两根阳量柱要明显高于之前弱势震荡期间的量能水平。

（3）当持续放量上涨的启涨点出现时，如果持续放量的第一根量能柱形成了明显放量，第二根量能柱哪怕是形成了小幅缩量水平，但量柱明显与弱势时的量柱要长时，则是一种强势和健康的持续放量上涨启涨点。

6.2.3　温和放量上涨，一般的启涨点

当筹码分布形成了启涨形态时，如果布林线、MACD、均线等其中任意一个

指标也形成了助涨形态后，若是量价表现为温和放量的股价上涨时，同样是一种启涨点形态，只不过相对于上面两种启涨点而言，温和放量上涨为一般强势的启涨点。

1. 温和放量上涨的具体要求

（1）温和放量中的量柱表现为阳量柱，至少要两根以上时，方可确认，且后一根要小幅高于前一根，但最后一根量柱要明显高于之前弱势震荡的量柱水平时，方可确认。如图 6-5 卧龙电驱（600580）A 区域的 2020 年 2 月 5 日对应的筹码分布图上，形成了下峰锁定、红色筹码突破移动平均成本线的启涨形态时，5 日均线也出现向上拐头的恢复多头上涨排列的助涨，下方成交量柱略高于之前 D 区域的量柱水平，表现为两根阳量柱前低后略高的温和放量。

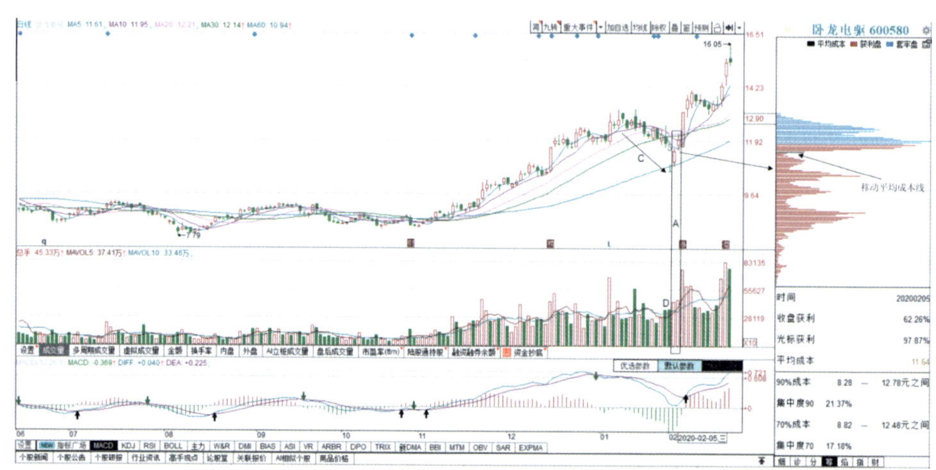

图 6-5　卧龙电驱 -2020 年 2 月 5 日筹码分布图

（2）温和放量上涨中的上涨，是 K 线也必须至少有两根阳线，呈后一根在前一根之上的上升状态。如图 6-5 中 A 区域上方的 K 线表现为两根明显前高后低的阳线上涨状态。综合上一点内容，可确认 A 区域形成了启涨形态的启涨点，应及时买入股票。

2. 实战注意事项

（1）温和放量上涨为启涨点时，必须确保筹码分布形成了主升浪的启涨形态，同时 MACD、均线、布林线等指标中的任意一个指标也形成了启涨形态时，方可通过温和放量上涨来确认启涨买点。

（2）温和放量上涨的启涨点，可以出现在任意一种主升浪启涨形态形成时。但如果是快速上涨主升浪形态时，必须最少为三根阳线与阳量的温和放量上涨时方可确认；若是加速上涨的主升浪启涨形态时，至少为两根阳线与阳量的温和放量，方可确认为启涨点。

（3）当温和放量上涨的启涨点出现时，如果温和放量的第二根量能柱形成了明显放量，只要是第三根量能柱保持为大量水平，则这种形态为持续放量上涨形态。但如果是第一根量柱为持续放量上涨的水平时，其后两根量柱形成了温和放量，则是最为稳健和强势的一种温和放量上涨启涨点。

6.3 四种启涨点量价异动形态

6.3.1 格外放量上涨，启涨过猛易回落

格外放量上涨，是指当筹码分布以及均线、MACD、布林线形成了启涨形态时，放量上涨中表现为明显放量上涨中的阳量柱过长的一种启涨点形态。由于世间万物都遵循着物极必反的道理，所以格外放量上涨是一种短期跟风筹码过剩的表现，但在涨跌停板制度下的 A 股市场，启涨过猛又未出现股价的涨停，所以就成了一种股价在启涨期间的异常行为，其后只要是量能无法持续保持大量状态，则是难以实现启涨的，反而容易出现回落震荡，操盘时一定要引起注意。

1．格外放量上涨的具体表现

（1）格外放量出现在启涨形态期间时，量柱为阳量柱，成倍地高于之前的量柱水平，量柱向上到达或接近显示区域的顶部。如图 6-6 鲁抗医药（600789）B 区域的 2020 年 1 月 2 日对应的筹码分布图上，当 A 区域形成低位单峰密集后，B 区域出现了红色筹码向上突破移动平均成本线后的持续向上蔓延中的筹码峰向上裂变，MACD 也表现为 DIFF 线的快速向上远离 DEA 线，但成交量却表现为一根格外高于之前数倍水平的阳量柱，所以为格外放量。

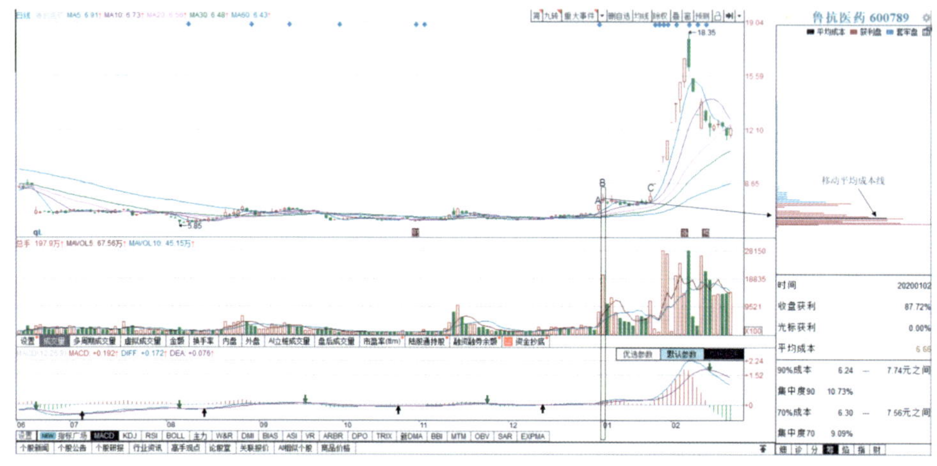

图 6-6　鲁抗医药 -2020 年 1 月 2 日筹码分布图

（2）格外放量上涨中的上涨，是指 K 线表现为中阳以上的阳线上涨，但未出现涨停，或在尾盘出现涨停。如图 6-6 中 B 区域的 K 线虽然表现为明显跳空高开的上涨，但形成了一个红十字星。

综合以上两点内容，可确认为启涨形态成立时的格外放量上涨启涨点，所以不应买入股票，可在持续观察后再决定。只有在 C 区域形成了双峰上移中的明显放量上涨时，方可买入股票。

2. 实战注意事项

（1）格外放量上涨在大多数时候，是出现在快速上涨的主升浪形态期间，通常是主力快速拉高股价震仓洗盘的征兆，所以其后的筹码分布会表现为低位筹码密集的反复震荡。

（2）当格外放量上涨的启涨点出现时，最好的策略是保持继续观望，而不要轻信天量必出天价，因为只要其后阳量无法保持大量水平时，则 99% 以上的情况会发生短线的震荡回落，所以也是主力筹码未集中的表现。

（3）如果是加速上涨的主升浪启动形态期间出现的格外放量上涨，多数时候是股价突破阶段性高点时的表现，但同样需要后市的持续大量水平，或是缩量涨停出现，否则就会容易引发趋势的快速转弱，因此格外放量上涨出现时，一定要保持冷静，不要冲动。

6.3.2 缩量上涨，动能不足难持续

当筹码分布形成主升浪启涨形态期间，均线、MACD、布林线中任意一个指标如果也形成了助涨后，量价启涨点表现为缩量上涨时，就表明股价的技术指标启涨形态只是一种虚涨的震荡走高，因为量能不足，必然会导致其后难以持续上涨，所以操盘时一定要引起注意，因为缩量上涨同样是一种量价异动的表现。

1. 缩量上涨的具体表现

（1）缩量是指成交量为阳量柱，但明显要低于之前的量能水平。如图 6-7 中航沈飞（600760）A 区域 2019 年 8 月 27 日对应的筹码分布图上，形成了双峰密集、上峰上移的启涨形态时，MACD 表现为 0 轴附近金叉后双线向上发散的助涨形态，但 A 区域的量能表现为阳量柱持续变短的缩量。

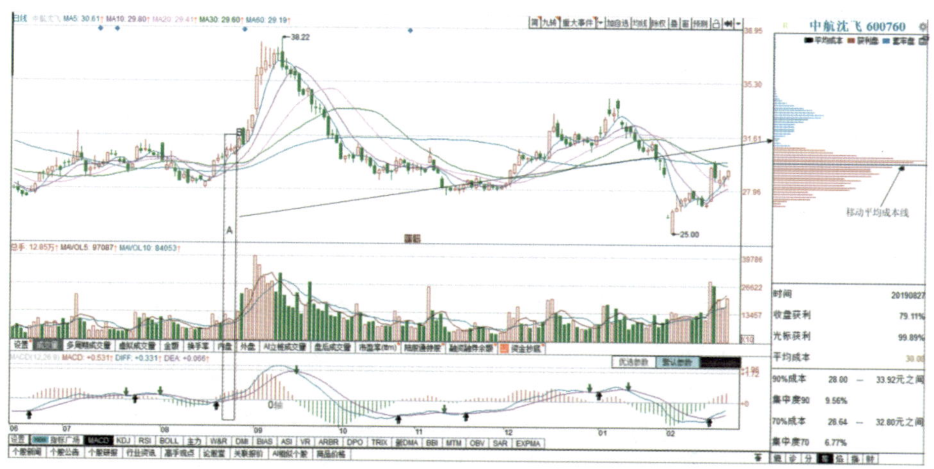

图 6-7　中航沈飞 -2019 年 8 月 27 日筹码分布图

（2）缩量上涨中的上涨，是指 K 线呈向上运行的阳线状态，但不能出现涨停。如图 6-7 中 A 区域，K 线表现为阳线小幅上涨。

综合以上两点内容，可确认为启涨形成期间的缩量上涨形态，一定不要过早买入，可迟一步，待 B 区域形成了明显的放量上涨时，再买入。

2. 实战注意事项

（1）缩量上涨如果是出现在快速上涨的主升浪期间，往往是筹码分布启涨形态为震荡的虚假上涨，是震荡的表现，只要其后量价不能形成启涨点，就应继续保持观察。

（2）如果缩量上涨是出现在加速上涨的主升浪期间，多数是股价上涨调整结束时的第一根 K 线会如此表现，但其后若无法形成量价启涨点时，同样要保持观察。

（3）如果启涨形态期间的缩量上涨出现时，是由于是股价的快速涨停导致的，如实体极短的光头阳线，或是一字涨停板，这时应在其后量价齐升时果断买入股票，因这种缩量上涨是因股价快速涨停所导致的无法成交。

6.3.3 放量滞涨，量价异动要小心

当筹码分布形成主升浪启涨形态期间，均线、MACD、布林线中任意一个指标如果也形成了助涨形态后，量价表现为放量滞涨时，同样要引起注意，因放量滞涨本身就属于一种量价背离，不要轻举妄动。

1. 放量滞涨的具体表现

（1）放量是指当主升浪启涨形态形成时，成交量出现了持续明显的放量状态，量柱先是出现明显较高的阳量柱，但其后又可能出现大量水平的阴量柱。如图 6-8 鲁北化工（600727）A 区域 2019 年 11 月 20 日对应的筹码分布图，形成了低位单峰密集、筹码向上突破启涨形态期间，MACD 也表现为 0 轴附近金叉后双线向上发散的助涨形态，但 A 区域的成交量却表现为较高水平的持续阴量与阳量，为明显放量状态。

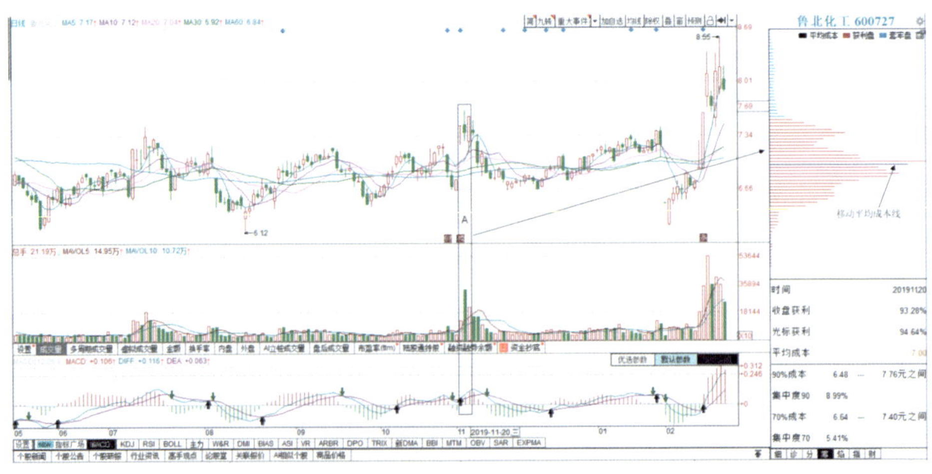

图 6-8　鲁北化工 -2019 年 11 月 20 日筹码分布图

（2）放量滞涨中的滞涨，是指 K 线实体较长，或具有一定的影线，但未形成明显的上涨，只是出现了小幅震荡。如图 6-8 中 A 区域的 K 线，表现为阴线与阳线参半的震荡滞涨。

（3）放量滞涨出现时，往往伴随着较高的换手率，成交量表现为阴阳互现的像小山似的量堆或堆量。如图 6-8 中 A 区域的三个交易日，换手率表现为 3.62%、9.19%、6.04%，换手率持续较高，成交量像一座小山一样，形成了堆量。

综合以上三点内容，可确认 A 区域形成了启涨形态的放量滞涨量价形态，所以应谨慎参与，持续观察后再决定是否要参与。

2. 实战注意事项

（1）启涨形态期间的放量滞涨，通常是出现快速上涨主升浪启动形态的股价低位区，或是上涨趋势初成的加速上涨主升浪的启涨初期，一经出现就要引起注意，即使是快速上涨主升浪启动形态期间出现时，确认为主力在低位快速建仓后，也应在股价快速启动上涨时，形成了量价启涨点，方可买入。

（2）如果是加速上涨的主升浪启涨形成期间出现了放量滞涨，一定要格外小心，因为此期间股价已出现了一定的上涨，突然的放量滞涨，往往意味着后市的突然变盘，且这种变盘一旦发生时是迅速的，所以只有在向上变盘时才可买入，反而实战中向下变盘的概率更高。

（3）启涨形态期间的放量滞涨出现时，换手率会出现突然放大，一般会表现为 5% ~ 10%，甚至有时会表现得更大，达到 10 几个或 20 几个百分点。

6.3.4 小阳量温和上涨，量小难启涨

当筹码分布形成主升浪启涨形态期间，均线、MACD、布林线中任意一个指标同时也形成了助涨形态后，量价表现为小阳量温和上涨时，表明股价上涨的启动时成交量较小，未被市场认可，后市极难启动上涨。所以一经出现，同样要并引起注意，中止买入操作。

1 小阳量温和上涨的具体形态要求

（1）小阳量温和状态，是指启动形态形成期间，量能变化极小，成交量虽然表现为阳量，但量柱却保持在之前量能水平的状态。如图 6-9 宏发股份（600885）

2019 年 9 月 25 日所在的 A 区域，筹码分布图上形成了低位单峰密集、筹码向上突破的启涨形态期间，下方 C 区域也形成了双线在 0 轴之上的向上发散，但 B 区域的阳量柱，却表现为当前量能水平下的多根小阳量。

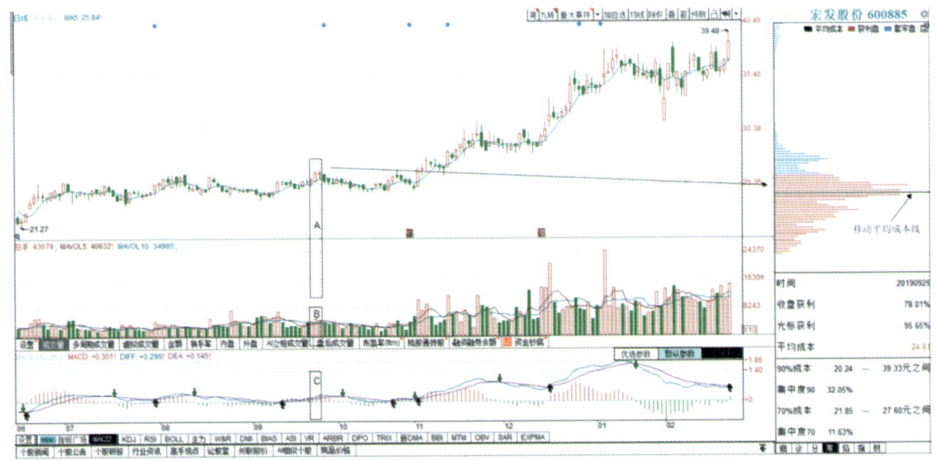

图 6-9　宏发股份 -2019 年 9 月 25 日筹码分布图

（2）在小阳量温和上涨中，上涨是指 K 线呈上涨状态，表现为小幅的上涨。如图 6-9 中 B 区域，K 线表现为阳线小幅上涨状态。

综合以上两点内容，可确认为启涨形态期间为小阳量温和上涨的量价形态，所以不应买入股票，只是盘中震荡走高的表现，应持续观察后再决定是否操作。

2. 实战注意事项

（1）小阳量温和上涨通常会在快速上涨的主升浪启动形态期间出现，这种形态的最直观表现就是阳量柱不明显的持续出现，与弱势震荡期间的量能水平比较，变化不大，所以属于一种股价震荡期间震荡走高的表现，不具有启涨意义，属于启涨点不明显的情况。

（2）小阳量温和上涨如果是出现在加速上涨的主升浪启动形态时，往往是前期调整时大举缩量引发的小阳量。只要股价不表现为快速涨停，则应继续观察再决定是否买入。

（3）小阳量温和上涨与温和放量上涨的最大区别，在于温和放量上涨中主要指的是第一根 K 线或形成明显高于之前的量能水平，或是最后一根 K 线形成了明显放量，属于量柱的放量状态；而在小阳量温和上涨中，是指 K 线的上涨表现为温和的不明显。

6.4 启涨点的买股策略

6.4.1 启涨形态下的启涨点买股策略

启涨点是判断股价短期是否会出现快速上涨的唯一标准，但是由于是主升浪波段操作，所以不能纯粹以量价的这种超短期变化来判断更长周期的短期波段变化。因此，必须在形成了启涨形态时，出现了明显的量价启涨点变化，才能作为买入股票的依据。

1. 启涨形态下的启涨点买股策略

（1）启涨点形成时，必须形成了筹码分布的主升浪启涨形态，同时还必须满足均线、MACD、布林线三个指标中的任意一个指标，同时也形成了助涨形态时，方为满足了主升浪的启涨形态要求。如图 6-10 宏发股份（600885）A 区域 2019 年 11 月 5 日对应的筹码分布图上，形成了低位单峰密集、筹码向上突破的启涨形态，同时下方 MACD 形成了 0 轴附近金叉后双线向上发散的助涨形态，所以符合主升浪的启涨形态要求。这时就要及时观察启涨点是否形成了。

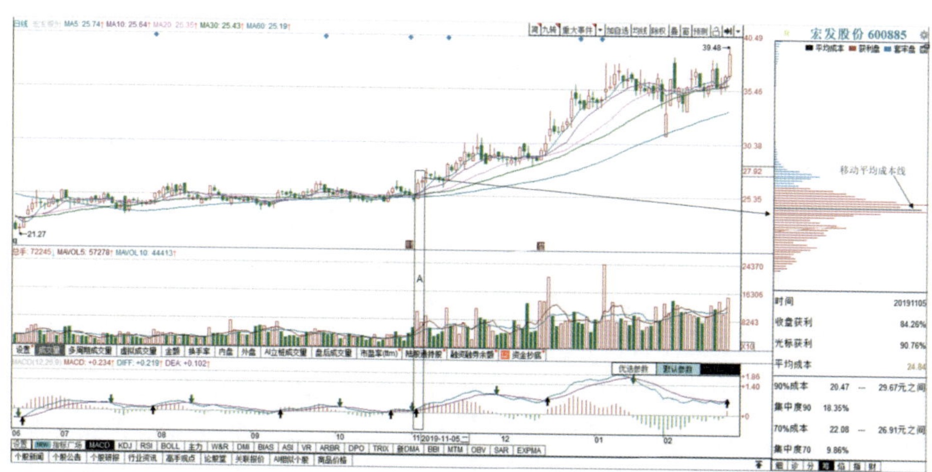

图 6-10 宏发股份 -2019 年 11 月 5 日筹码分布图

（2）在技术指标满足了主升浪启涨形态要求后，启涨点也必须符合明显放量上涨、持续放量上涨、温和放量上涨三种量价启涨点形态中的任意一种时，方为符合启涨点要求，这时方可买入股票。如图 6-10 中 A 区域，成交量表现为明显放量后的持续放量，股价持续上涨，符合放量上涨的启涨点要求。结合上一点内容，即可确认为主升浪启动的征兆。这时的买入操作，就是在启涨形态下的启涨点策略之下的买入行为。

2. 实战注意事项

（1）在启涨形态下的启涨点买股策略要求下，如果一只股票只是符合了启涨点要求，但启涨形态不够明显时，也不应进行买入操作。

（2）在启涨形态下的启涨点买股策略下，如果在启涨形态中，只是形成了筹码分布的标准主升浪启涨形态，如果是其他辅助指标中均线、MACD、布林线，只要其中任何一个指标均未出现助涨形态时，也不应买入股票，因这种形态属于辅助指标未验证筹码分布的情况，为不符合主升浪启涨形态要求的情况。

（3）如果是筹码分布和辅助指标均形成了主升浪启涨形态的要求，但量价启涨点却出现勉强时，也不应进行买入操作，因这种情况同样不符合启涨形态下的启涨点买股策略。

6.4.2 启涨点勉强时不交易的策略

启涨点勉强，就说明筹码分布与其他辅助指标所形成的启涨形态只是一个空架子，这就像练武者只练武术中的套路，而忽略了技击训练，最后只能练成中看不中用的花架子，只能达到健身，却无法用于实战。因为在股票操作中，启涨点就如武术中的技击技术，启涨形态就如武术中的套路一样。所以，一旦启涨点勉强时，就说明这只股票的技击术不够强大，即使实战也是难以取胜的，因此必须采取不交易的策略。

1. 启涨点勉强时不交易的策略

（1）启涨点勉强时，只有启涨形态标准时，才会让投资者产生交易的冲动，所以标准启涨形态下的启涨点勉强，是最容易产生勉强交易的根源。如图 6-11 博汇纸业（600966）A 区域 2019 年 12 月 12 日对应的筹码分布图上，形成了双峰密集、上峰上移的启涨形态，MACD 也表现为 0 轴附近金叉后双线略向上发散。这时就要准确判断启涨点的形态了。

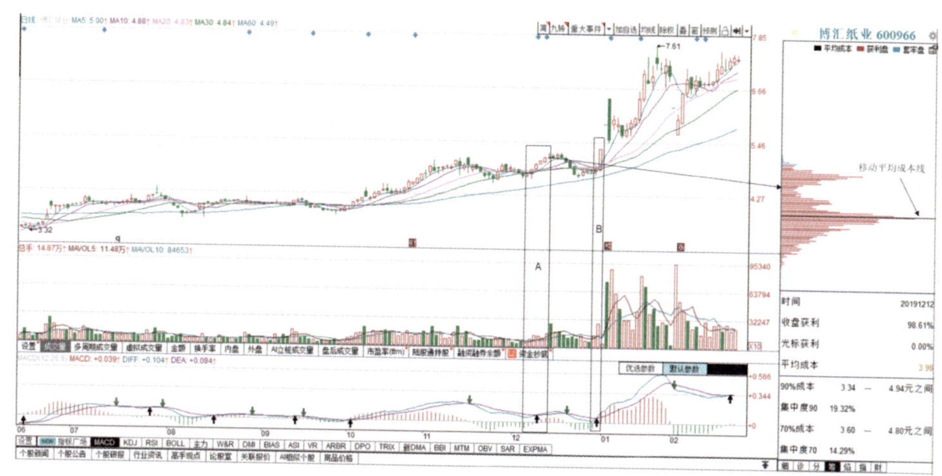

图 6-11　博汇纸业 -2019 年 12 月 12 日筹码分布图

（2）启涨点勉强时，为量价启涨形态的勉强，主要包括：格外放量上涨、缩量上涨、小阳量温和上涨、放量滞涨等四种量价异动形态。如图 6-11 中 A 区域上方的 K 线表现为持续小阳线温和上涨，下方成交量柱却表现为较低水平的小阳量，为小最量温和上涨。

综合以上两点内容，可确认在 A 区域形成了启涨形态标准下的启涨点不明显的情况，所以应采取不交易的策略。只有到 B 区域，启涨形态下形成启涨点时，方可进行交易。

2. 实战注意事项

（1）当筹码分布与辅助指标均满足主升浪启涨形态时，一定要仔细观察量价启涨点是否形成了明显放量上涨、持续和量上涨、温和放量上涨三种量价形态中的任意一个时，方为启涨形态下的启涨点操作，其他任何形态的量价形态均为勉强的启涨点，都不应操作。

（2）在启涨点勉强的形态中，完全不符合启涨点的情况很多，但有四种量价异动的形态，是投资者在判断启涨点最容易忽略的，如格外放量上涨、缩量上涨、小阳量温和上涨、放量滞涨等四种量价异动形态。只要出现其中任意一种情况时，就一定不要勉强交易。

（3）如果启涨形态勉强时出现的启涨点勉强，则更不应操作，因不健康的启涨形态和启涨点之下，股价所有的上涨都是短暂的，最终操作的结果只能导致亏损后的追涨杀跌和频繁交易。

第 7 章

持股：筹码移动的强弱决定了是否继续持股

持股的行情分析，同样重要，因为如果无法在筹码移动和变化中，准确分析出股价的强弱，很容易过早卖在加速上涨的蓄力时刻，或者是主升浪已经结束了，还在继续持股。因此，不懂得持股中的强弱分析，同样无法达到最终的获利。

7.1 持股中看盘的关键

7.1.1 红色筹码是否持续向上移动

在买入一只股票后，一定要保持持续看盘，看盘的关键一点是，观察下方的红色筹码是否保持着持续向上移动的状态。因为如果保持红色筹码的持续向上移动、分散和蔓延，则证明强势依旧，而一旦红色筹码不再继续向上持续移动了，就要小心了。

1. 红色筹码是否持续向上移动的看盘要点

（1）红色筹码持续向上移动时，应始终保持持股状态，盘中出现红色筹码的小幅向下波动时，只要很快中止向下波动，就不要轻易卖出股票。如图 7-1 建设机械（600984）A 区域 2019 年 12 月 30 日的筹码分布图上，形成了多峰密集、上峰上移的启涨形态和明显放量上涨的启涨点后，买入了股票。到了 B 区域，即图 7-2 中 B 区域对应的 2020 年 1 月 3 日筹码分布图上，红色筹码只是出现了短时的向下波动，并很快中止了这一波动，就要坚决持股。

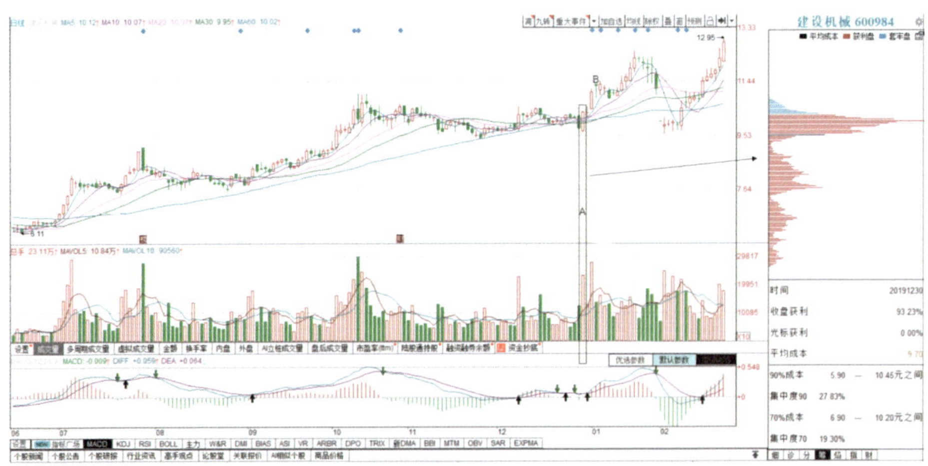

图 7-1 建设机械 –2019 年 12 月 30 日筹码分布图

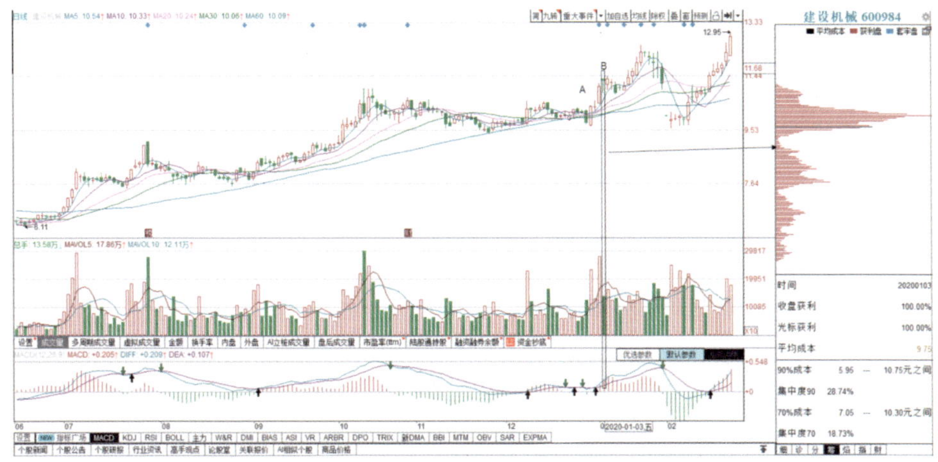

图 7-2　建设机械 -2020 年 1 月 3 日筹码分布图

（2）当红色筹码不再持续向上移动时，如果只是瞬间出现了蓝色筹码的向下蔓延，只要不形成启跌点，股价依然在 5 日均线附近向上移动，仍然应坚持持股。如图 7-2 中 B 区域，当盘中上方蓝色筹码短时向下波动后，即出现红色筹码的快速向上蔓延，收盘虽然 K 线表现为阴十字星，但筹码形成了满盘盈利状态，未形成启跌点，所以应坚定持股信心，保持继续持股。

2. 实战注意事项

（1）在持股的观察中，主要是观察下方红色筹码是否依然保持着持续向上蔓延和移动、分散，因为只有红色筹码持续向上蔓延、移动和分散时，才能证明上涨行情依然在持续快速上涨。

（2）持股中的观察，如果是观察到红色筹码不再向上蔓延、移动和分散时，一定不要惊慌，急急卖出股票，因为即使是在股价快速上涨的主升浪阶段，在盘中也不可能时时刻刻都保持着上涨的态势，所以可以借助股价与短期均线的情况，来判断是否继续持股。

（3）在持股的看盘过程中，一旦发现红色筹码不再向上蔓延、移动和分散时，只要不形成启跌点，仍应坚定持股。

（4）通常在红色筹码不再向上蔓延、移动和分散时，因是主升浪行情，所以大多时候 K 线会表现为在 5 日均线上方的震荡，或是短期瞬间跌破 5 日均线，但只要很快回升到 5 日均线上方，即红色筹码恢复向上蔓延、移动和分散，即应安心持股。

7.1.2 蓝色筹码是否形成了破位

在持股的过程中，一旦发现了筹码分布图上方的蓝色筹码在向下蔓延时，就要引起注意了，因为一旦蓝色筹码向下跌破了移动平均成本线，则说明出现了破位，趋势转为了下跌。所以在持股的看盘中，上方蓝色筹码是否跌破了移动平均线，是看盘的一个关键形态。

1. 蓝色筹码破位的看盘要点

（1）如果观察蓝色筹码没有增多，在持续减少，说明依然为上涨行情，应继续持股，直到快速上涨结束，形成了启跌点为止。如图 7-3 建设机械（600984），如果在 A 区域买入了股票，到 2020 年 1 月 8 日 C 区域对应的筹码分布图上，筹码在持续上行过程中，未上行到顶部高位区，上方 D 区域虽然出现了蓝色筹码，但当日震荡向下蔓延时，很快中止了继续向下蔓延，所以应当安心持股。

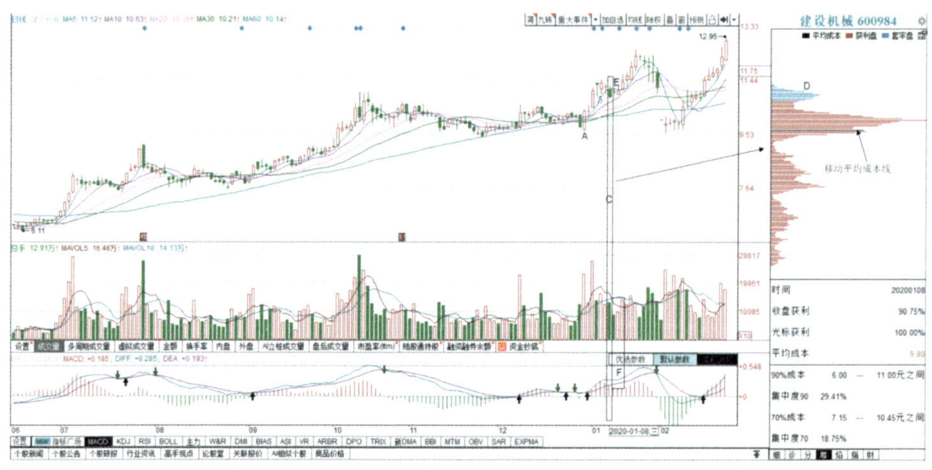

图 7-3 建设机械 -2020 年 1 月 8 日筹码分布图

（2）如果是发现上方的蓝色筹码出现向下蔓延、移动和分散时，虽然未出现跌破移动平均成本线，但形成了量价启跌点时，则不应继续持股。同样以建设机械这只股票为例，当运行到了图 7-4 中 2020 年 1 月 21 日所在的 A 区域时，虽然筹码分布图上方的 D 区域出现了蓝色筹码，并快速向下蔓延时尚未跌破移动平均线，但当前筹码已运行到了顶部高位区，且 H 区域形成了持续放量下跌的启跌点，所以不应继续持股，要及时卖出。

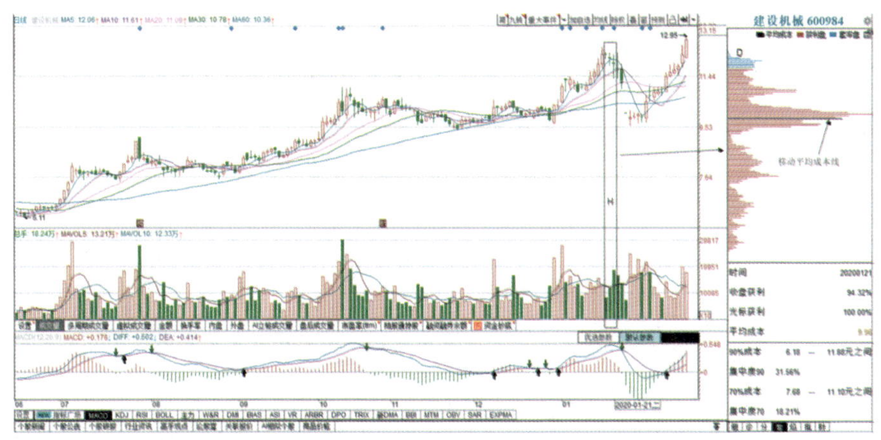

图 7-4　建设机械 -2020 年 1 月 21 日筹码分布图

2. 实战注意事项

（1）在看盘时观察蓝色筹码的变化时，蓝色筹码是位于筹码最上方位置的蓝色筹码，主要是观察蓝色筹码是否出现了向下移动，并有效跌破了移动平均成本线。因一旦跌破，则意味着趋势已快速转弱。

（2）在很多时候，由于是主升浪波段操作，所以蓝色筹码并不一定非要跌破移动平均成本线，才代表着主升浪的结束，因此一定要结合量价启跌点来观察趋势的变化，以及时做出反应。

（3）蓝色筹码有效跌破移动平均线时，为跌破移动平均线后，依然保持着继续向下蔓延的状态。观察时，可通过蓝色筹码的面积是否在变大来确定蓝色筹码的向下蔓延、移动或分散。

7.1.3　上方筹码是否移动到了顶部高位区

当上方筹码已经向上移动到了顶部高位区时，就说明筹码在快速向上移动、分散的过程中，已经运行到了顶部极限，而高处不胜寒，其后很多时候会出现股价的快速转跌，所以上方筹码是否移动到了顶部高位区，也是看盘的关键。

1. 上方筹码移动到了顶部高位区的具体表现

（1）上方筹码移动到顶部区后，一种表现是分布图上筹码分散，分布于大部分；另一种是筹码集中分布于顶部高位区。一旦出现以上两种情况中的任意一种时，就要引起注意，形成放量下跌时，就应及时卖出，否则就应继续持股。如

图 7-5 赤峰黄金（600988）2020 年 2 月 24 日 A 区域对应的筹码分布图上，在筹码上行中，突然上方出现了蓝色筹码，且筹码分布于分布图大部分区域，且形成了放量下跌，所以就不应再继续持股。

图 7-5　赤峰黄金 –2020 年 2 月 24 日筹码分布图

（2）上方筹码移动到顶部高位区后，主要是观察下方筹码是否依然在持续向上移动，这种移动表现为一种筹码由分散到集中的移动，只要不再移动，就必然会形成两种情况：一是股价高位震荡，一种是启动下跌。所以这时一定不要再继续持股了，根据量价变化确定卖出时机。如图 7-6 隆基股份（601012）A 区域 2020 年 2 月 12 日对应的筹码分布图上，筹码在上行中，最上方 B 区域的筹码已运行到了顶部高位区，变为了蓝色，说明筹码不再向上移动和分散，这时 A 区域形成了明显的放量下跌，所以就不应继续持股了。

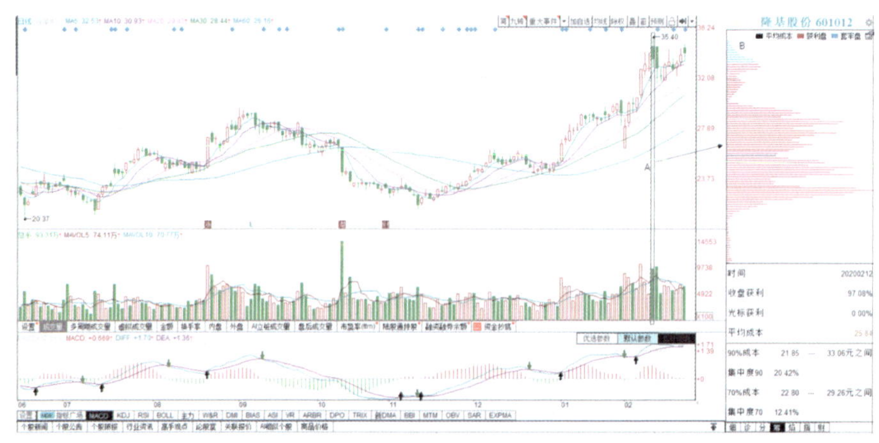

图 7-6　隆基股份 –2020 年 2 月 12 日筹码分布图

2. 实战注意事项

（1）在大多数情况下，一旦上方筹码向上移动到了顶部区域时，就意味着股价的短期涨势已结束了，但不一定会即刻表现为下跌，因此存在高位震荡，甚至是调整后再次上涨，但这是另一段行情的事情了，所以一旦形成筹码运行到顶部时，就要及时观察，以确定是否再继续持股了。

（2）如果是筹码相对集中的情况下，当向上移动到高位区未到达顶部时，不一定就意味着上涨行情已结束，因为筹码在高位区极易产生分歧，出现快速转跌。因此这时候主要是观察红色筹码是否继续向上移动，方可确认是否继续持股。

（3）当所有筹码都已经向上移动到了顶部时，即使是筹码处于相对密集形态，也要引起注意了，因为这表明主力低位建仓的筹码均已向上滚动到了高位区，随时会出现大举离开，形成启跌点。

7.2 坚决持股的筹码分布形态

7.2.1 红色筹码始终向上移动

红色筹码始终向上移动，是股价健康上涨的表现，所以在持股中只要发现了这种筹码分布和移动的状态时，就要坚定持股信心，保持按兵不动。

1. 红色筹码持续向上移动的具体表现

（1）红色筹码持续向上移动可以表现为下方红色筹码线持续向上移动，筹码呈向上分散的状态。只要保持这种状态时就可安心持股，但一旦中止时就要引起注意了。如图 7-7 恒立液压（601100），若是在 A 区域买入了股票，当运行到 B 区域的 2019 年 9 月 24 日时，发现筹码分布图上的红色筹码依然保持着持续向上移动、分散的状态，因此可安心持股。当运行到了图 7-8 中 B 区域的 2019 年 11 月 8 日时，通过筹码分布图的观察，发现筹码依然呈小幅向上移动和分散的状态，说明上涨行情依然在持续，只不过涨势变慢了，所以依然应当继续持股。

图 7-7　恒立液压 -2019 年 9 月 24 日筹码分布图

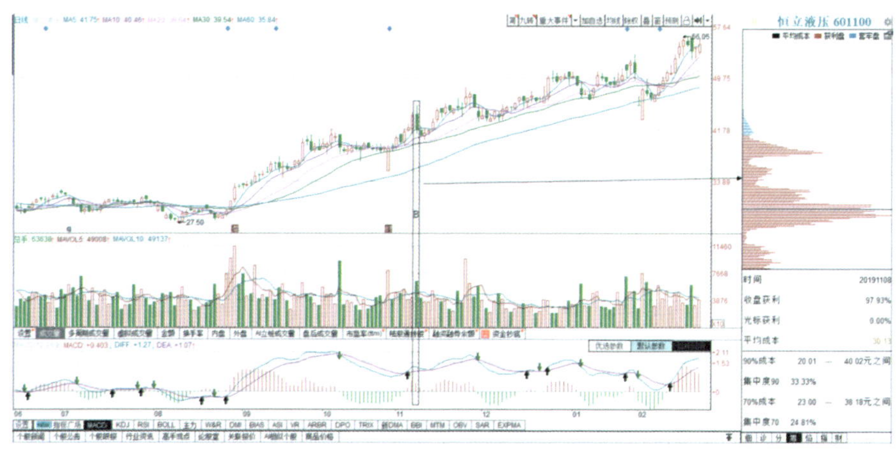

图 7-8　恒立液压 -2019 年 11 月 8 日筹码分布图

（2）红色筹码持续向上移动时，如果移动速度慢、分散不明显时，只要观察红色筹码的面积在不断向上扩张即可，也就是红色筹码在持续向上蔓延。只要保持这种状态时就可安心持股，但一旦中止时就要引起注意了。同样是恒立液压这只股票，当运行到了图 7-9 中 2019 年 11 月 28 日的 C 区域时，对应的筹码分布图上，与图 7-8 中的形态对比，发现红色筹码依然在保持着小幅的向上移动和分散，且 MACD 出现了背离式上涨，所以依然可以保持继续持股，因这说明这只股票在启动上涨后是背离式上涨的方式缓慢震荡上涨的，所以可能是一只长牛股。因此，图 7-10 中 E 区域时依然保持着红色筹码向上移动和分散时，仍然要继续持股。只有到了 F 区域不再向上移动时，形成了放量下跌时，方可离场。

图 7-9　恒立液压 -2019 年 11 月 28 日筹码分布图

图 7-10　恒立液压 -2020 年 1 月 23 日筹码分布图

2. 实战注意事项

（1）红色筹码持续向上移动是筹码向上移动和分散的上涨情况，所以一定要从动态的角度看静态的筹码分布图上的筹码分布形态，也就是持股中通过与之前的筹码分布图上的分布形态来对比，从而得出红色筹码是否表现出了持续向上移动。

（2）红色筹码向上持续移动期间，有两种主要表现：一是筹码呈向上移动和分散状态，这时只要观察整个筹码在分布图上是表现为向上扩散，所占的区域向上扩大时即可；另一种是筹码向上移动和分散的情况不明显时，观察下方红色筹码的面积是否出现了向上扩展，如为向上不断扩展和蔓延时，也为红色筹码持续向上移动。

（3）当红色筹码明显持续向上移动和分散时，表明主力在利用低位筹码持续向上滚动拉升股价。如果是红色筹码向上持续移动时表现不明显时，则往往是整个筹码在滚动上行，主力通常是在边卖边快速拉升股价，所以导致主力所持的筹码价格也在快速上升。

7.2.2 蓝色筹码下行到移动平均成本线上方即止跌

蓝色筹码下行到移动平均成本线上方即止跌，是上涨行情中短线快速调整结束的征兆，因为在主升浪波段操作中，股价表现为快速上涨，所以这种形态的出现，只是短线的波动，应保持继续持股。

1. 蓝色筹码下行到移动平均成本线上方止跌的具体表现

（1）蓝色筹码下行到移动平均成本线上方即止跌时，是指红色筹码不再继续向上蔓延，蓝色筹码开始出现向下移动和蔓延。如图 7-11 晶方科技（603005）A 区域的 2020 年 1 月 6 日对应的筹码分布图上，形成了低位单峰密集、筹码向上突破时的量价齐升时买入了这只股票，到了图 7-12 中 B 区域的 2020 年 1 月 9 日，对应的筹码分布图上，筹码已向上裂变为双峰密集，上方出现蓝色筹码后开始向下蔓延，虽然出现了持续阴量，但股价却只是形成了小幅震荡，所以这时就要引起注意了。

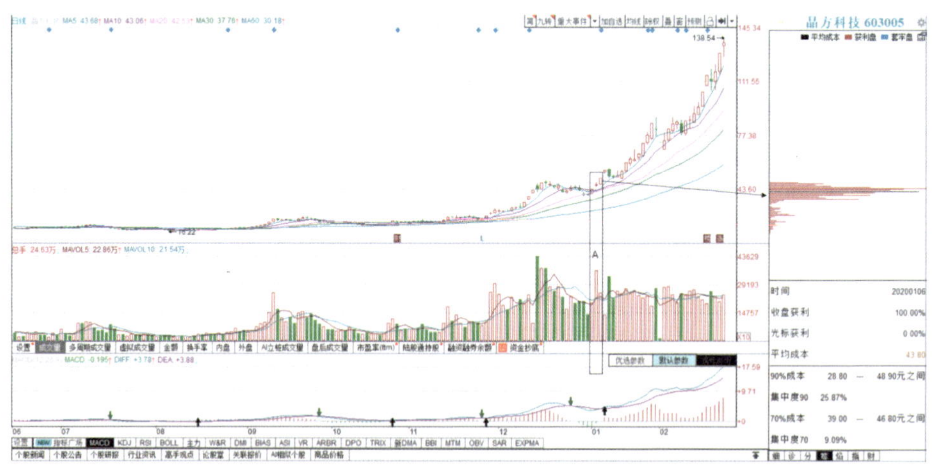

图 7-11 晶方科技 2020 年 1 月 6 日筹码分布图

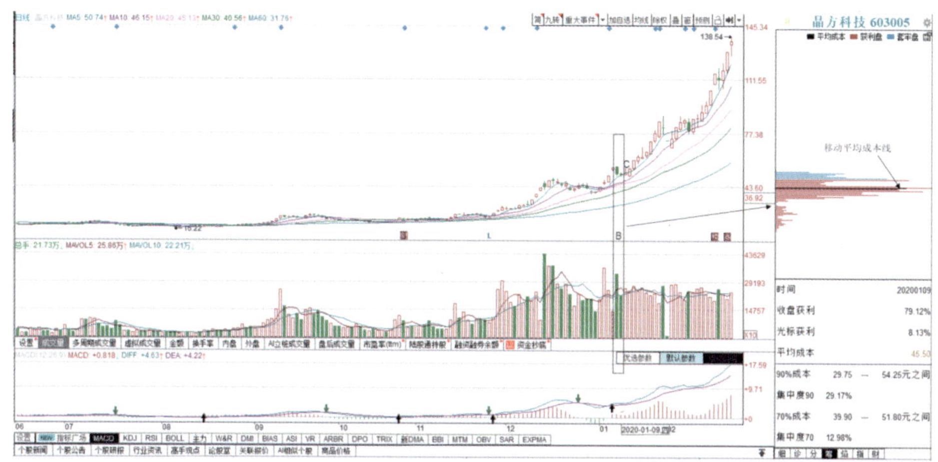

图 7-12　晶方科技 2020 年 1 月 9 日筹码分布图

（2）蓝色筹码下行到移动平均成本线上方即止跌出现时，蓝色筹码必须始终保持在移动平均线上方，未跌破移动平均线，即恢复了红色筹码继续向上移动、蔓延和分散的状态，方可继续持股。到了图 7-12 的下一个交易日，即图 7-13 中 C 区域 2020 年 1 月 10 日对应的筹码分布图上，发现上方蓝色筹码在移动平均成本线的上方即中止了继续下蔓延，所以不应卖出，保持继续持股。

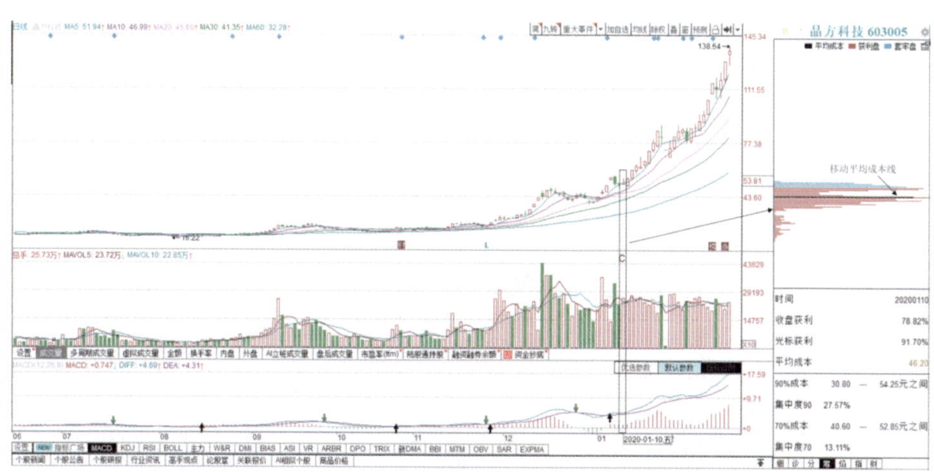

图 7-13　晶方科技 2020 年 1 月 10 日筹码分布图

2. 实战注意事项

（1）当蓝色筹码下行到移动平均成本线上方即止跌出现时，必须确保为主升浪行情，因这种形态是持股中的筹码分布表现，所以不要单独使用这种形态来买股，因为坚定持股与买股是完全不同的两个概念。

（2）蓝色筹码下行到移动平均成本线上方即止跌的筹码分布形态，应当以筹码分布的移动形态表现来观察，而不能只局限于静态的筹码分布形态。

（3）蓝色筹码下行到移动平均成本线上方即止跌形成期间，往往是主升浪上涨时期出现的股价短线快速调整，所以此期间应观察 K 线与 5 日均线的状态来辅助观察，因此期间 5 日均线通常依然保持着上行状态，K 线只是瞬间跌破 5 日均线，保持在 5 日均线附近的强势上涨。

7.2.3 红色筹码短时跌破移动平均成本线

红色筹码短时跌破移动平均成本线，是股价在主升浪行情中出现的一种看似突然转弱的短时波动，因红色筹码在突然跌破移动平均成本线后，很快又移动到了移动平均成本线的上方，依然表明股价处于强势上涨状态，所以应坚决持股。

1. 红色筹码短时跌破移动平均成本线的具体表现

（1）红色筹码短时跌破移动平均线时，类似于 K 线短时跌破 5 日均线的行为，是指红色筹码在移动平均线上方向上蔓延时，突然中止了向上蔓延，转而向下跌破了移动平均线，但跌破后很快又表现为止跌回升，继续向上突破了移动平均线后持续向上蔓延。如图 7-14 黄山胶囊（002817），如果在 A 区域买入了这只股票，发现到了其后 B 区域的 2020 年 2 月 7 日，对应的筹码分布图上，红色筹码在 A 区域突破移动平均成本线后出现了短时跌至移动平均线下方，这时就要引起注意了。通过对下一个交易日，即图 7-15 中 C 区域的 2020 年 2 月 7 日对应的筹码分布图的观察，发现 C 区域盘中出现了蓝色筹码短时快速跌破移动平均线后即刻止跌回升，并保持这种红色筹码的震荡上行直到收盘，所以可以继续安心持股。

（2）红色筹码短时跌破移动平均线即止跌出现时，往往红色筹码在跌破移动平均线后的时间不可过长，在日线操作中应最多不超过 5 根 K 线，且这期间股价呈明显的缩量下跌状态，当止跌回升时，红色筹码在向上突破移动平均线后呈明显的量价齐升时，方可继续持股。如图 7-15 中 C 区域对应的筹码分布图上，蓝色筹码只是在盘中出现了瞬间跌破移动平均线，然后即出现了红色筹码的继续上移，并保持至收盘，红色筹码依然在移动平均线上行，并不在不断面积变在，这说明强势依旧，只是短线盘中的震荡，应继续持股。

图 7-14　黄山胶囊 -2020 年 2 月 7 日筹码分布图

图 7-15　黄山胶囊 -2020 年 2 月 11 日筹码分布图

2. 实战注意事项

（1）红色筹码短时跌破移动平均线即止跌的形态，在主升浪操盘中，大多出现在启涨形态和启涨点形成后的买入初期，因此时红色筹码表现为刚刚突破移动平均成本线不久的向上蔓延之初，向下离移动平均成本线的距离较近。

（2）如果是红色筹码在持续向上蔓延、移动和分散过程中，股价已出现了一定程度的上涨后，往往这种红色筹码跌破移动平均成本线的行为，则多数表现为趋势已转弱，起码也会是调整期间的震荡，所以不应继续持股。

（3）在红色筹码短时跌破移动平均线即止跌形态中，必须在红色筹码跌破移动平均成本线期间，表现为缩量下跌，且下跌的幅度往往不大。但止跌回升时，必须表现为量价齐升，方可继续持股，但快速涨停的缩量上涨同样能表明止跌回升的坚决。

7.2.4　双峰持续向上移动和分散

双峰持续向上移动和分散，是筹码峰持续向上移动和分散的一种健康形态，因为股价的不断上涨，所以会导致市场跟风筹码的不断涌入，而低位短线获利筹码的不断获利了结，所以造成了这种筹码的不断向上移动和分散，而上涨双峰又是股价上涨初期的一种表现，所以是一种坚定持股的筹码分布形态。

1. 双峰持续向上移动和分散的具体形态

（1）筹码峰表现为两个筹码峰，允许在筹码分布图上的双峰周围存在一定数量的较短小筹码线，即筹码峰上方出现极短或零星较长的看似毛刺的筹码线出现。如图 7-16 万盛股份（603010），若是在 A 区域买入了股票，到了 B 区域 2020 年 2 月 13 日对应的筹码分布图上，发现筹码表现为 E、F 两个筹码峰，发现上方出现了一定的蓝色筹码，这时就要继续观察，看双峰是否依然保持着向上移动和分散了。

图 7-16　万盛股份 -2020 年 2 月 13 日筹码分布图

（2）双峰持续向上移动和分散的表现，除了双峰持续向上滚动的移动外，如果筹码向上分散的状态变化不明显时，可观察红色筹码是否保持着持续向上蔓延。通过持续观察，发现万盛股份在 C 区域之前的一个交易日表现为明显的缩量震荡后，到了下一个交易日的图 7-17 中 C 区域，对应的筹码分布图上，表现为红色筹码的继续上移，从 D 区域峰谷的加大状态可看出，双峰开始裂变为三个筹码峰的多峰，表明双峰依然处于向上移动和分散的形态，所以可以安心持股。

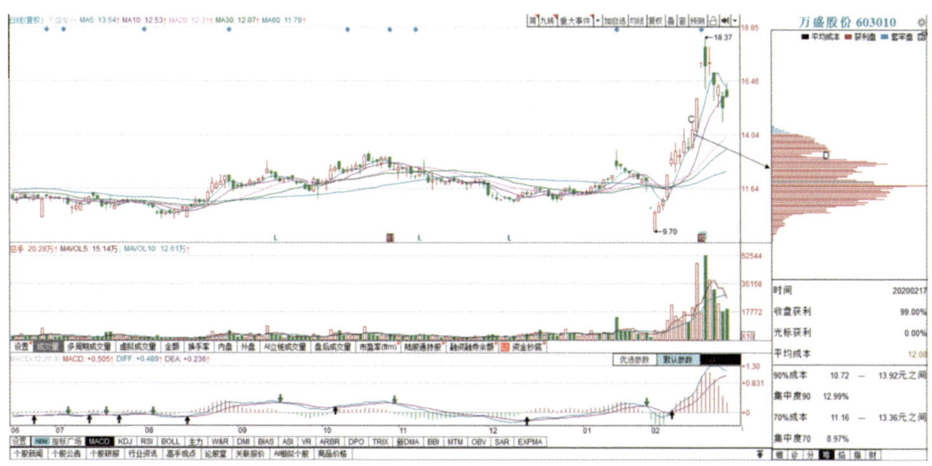

图 7-17　万盛股份 -2020 年 2 月 17 日筹码分布图

2. 实战注意事项

（1）双峰持续向上移动和分散期间，双峰在筹码分布图上的位置，大多时候会位于中部区域，启动之初的单峰裂变为双峰的上涨时，双峰是位于中低部；经过上涨后的双峰向上移动期间，双峰是位于中部略偏上，但不能到达顶部。

（2）当双峰持续向上移动和分散出现时，往往下面的筹码峰早已变全红色，而上面的筹码峰多半已变为红色，甚至是已全部变为红色，呈满盘盈利形态，但必须确保此期间保持着健康的量价齐升状态。

（3）如果在双峰持续向上移动和分散的筹码分布形态期间，筹码峰表现为三个，甚至是更多时，只要呈密集状态，且未上行到顶部，即可继续持股。

7.3 谨防出现的量价与筹码分布形态

7.3.1 红色筹码跌破移动平均成本线的阴量下跌

红色筹码跌破移动平均成本线的阴量下跌，往往是买入股票不久后，股价在高位区形成震荡期间的一种突然变弱的征兆，所以筹码分布在此期间会呈现出蓝色筹码向下蔓延中，红红色筹码快速跌破了移动平均成本线的情况，一旦表现为阴量下跌时，就不要再继续持股了，因为这说明股价出现了快速走弱。

1. 具体形态要求

（1）上方蓝色筹码在震荡向下蔓延期间，出现了移动平均线上方的红色筹码突然下行到了移动平均成本线的下方时，即可确认为红色筹码跌破了移动平均成本线。如图 7-18 海星股份（603115），在 B 段加速上涨的走势中，当上方出现蓝色筹码，并出现移动平均线上方的红色筹码持续向下蔓延中，到了 A 区域的 2019 年 9 月 11 日，对应的筹码分布图上，红色筹码位于移动平均成本线的下方，为红色筹码跌了移动平均成本的形态。这时就要及时观察量价形态了。

图 7-18 海星股份 –2019 年 9 月 11 日筹码分布图

（2）阴量下跌表现为阴量阴线，这时不要计较阴量柱的长短，只要表现为阴量，股价呈阴线下跌，即应果断中止继续持股。如图 7-18 中 A 区域，股价表现为阴线，成交量表现为较长的阴量，虽然未形成放大，但形成了阴量下跌。

结合以上两点内容，可确认出现了红色筹码跌破移动平均成本线的阴量下跌，应中止继续持股，果断卖出股票。

2. 实战注意事项

（1）红色筹码跌破移动平均成本线后的阴量下跌，大多出现在启涨形态形成的初期，所以是启跌点不明显或不够坚决的一种表现，表明股价开始出现了震荡走弱，所以前期买入者一定要及时中止继续持股。

（2）红色筹码跌破移动平均成本线后的阴量下跌出现期间，大多数情况下，阴量的水平并不一定出现明显放大，甚至是会出现小幅缩量下跌，但只要保持在当前大量水平，就不应继续持股。

（3）红色筹码跌破移动平均成本线后阴量下跌的情况，大多发生在初学者判断启涨形态及记涨点失败期间，所以在学习筹码分布捕捉主升浪技术中，要求初学者在实践时，应轻仓操作。

7.3.2 高位区出现蓝色筹码的量价齐跌

高位区出现蓝色筹码的量价齐跌，是筹码向上移动到高位区时的一种快速转跌形态，所以在持股的看盘中，一旦发现这种形态时，就不要再继续持股了，因股价短线已表现为明显的下跌，所以即使是均线或 MACD 依然表现为上涨状态时，也应终止继续持股。

1. 具体形态要求

（1）蓝色筹码的出现，是指分布图上方的顶部高位区最上方出现蓝色筹码后，所形成的量价齐跌。如图 7-19 石大胜华（603026），股价在快速上涨中，进入 A 区域 2020 年 2 月 24 日，对应的筹码分布图上，筹码此时已运行到了顶部高位区，上方 B 区域突然出现了大量的蓝色筹码。这时就要及时观察量价形态，以确认是否继续持股了。

（2）量价齐跌是一种量价关系，是成交量为阴量状态时，表现为持续较大状态的阴量，股价表现为阴线下跌状态，通常为中长阴线，或上影线较长的阴线。

如图 7-19 中 A 区域，K 线为上影线极长实体较短的阴线，成交量表现为较大状态略放大的阴量，为明显放量下跌的量价齐跌形态。

图 7-19　石大胜华 -2020 年 2 月 24 日筹码分布图

综合以上两点发现，A 区域形成了高位区出现蓝色筹码的量价齐跌，所以应中止继续持股，及时卖出股票。

2. 实战注意事项

（1）高位区出现蓝色筹码后的量价齐跌时，蓝色筹码的出现是在所有筹码线的最上方，但允许上方早已存在蓝色筹码，但此期间必须蓝色筹码不再持续减少，反而出现了面积在快速变大的量价齐跌时，方可确认为不再持股形态。

（2）高位区出现蓝色筹码后的量价齐跌形成期间，往往蓝色筹码突然出现时，若表现为蓝色筹码的数量较多时，也就是蓝色筹码的面积较大时，则后市快速转跌的趋势越强，所以此期间的量价齐跌哪怕不明显，但持续出现时，就要坚决不再持股了。

7.3.3　筹码在高位区红蓝转换间的放量滞涨

筹码在高位区红蓝转换间的放量滞涨，是指当筹码向上运行到了顶部高位区后，上方的红色筹码与蓝色筹码出现了反复的转换，成交量表现为高位滞涨。这就说明，股价在高位区出现了较大分歧，主力在维持高位区的持续出货，所以就不应再继续持股了。

1. 具体形态要求

（1）筹码必须已经向上移动到了顶部高位区，允许筹码到达了分布图的最顶端，也可以是筹码保持在接近顶部的高位区，呈蓝色筹码不断小幅向下蔓延后，又转为红色筹码不断小幅向上蔓延状态的反复出现。如图 7–20 赣锋锂业（002460）在 A 区域的 2020 年 2 月 17 日，对应的筹码分布图上，筹码已向上运行到了接近顶部的高位区，可以看出红色筹码出现了小幅向上蔓延，但到了下一个交易日的图 7–21 中 B 区域时，对应的筹码分布图上，蓝色筹码又明显出现了小幅向下蔓延，为筹码在高位区的红蓝转换形态。这时应及时观察量价形态，以决定是否继续持股了。

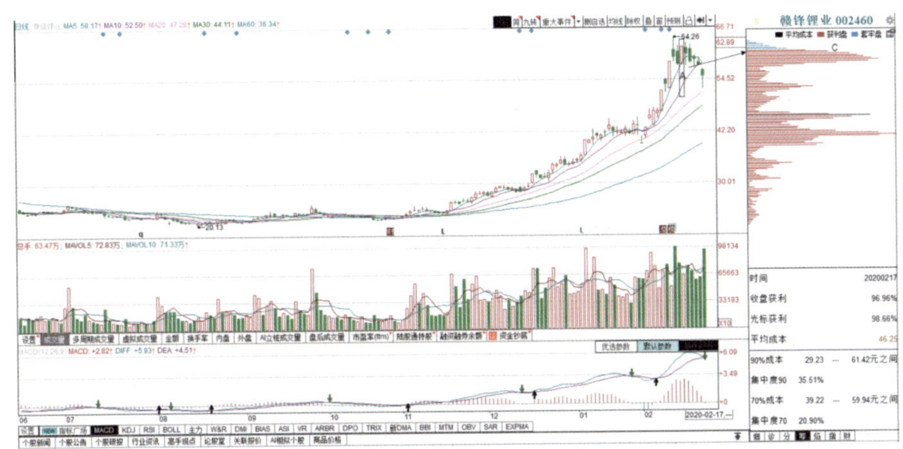

图 7–20 赣锋锂业 –2020 年 2 月 17 日筹码分布图

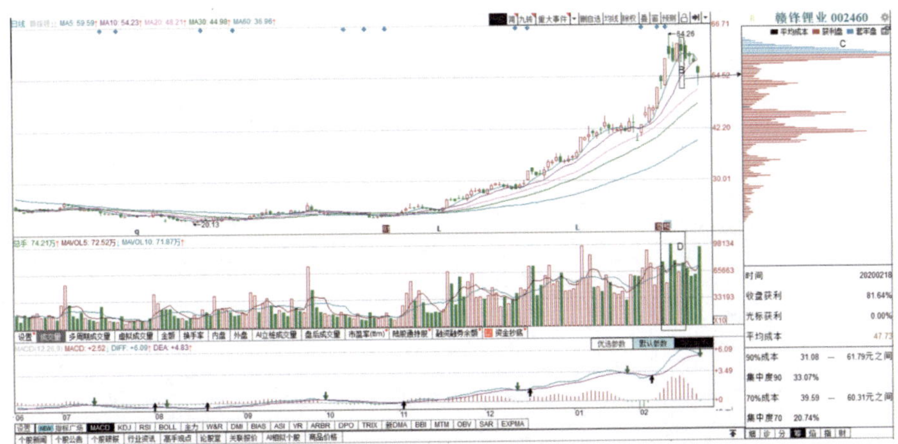

图 7–21 赣锋锂业 –2020 年 2 月 18 日筹码分布图

（2）放量滞涨，表现为成交量保持在当前的较高水平，也就是量柱较长，或阴量柱或阳量柱；K 线整体保持在一个相近的位置，或阴线或阳线，实体通常均较长。如图 7-22 中 D 区域的成交量，表现为近期较高水平状态，B 区域左右的 K 线形成了震荡滞涨。

结合以上两点内容，即可确认形成了筹码在高位区红蓝转换间的放量滞涨，说明快速上涨已结束，即将转跌，应中止继续持股，及时卖出。

2. 实战注意事项

（1）筹码在高位区红蓝转换间的放量滞涨出现时，在判断筹码分布时的形态时，主要是观察上方蓝色筹码出现后所形成的面积，表现为忽而较大又忽而较小时，即可确认为筹码在高位区的红蓝转换。

（2）筹码在高位区红蓝转换期间，对放量滞涨的形态判断起来更为直观，只要是发现股价已中止继续上行，形成了在一定区间的震荡，成交量保持在当前较高的水平时，即可确认为放量滞涨。

（3）对于大多数投资者来说，如果未明显从筹码分布图上捕捉到筹码在高位区的红蓝转换，一个简单的判断方法：只要是发现筹码已运行到了顶部高位区，量价又表现为放量滞涨时，即可确认不再持股，逢高果断卖出离场。

第 8 章

启跌形态：筹码分布判断牛股主升浪的卖出形态

启跌形态，就是主升浪结束时的筹码分布形态。但由于筹码分布，包括其他辅助判断指标，都会在趋势短线快速转弱的同时，同样形成了弱势的表现。所以，有效识别出筹码分布的启跌形态，才能在第一时间内做出反应。

8.1 识别主升浪启跌形态

8.1.1 筹码上行到顶部后蓝色筹码向下蔓延

当筹码在不断向上移动和分散的过程中，如果多数筹码已经向上移动到了分布图顶部时，并且最上方的筹码已经变为蓝色，或是在不断减少的状态下，蓝色筹码不再减少，反而出现了快速向下蔓延时，则往往说明股价短时已无力继续上行，所以是主升浪行情结束时的一种筹码移动分布的判断方法。

1. 具体要求

（1）上行到顶部的筹码，是指筹码在向上移动、分散的过程中，分布图最上方的筹码到达了最上方的顶部，或接近顶部的高位区。如图 8-1 中国重汽（000951）A 区域的 2020 年 1 月 3 日，筹码分布图上的筹码在持续上行的过程中，已运行到了接近顶部的高位区，这时就要及时观察上方 C 区域的筹码蓝色变化和移动、蔓延的情况了。

图 8-1　中国重汽 -2020 年 1 月 3 日筹码分布图

（2）变蓝的筹码是指到达顶部的最上方筹码，由最初的红色变为了蓝色，或是蓝色筹码不再减少，反而出现了快速增多，并出现了向下蔓延。如图 8-1 中 A 区域的下一个交易日，即图 8-2 中 B 区域的 2020 年 1 月 6 日筹码分布图上，C 区域的蓝色筹码出现后，形成了持续向下蔓延的情况。

图 8-2　中国重汽 -2020 年 1 月 6 日筹码分布图

综合以上两点内容，可以确认为筹码上行到顶部后蓝色筹码向下蔓延的形态，说明主升浪上涨行情已经形成了启跌形态。

2. 实战注意事项

（1）在筹码上行到顶部后，当最上方的筹码变蓝或不再减少时，可以是分布图上的所有筹码都到达了顶部高位区，也可以是只有一部分筹码到达到了顶部高位区，并且上方的筹码线向上触及了顶部，表现为了蓝色。

（2）在利用筹码上行到顶部后蓝色筹码向下蔓延来判断启跌形态时，必须确保顶部筹码为蓝色筹码线，并持续向下蔓延或移动、分散，也就是最上方蓝色筹码的面积在不断扩大。这时，才真正意味着股价处于启跌状态。

（3）筹码上行到顶部后蓝色筹码向下蔓延，只是利用筹码分布和移动形态判断主升浪形成启跌形态的一种方法，必须符合了量价启跌点要求时，方可卖出股票。

8.1.2 筹码在高位区向下发散

筹码在高位区向下发散，是指筹码在向上移动、分散的过程中，当运行到了筹码分布图的高位区后，红色筹码不再继续向上移动、蔓延和分散，而是开始向下蔓延、分散和移动，意味着获利筹码在减少，股价在下跌，所以是判断主升浪启跌形态的方法。

1. 具体要求

（1）筹码在高位区向下发散出现前，筹码在向上移动过程中，最上方的筹码未向上移动到顶部，但位于分布图的高位区。如图 8-3 华工科技（000988），筹码在持续上移中，进入 A 区域的 2020 年 2 月 25 日时，筹码分布图上的大多数筹码已运行到了接近顶部的高位区。这时就要及时观察筹码的变化，以确定主升浪是否形成了启跌形态。

图 8-3 华工科技 -2020 年 2 月 25 日筹码分布图

（2）筹码在高位区向下发散形成时，可以观察红色筹码是否出现了中止继续上行，而出现向下蔓延、分散、移动，同时也可以观察上方蓝色筹码是否出现了向下移动、蔓延和分散来确定。如在图 8-3 中 A 区域的下一个交易日，也就是图 8-4 中 B 区域的 2020 年 2 月 26 日，筹码分布图上方 C 区域的蓝色筹码明显面积比图 8-3 中 C 区域的面积大，说明蓝色筹码在持续向下快速蔓延和移动。

图 8-4　华工科技 -2020 年 2 月 26 日筹码分布图

综合以上两点内容，可确认形成了筹码在高位区向下发散的形态，说明形成了主升浪的启跌形态。

2. 实战注意事项

（1）由于筹码在持续向下移动时，存在两种情况：筹码滚动向上快速移动与筹码分散向上移动，所以筹码在高位区向下发散出现时，可以表现为筹码所占面积较大的多峰中蓝色筹码向下蔓延，也可以表现为筹码峰在相对密集的状态下向下分散移动。

（2）因筹码在相对高位区出现中止继续向上移动时，只能证明一段快速上涨行情出现了迟缓，并不能说明整个上涨趋势结束了。所以股价调整后，仍然存在继续上涨的可能，因筹码此时尚未向上移动到顶部。所以在判断主升浪是否结束时，应观察筹码此时是否移动到了接近顶部的高位区，上面的筹码越是接近顶部，往往转势的概率越高。

（3）在利用筹码在高位区向下发散判断主升浪是否结束时，应结合量价启跌点来判断，因为只有量价呈快速下跌的状态时，才能证明一段快速上涨的行情已经告一段落。

8.2 筹码分布启跌形态

8.2.1 多峰分散，上峰下移

多峰分散、上峰下移，是筹码无力再继续向上移动时的一种表现，因为筹码在持续向上移动和分散的过程中，一旦分裂成多峰状态，则说明盘中出现了较大的价差，一旦高位筹码出现松动，形态向下移动或蓝色筹码持续增多时，则意味着高位筹码亏损的加大，所以是主升浪结束时的启跌形态。

1. 形态要求

（1）多峰分散是指筹码峰呈多峰状态，占据分布图上较大的面积。如图 8-5 隆平高科（000998）A 区域的 2020 年 1 月 7 日的筹码分布图上，筹码分布于大部分区域，面积较大，形成了三个明显的筹码峰，所以为多峰分散形态。这时就应继续观察筹码移动的情况，以确定是否形成了启跌形态。

图 8-5 隆平高科 -2020 年 1 月 7 日筹码分布图

（2）上峰下移是指分布图上位于最上方的筹码峰，出现了向下移动，这种上峰下移可以表现为最上面的筹码峰的消失，已移动到下方，也可以表现为上峰蓝色筹码在不断面积变大地向下蔓延。如在图 8-5 中 A 区域形成多峰分散的前提下，进入其后图 8-6 中的 2020 年 1 月 16 日时，B 区域对应的筹码分布图上，明显看到上面的筹码峰 C 出现了向下移动和裂变，所以可确认为上峰下移。

图 8-6　隆平高科 -2020 年 1 月 16 日筹码分布图

综合以上两点内容，可确认形成了多峰分散、上峰下移的启跌形态。

2. 实战注意事项

（1）在多峰分散、上峰下移形态中，关于多峰分散，最初的形态是筹码的向上移动中呈向上分散和移动的状态，但当上峰下移出现后，多峰上移和分散就已经结束了，所以最初的筹码形态会表现为上峰蓝色筹码的快速出现与持续向下蔓延。

（2）在利用多峰分散、上峰下移形态判断是否为启跌形态时，如果上峰向下移动时的速度较快，上峰会明显消失，向下移动，代表着高位浮筹的快速止损出局；但如果上峰下移的速度较慢时，会表现为上峰先是为蓝色筹码，并不断向下蔓延。这两种形态，都是高位筹码快速形成亏损的表现。

（3）在多峰分散、上峰下移形态中，上峰的筹码越是接近顶部区域，则越能证明股价在持续上涨的高位区的快速转跌，尤其是筹码到达顶部的蓝色筹码向下蔓延形态，所以一经出现，即应根据启跌点迅速做出反应，及时落袋为安。

8.2.2 筹码峰至顶，蓝色筹码突现

筹码峰至顶、蓝色筹码突现，是指分布图上的大部分筹码均已运行到了顶部，形成了一个筹码峰。这就说明绝大多数的筹码都由于股价的持续上涨，运行到了高位区，且由于蓝色筹码的突现，形成了高位筹码的亏损，所以是主力快速出货的征兆，也是一种主升浪结束时的启跌形态。

1. 形态要求

（1）筹码峰至顶，是指低位筹码在持续上行中聚集到了顶部，形成了一个筹码峰。如图 8-7 长城动漫（000835）在 A 区域 2019 年 12 月 5 日对应的筹码分布图上，明显看出筹码均还位于中部区域，但到了其后的 B 区域，也就是图 8-8 中 B 区域的 2019 年 12 月 19 日，筹码分布图上的筹码已经向上移动到了顶部高位区，顶部存在短短的蓝色筹码，呈一个筹码峰的单峰形态。这时就要观察筹码变化和移动的情况了。

（2）蓝色筹码突现，是指到达顶部的筹码峰中最上方的筹码最先由红色变为蓝色，或是原本即存在逐渐变少的蓝色筹码，但此刻出现出了持续向下蔓延的状态。如图 8-8 中，分布图上方 D 区域的蓝色筹码还极少，但到了图 8-9 中 C 区域的 2019 年 12 月 20 日时，筹码分布图上方 D 区域的蓝色筹码面积明显较大，是蓝色筹码持续向下蔓延所造成的。

图 8-7 长城动漫 -2019 年 12 月 6 日筹码分布图

图 8-8　长城动漫 –2019 年 12 月 19 日筹码分布图

图 8-9　长城动漫 –2019 年 12 月 20 日筹码分布图

通过以上三点内容，可确认形成了筹码峰至顶、蓝色突现并向下蔓延的启跌形态。

2. 实战注意事项

（1）在筹码峰至顶、蓝色筹码突现形态中，必须是在确认顶部筹码最先变为蓝色后持续向下蔓延时，方可证明股价快速中止上涨后的转跌，这种蓝色筹码向下蔓延的速度越快，也就是蓝色筹码的面积在加速变大时，则越能证明短期股价的转弱情况。

（2）当筹码峰至顶、蓝色筹码突现形态出现时，如果筹码峰已运行到了高位区，无限接近但并未运行到顶部时，只要是上方筹码突然变为了蓝色，并且持续向下蔓延时，同样是一种启跌形态，只不过与筹码峰至顶、蓝色筹码比较，只是股价未上涨到极限时即出现了快速转跌，所以只要是形态了启跌点就应果断卖出股票，其后即使出现反复上行，也不应再买回来。

（3）在筹码峰至顶、蓝色筹码突现形态中，允许下方存在一定数量的筹码，但多数情况下，这种形态出现时，是所有的筹码都已聚集到了顶部高位区，尤其是筹码此时呈单峰相对密集状态时，一定不要以为筹码是处于较集中的状态，后市还存在上涨的动力。所以，筹码在高位相对密集时，是一种危险的信号。

8.2.3 高位筹码峰密集，筹码向下发散

高位筹码峰密集、筹码向下发散，是指筹码在高位区形成密集的筹码峰后，却出现了向下发散的移动运行状态。这说明筹码在聚集到高位区后，出现了明显的筹码松动，所以是主升浪结束时的筹码分布启跌形态。

1. 形态要求

（1）高位筹码峰密集，是指分布图上的筹码均已向上运行到了接近顶部的高位区后，形成了相对密集的筹码峰。如图 8-10 航锦科技（000818）在 A 区域的 2020 年 2 月 20 日，筹码分布图上的筹码已上行到顶部高位区，呈相对密集的状态。这时就应及时观察筹码变化与移动、分散的情况了。

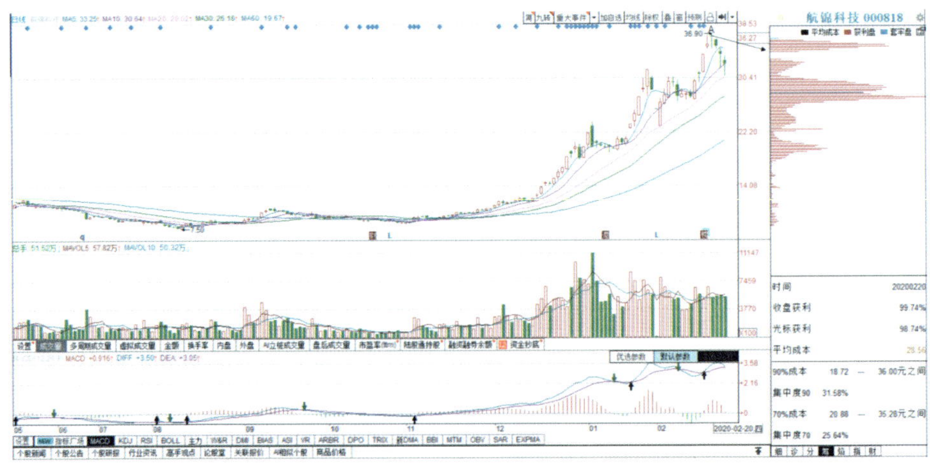

图 8-10 航锦科技 -2020 年 2 月 20 日筹码分布图

（2）筹码向下发散，是指位于高位区的筹码出现了向下发散，判断时应以高位区筹码的明显向下分散，或是上方蓝色筹码的快速向下蔓延为准。如图 8-11 中 B 区域的 2020 年 2 月 25 日，对应的筹码分布图上，筹码向下发散的情况并不十分明显，但从上方 C 区域的蓝色筹码持续向下蔓延的情况，可以判断出筹码向下发散的情况较明显。

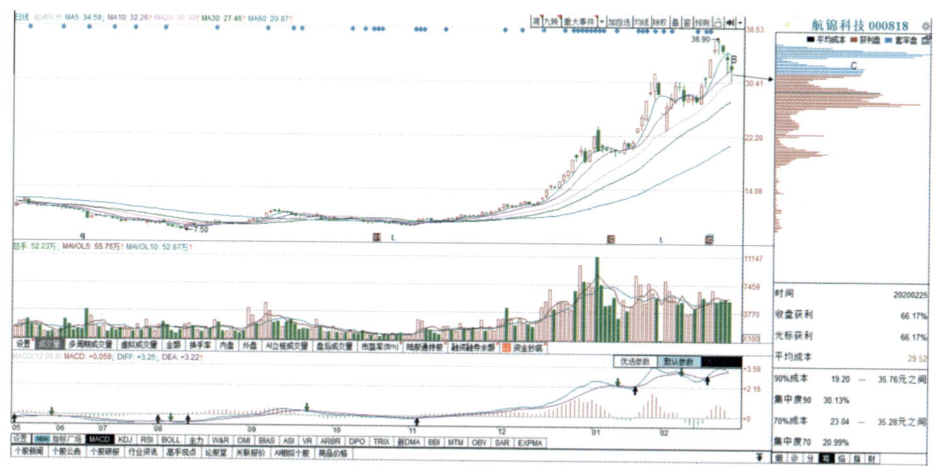

图 8-11　航锦科技 -2020 年 2 月 25 日筹码分布图

综合以上两点内容，即可确认形成了高位筹码峰密集、筹码向下发散的启跌形态成立。

2. 实战注意事项

（1）在高位筹码峰密集、筹码向下发散形态中，大多时候会形成一个筹码峰的单峰形态，此时筹码峰位于无限接近或到达顶部的位置；或是多个筹码峰，只是上面的筹码峰到达了高位区。

（2）当高位筹码峰密集、筹码向下发散形态出现时，观察筹码向下发散时，主要是观察位于高位区的筹码峰是否出现了最上面的筹码线在不断变短与消失，甚至是向下不断加大筹码间距，或是蓝色筹码是否出现了快速向下蔓延，来判断筹码的向下发散。

（3）高位筹码峰密集、筹码向下发散出现时，由于筹码尚未到达顶部，所以必须结合量价启跌点来判断主升浪是否已结束，只有形成了明显的启跌点时，方可卖出股票。

8.2.4 满盘分散，蓝色筹码向下移动

满盘分散、蓝色筹码向下移动，是指股价在快速上涨过程中，筹码分布图上的所有筹码线间距较大，占据了分布图的大多数区域，形成了满盘分散的状态时，蓝色筹码出现了持续向下蔓延，这就说明高位筹码出现了松动，所以是一种股价转跌的筹码分布启跌形态。

1. 形态要求

（1）满盘分散，是指筹码在分布图上所占的区域较多，且呈现筹码线间距较大的状态。如图 8-12 中鼎股份（000887）在 A 区域对应的筹码分布图上，明显筹码线的间距较大，所占区域面积较大，形成了满盘分散。这时就应及时观察筹码的移动情况了。

图 8-12 中鼎股份 -2020 年 1 月 8 日筹码分布图

（2）蓝色筹码向下移动，是指位于最上方的蓝色筹码出现了不断向下移动或蔓延，即上方筹码与顶部的间距在不断加大，或是蓝色筹码在持续向下蔓延。如图 8-13 中 B 区域的 2020 年 1 月 9 日，对应的筹码分布图上，上方 C 区域的蓝色筹码明显面积要大于图 8-12 中 C 区域的蓝色筹码面积，蓝色筹码向下蔓延的情况十分明显，所以为蓝色筹码向下移动的形态。

图 8-13　中鼎股份 –2020 年 1 月 9 日筹码分布图

结合以上两点内容，可确认形成了满盘分散、蓝色筹码向下移动的启跌形态。

2. 实战注意事项

（1）在满盘分散、蓝色筹码向下移动形态中，判断是否形成了满盘分散时，虽然是主要以筹码线的分散程度来判断，但另一个方法是，筹码无法形成密集的筹码峰时，即可确认为满盘分散状态。

（2）当满盘分散、蓝色筹码向下移动出现时，是上方蓝色筹码出现了持续向下移动或蔓延，也就是最上方的筹码与顶部的间距在不断加大时则为向下移动，但如果这种移动不明显时，可通过蓝色筹码的持续向下蔓延来判断。

（3）满盘分散、蓝色筹码向下移动形态是筹码在分散状态下出现的高位筹码松动的表现，但是否为高位震荡，还是转跌时，则应结合量价启跌点来判断。只有形成了量价启跌点时，方可证明形成了主升浪结束时的启跌形态。

8.3 需要注意的启跌形态

8.3.1 蓝色筹码出现后持续向下蔓延

在判断主升浪结束的启跌形态时，应时刻注意蓝色筹码出现后持续向下蔓延的筹码移动分布形态，因这种形态一经出现，就意味着亏损筹码的不断增多，所以是股价短线快速下跌所造成的，这时候就要引起注意，及时观察是否形成了启跌点。

1. 形态要求

（1）蓝色筹码出现后持续向下蔓延形成时，往往先是在筹码向上移动到了顶部高位区后，突然最上方出现了少量的蓝色筹码。如图 8-14 云南铜业（000878）在 A 区域的 2019 年 12 月 30 日，对应的筹码分布图上，明显筹码在不断向上移动中，上方 C 区域有了极少量的蓝色筹码，且运行到了接近顶部的高位区。这时就要及时观察筹码移动和变化的情况了。

图 8-14　云南铜业 -2019 年 12 月 30 日筹码分布图

（2）蓝色筹码出现后持续向下蔓延期间，必须在上方出现蓝色筹码后，形成了蓝色筹码的面积不断扩大地持续向下蔓延时，才是转跌的信号。如图 8-15 云南铜业在 B 区域的 2020 年 1 月 6 日，对应的筹码分布图上，明显上方 C 区域的蓝色筹码出现了快速向下蔓延，面积远大于图 8-14 中 C 区域的蓝色筹码面积。

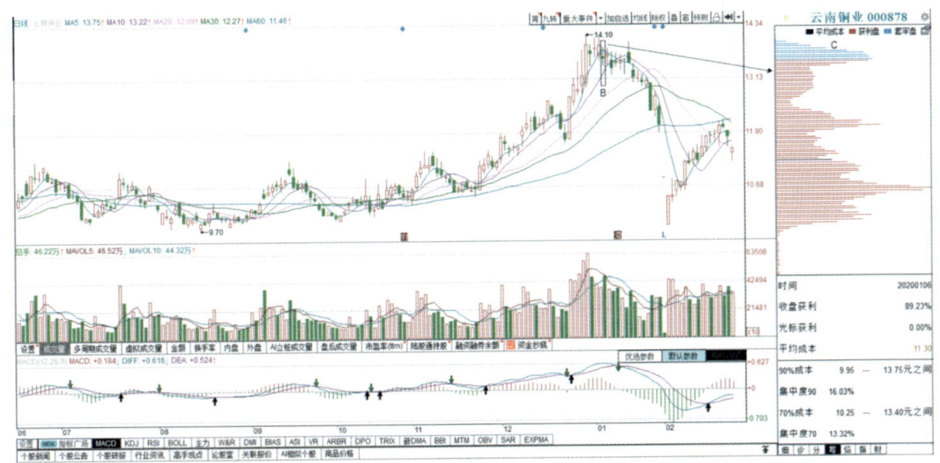

图 8-15　云南铜业 -2020 年 1 月 6 日筹码分布图

综合以上两点内容，可确认形成了蓝色筹码出现后持续向下蔓延的启跌形态。

2. 实战注意事项

（1）当蓝色筹码出现后持续向下蔓延形成时，往往最上方的筹码线越是接近顶部高位区时，转跌的信号越强烈，尤其是上方筹码已到达了顶部时，是最强势转跌的筹码移动分布形态。

（2）在蓝色筹码出现后持续向下蔓延形态中，如果上方蓝色筹码出现了向下明显移动时，则是高位筹码大举卖出的征兆，所以也是一种股价快速转跌的筹码移动分散形态，同样要引起注意。

（3）蓝色筹码出现后持续向下蔓延时，一定要结合量价启跌点来判断，只有形成了启跌点时的蓝色筹码出现后持续向下蔓延，才是主升浪结束的征兆，尤其是当上方筹码未到达顶部的高位区时。

8.3.2　高位筹码向下快速分散

高位筹码向下快速分散，是指当筹码已聚集到了分布图的顶部高位区后，出现了筹码的快速向下分散，这说明高位筹码在向低位区聚集，所以是股价快速转跌时的筹码移动分布的启跌形态。

1. 形态要求

（1）高位筹码，是指筹码在向上移动和分散的过程中，运行到了顶部高位区。

如图 8-16 银星能源（000862）2019 年 3 月 8 日的 A 区域，对应的筹码分布图上，多数筹码已经向上运行到了顶部高位区，这时就要及时观察筹码的变化和移动的情况了。

图 8-16 银星能源 -2019 年 3 月 8 日筹码分布图

（2）筹码向下快速分散，是指位于高位区的筹码中，最上方的筹码出现了快速向下分散，呈筹码线间距加大的状态，或是蓝色筹码快速向下蔓延的情况。如图 8-17 银星能源在 B 区域的 2019 年 3 月 12 日，对应的筹码分布图上，明显上方 C 区域的蓝色筹码与图 8-16 中 C 区域的蓝色筹码比较，在向下移动分散，面积变大，所以可确认为筹码向下快速分散。

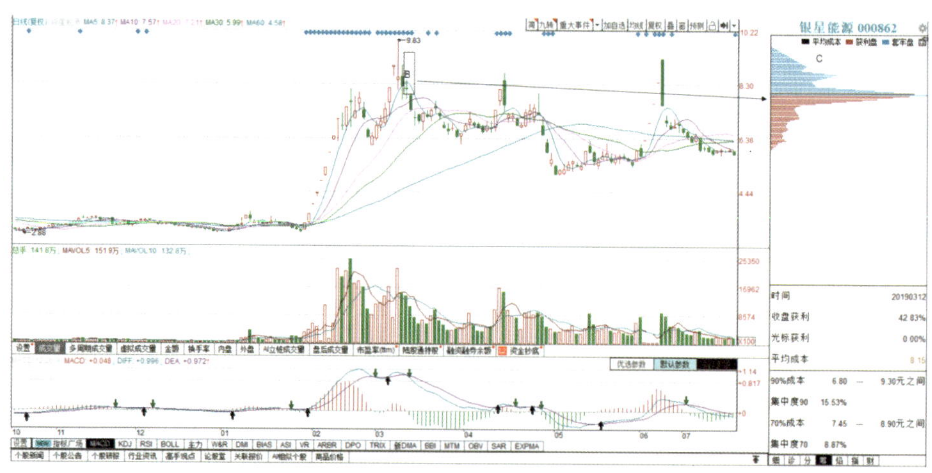

图 8-17 银星能源 -2019 年 3 月 12 日筹码分布图

综合以上两点内容，可确认形成了高位筹码向下快速分散的启跌形态。

2. 实战注意事项

（1）当高位筹码向下快速分散时，判断筹码的快速向下发散状态时，主要是观察上方蓝色筹码是否出现了持续向下蔓延，也就是蓝色筹码的面积是否在持续变大。

（2）在判断高位筹码向下快速分散是否为股价快速转跌时，上方筹码在不断向下移动时，也是筹码在向下快速移动分散的形态，这时只要观察上方筹码与顶部的间距在不断加大，即可确认。

（3）高位筹码向下快速分散出现时，往往是由于股价的快速转跌所造成的，所以判断这种股价的快速转跌是否为真正的转跌，还是盘中的波动，应以量价启跌点是否形成标准，只有形成量价启跌点时，才是主升浪结束时的征兆。

8.3.3 筹码密集顶部高位区

当筹码在不断向上移动和分散的过程中，一旦筹码密集到了顶部高位区时，就表明由于股价的持续上涨，筹码已聚集到高位区，所以是股价即将转势下跌的前兆，因为下方主力的低位筹码已经不见了，所以一旦出现转跌时，就要在第一时间卖出股票了。

1. 形态要求

（1）筹码密集顶部高位区出现时，往往是大部分筹码均已向上运行到了顶部高位区，并且上方筹码已经到达了顶部。如图 8-18 国风塑业（000859）A 区域的 2019 年 12 月 19 日，对应的筹码分布图上，筹码在持续上行中，明显已大部分运行到了顶部高位区，且 C 区域筹码到达了顶部。这时就要引起注意了，应持续观察筹码的移动变化了。

（2）当筹码密集顶部高位区出现时，只要最上方的筹码快速变为了蓝色持续向下蔓延时，形成了量价齐跌，即可确认主升浪启跌的开始。如图 8-19 在 B 区域的 2019 年 12 月 19 日，筹码分布图上方 C 区域的蓝色筹码明显在图 8-18 中出现后，在图 8-19 中出现了持续向下蔓延，面积在变大，所以形成了启跌形态。且 B 区域与对应的 D 区域形成了量价齐跌，所以应及时卖出股票。

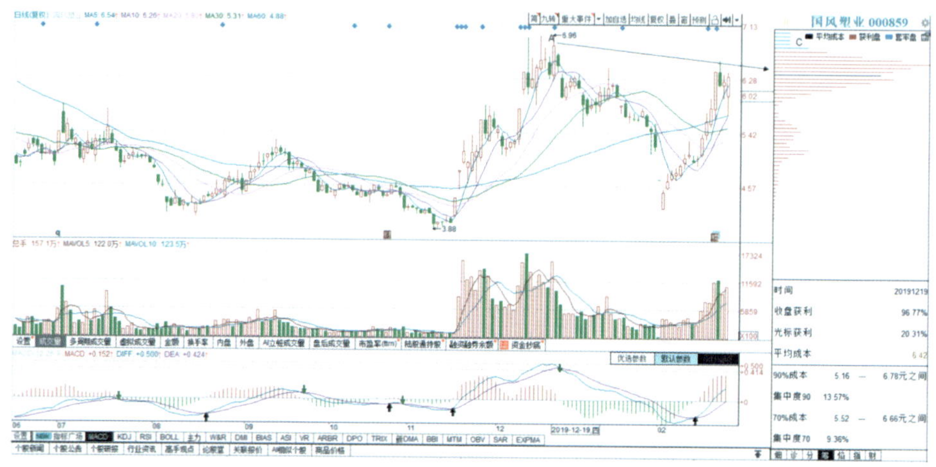

图 8-18　国风塑业 -2019 年 12 月 19 日筹码分布图

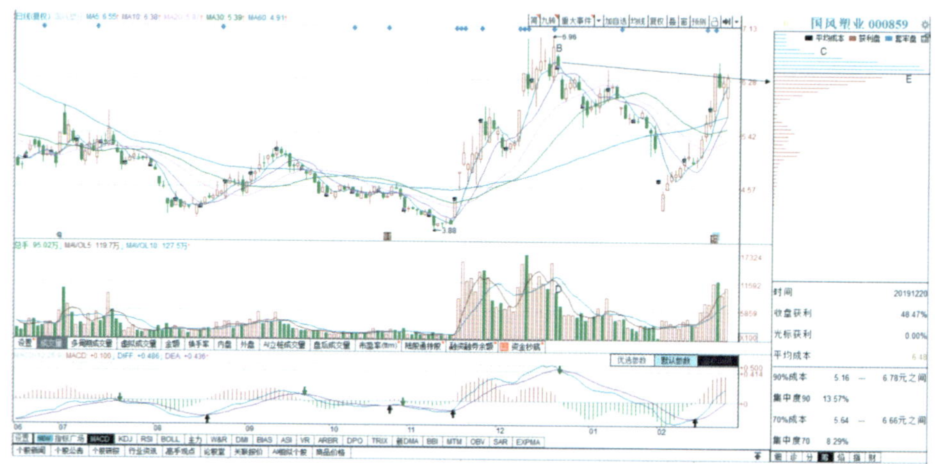

图 8-19　国风塑业 -2019 年 12 月 20 日筹码分布图

2. 实战注意事项

（1）当筹码密集顶部高位区出现前，必定会有过一段股价持续快速的上涨，筹码也是在不断向上移动中运行到了顶部区域。

（2）筹码密集顶部高位区出现时，往往所有筹码均已向上运行到了顶部高位区，上方筹码线已到达顶部。但如果是下方依然存在一定的筹码时，同样应以筹码密集顶部高位区的形态来对待，一定要引起注意。

（3）筹码密集顶部高位区是筹码向上移动到无法再向上移动的征兆，但有时候并不一定会出现快速转势，所以这种形态只是即将转势的前兆，一旦上方出现蓝色筹码向下蔓延的量价齐跌时，才是真正主升浪结束的征兆。但是在操盘时，应以筹码密集顶部高位区后上方出现蓝色筹码后提前卖出股票，因这一时期往往会形成股价的高位滞涨形态。

8.3.4 筹码峰突破高点后向下分散

筹码峰突破高点后向下分散，是指当筹码在向上移动和分散的过程中，一旦出现上方的筹码峰突破了阶段性高点或是历史高点后，出现了筹码的向下分散时，往往就说明股价在突破高点后遇到了较大的压力，所以是股价快速上涨的主升浪结束的启跌形态，一定要在实战中引起高度重视。

1. 形态要求

（1）筹码峰突破高点时，是指筹码在向上分散和移动过程中，股价突破了阶段性高点或历史高点，此时的筹码分布形态表现为全是红色的满盘盈利。如图 8-20 航锦科技（000818）A 区域的 2020 年 2 月 18 日，筹码分布图上的筹码在不断向上移动中，A 区域的股价突破了前期 C 区域的阶段高点，形成了满盘盈利的形态，这时就要引起注意了。

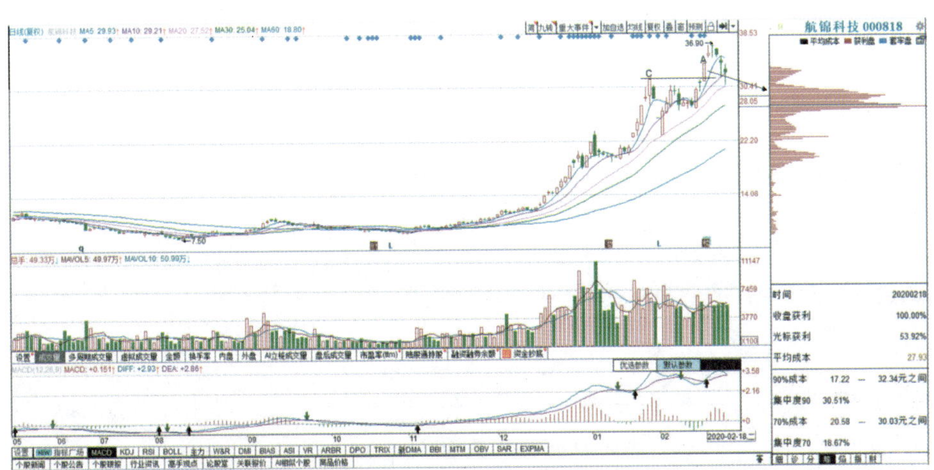

图 8-20 航锦科技 -2020 年 2 月 18 日筹码分布图

（2）筹码峰突破高点后向下分散中的向下发散，是指筹码不再向上移动和分散，也就是满盘盈利状态下的最上方筹码出现了蓝色筹码，并呈向下蔓延、移动或分散的形态。如图 8-20 中 A 区域的下一个交易日，也就是图 8-21 中 B 区域对应的筹码分布图，筹码在继续向上移动中快速运行到了顶部高位区，且上方 E 区域出现了蓝色筹码，这时就应持续观察蓝色筹码的变化了。如到了其后的 2020 年 2 月 21 日，即图 8-22 中的 C 区域，筹码分布图上 E 区域的蓝色筹码出现了持续向下蔓延，说明筹码不再上移，出现了向下分散。

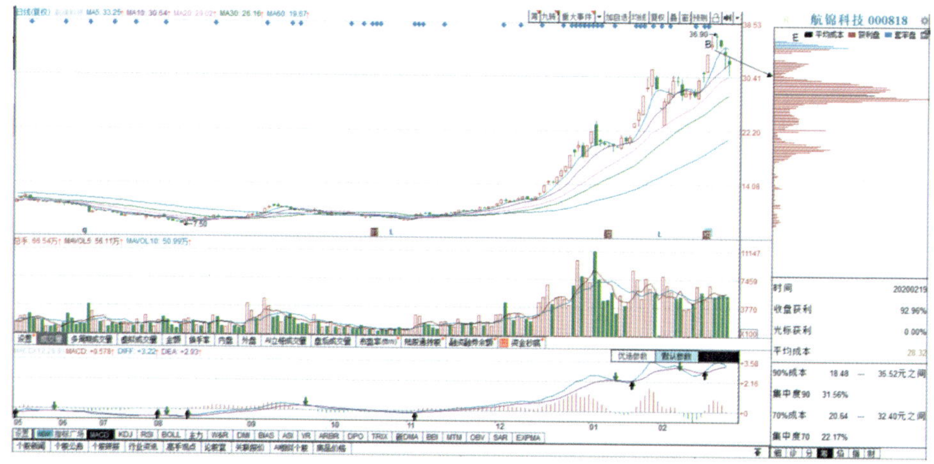

图 8-21　航锦科技 -2020 年 2 月 19 日筹码分布图

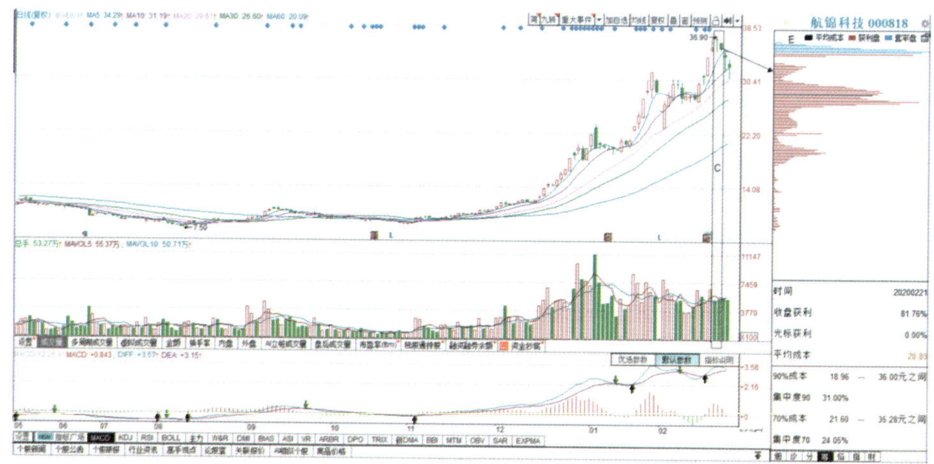

图 8-22　航锦科技 -2020 年 2 月 21 日筹码分布图

综合以上两点内容，可确认图 8-22 中 C 区域形成了筹码峰突破高点后向下分散的启跌形态，且 C 区域同时形成了持续阴量下跌的启跌点，说明主升浪已结束，应及时卖出股票。

2. 实战注意事项

（1）在筹码峰突破高点后向下分散形态中，一定要确保筹码分布形态形成了全是红色筹码的满盘盈利形态，因只有在满盘盈利形态下，方可证明股价是突破了起码阶段性新高或历史新高。

（2）在筹码峰突破高点后向下分散形态中，筹码往往已经运行到了相对的顶部高位区，但并不排除筹码此刻处于分布图中部偏上位置，因快速上涨的主升浪行情中，不一定筹码非要运行到高位区才会转跌。

（3）在判断筹码峰突破高点后向下分散时，最主要的是满盘盈利状态下的上方筹码变为蓝色后，一定要形成放量下跌的量价形态时，才能证明一段快速上涨行情的结束。但这并不能证明其后的主要趋势就一定要变为下跌了，但即使是股价经过震荡调整后依然表现为快速上涨，则是另一段行情了。所以筹码峰突破高点后向下分散的出现，起码是一段快速上涨行情的结束，在主升浪操作中一定要选择先行卖出股票。

第 9 章

启跌点：量价齐跌是筹码分布判断牛股主升浪卖点的重要依据

启跌点，是主升浪操盘中最后、也是最重要的终极一环。但需要注意的是，由于各种指标趋势快速转弱时都存会表现出略迟缓的特征，所以启跌形态不是卖股的第一要素，只有形成启跌点时，才是最佳的卖股时机。所以在留意启跌形态时，一定要把握好启跌点，才能最终锁住利润，落袋为安，实现投资收益。

9.1 量价与启跌形态的关系

9.1.1 放量下跌是股价快速启跌的开始

当股价出现快速启跌时，筹码必然会出现蓝色筹码的快速向下蔓延或移动、分散，但如果是量能不能形成有效的阴量放大，则说明高位卖出筹码未大举卖出，所以不会促成股价的快速转跌。因此，只有阴量放大状态的蓝色筹码向下蔓延和移动、分散时，才能最终促成股价的快速下跌，形成启跌的开始。所以说，放量下跌才是股价快速启跌的开始。

1. 放量下跌的具体表现

当股价出现快速启跌时，放量下跌一定要形成大阴量时，才能促使启跌的形态。这种放量下跌的量价形态最主要表现为明显放量下跌、持续阴量下跌两种形态。如图 9-1 创维数字（000810）在 A 区域的 2020 年 1 月 7 日，筹码分布图上形成了满盘盈利，到了其后的 B 区域，也就是图 9-2 中 B 区域的 1 月 8 日，筹码分布图上方出现了蓝色筹码，呈快速向下蔓延的状态，形成了高位区筹码密集、蓝色筹码突现的启跌形态。且 B 区域明显出现一根中阴线，成交量为一根明显变长的阴量柱，为放量下跌形态，表明盘中短时出现了大量卖盘，因此导致了其后股价的持续下跌，所以放量下跌是主升浪结束时快速启跌的开始。

图 9-1　创维数字 -2020 年 1 月 7 日筹码分布图

图 9-2　创维数字 -2020 年 1 月 8 日筹码分布图

2. 实战注意事项：

（1）在放量下跌的启跌形态中，很多投资者都不会对格外放量下跌产生怀疑，往往忽略了持续阴量下跌，但事实上由于阴量下跌不过是将集中在一个交易日的明显放量拆分成了两个交易日，甚至是三个交易日，如果将持续阴量下跌时的总量与总的价格下跌幅度叠加到一起的话，其阴量的放大状态与股价的下跌幅度，同样是巨大的，所以决不能忽视。

（2）在放量下跌形态中，最为容易让投资都忽视的，其实是放量滞涨。因为这种量价形态是主力维持股价在高位区，以持续中小单卖、大单买的对倒手法出货的征兆，可以说是一种隐蔽性极高的量价异动，但由于是股价在高位区出现的无法再继续上涨，则说明股价已经失去了继续上涨的可能，所以事实上也是放量而股价无法上涨的一种表现，同样应以卖出股票为主。

9.1.2 放量滞涨是股价见顶的征兆

当筹码运行到顶部高位区后，一旦出现了在高位区的红蓝筹码小幅反复变幻时，最容易形成放量滞涨的量价形态了。由于股价在高位区时，主力已经实现了大幅获利，而通常主力筹码较多时，又不希望散户发现主力在出货，否则都在卖股票，主力的筹码就无法被资金买入了，也就难以实现高额利润了，所以主力往往会维持股价在高位，以更为隐蔽的方式吸引散户跟风买入，以实现大举出货的目的。因此，这种放量滞涨一旦出现在高位区时，往往是股价即将转跌时的征兆。

1. 放量滞涨的具体表现

（1）放量滞涨中的放量，主要表现在当前的量能水平保持在较高水平，或阴量或阳量均可。如图 9-3 北京文化（000802）M 区域的 2020 年 1 月 15 日，筹码分布图上形成了满盘分散中 B 区域的蓝色筹码向下移动的启跌形态，这时就应观察量价表现了。A 区域下方的成交量为当前较高水平的阴量柱与阳量柱，为放量状态。

图 9-3　北京文化 -2020 年 1 月 15 日筹码分布图

（2）放量滞涨中的滞涨，表现在反映股价的 K 线，必须多根 K 线处于一个相近的位置。如图 9-3 中上方 M 区域附近的 K 线，表现为或阴线或阳线，呈水平小幅震荡，保持在了一个相近的位置，所以是滞涨状态。

综合以上两点内容，可确认 M 区域形成了启跌形态中的放量滞涨，是主力维持股价高位区出货的征兆，所以是股价见顶即将转跌的征兆，不应再继续持股，应卖出。

2. 实战注意事项

（1）在放量滞涨形态中，判断量能的放量，并不一定要量柱明显较长，只要是发现股价在滞涨情况下，保持在较高水平的量柱即可，可以表现为量柱的参差不齐，但必须为当前的大量水平。

（2）在放量滞涨形态中，K 线通常为实体较长的阴线或阴线，甚至是出现大幅低开后的反复涨停后又打开涨停板的情况，以吸引更多的散户追高买入。但整体必须保持在同一水平。

（3）在放量滞涨形态中，允许股价出现上影线较长的阴线或阳线，甚至是上影线的最上方出现创新高的情况，也就是盘中股价的瞬间冲高回落。所以在判断时，只要根据这一时期股价维持在相近水平，即可确认。

9.1.3 缩量上涨是股价即将启跌的信号

当筹码在向上移动和分散的快速上涨行情中，缩量上涨的出现，只要不是缩量涨停，就说明主力筹码处于集中的状态，无须大量即可推动股价上涨。但同时，缩量上涨也说明了盘中未因股价的上涨，引发大量的跟风资金买入，所以才造成了缩量。因此，其后的短时内，股价仍然会出现看似大幅的上涨，以吸引跟风资金的介入，但一旦出现大幅冲高回落时，则往往是主力逢高出货的征兆。因此，一旦筹码在高位区出现了缓慢上移时，若是出现了缩量上涨时，就要小心了，一旦在其后的上涨时出现冲高回落无法持续上涨时，就是启跌的开始。所以，缩量上涨往往是股价即将启跌的信号。

1. 缩量上涨的具体要求

（1）判断缩量上涨时，主要是 K 线表现为阳线上涨时，成交量虽然表现为阳量，但阳量柱要明显低于之前的量能柱高度。如图 9-4 国城矿业（000688）A 区域的 2020 年 2 月 24 日，筹码分布图上表现为筹码在持续向上移动和分散的状态，且运行到了高位区，但股价出现了明显的阳量大量，远低于之前的阳量柱。

图 9-4　国城矿业 -2020 年 2 月 24 日筹码分布图

（2）缩量上涨时，股价不能表现为涨停阳线，否则不能确认为股价即将启跌的信号。如图 9-4 中 A 区域成交量在大幅缩减的同时，K 线表现为持续上涨，且未出现涨停。

综合以上两点内容，可确认 A 区域形成了筹码在高位区的缩量上涨，是因为主力未吸引到跟风筹码所导致的，因此其后的 B 区域一旦出现放量下跌时，则是主升浪结束的征兆。所以说，缩量上涨是股价即将启跌的信号。

2. 实战注意事项

（1）在根据缩量上涨判断是否为股价即将启跌的信号时，首先要确保股价未出现涨停。这种涨停必须是以收盘价为涨停价，也就是日线上表现为阳线实体上方无影线的光头阳线时，收盘价必须为涨停价。

（2）如果确认缩量上涨是股价即将启跌的信号时，往往这种缩量的程度越严重时，越能表明上涨的难以持续，即股价在不涨停的情况下，成交量柱表现为明显短的阳量柱。

（3）如果在缩量上涨后，又恢复了放量上涨时，则不应卖出股票，所以说放量上涨只是股价即将启跌的信号，因为若是主力暂时停止拉升股价时，同时会表现为缩量上涨。因此缩量上涨一旦出现时，应在其后中止上涨形成启跌量价点时为准。

9.2 启跌点的量价表现

9.2.1 明显放量下跌，最强的启跌点

明显放量下跌，是指股价在快速上涨的过程中，出现中止上涨的下跌时，成交量表现明显放大状态。这表明盘中短线涌现出了大量卖出筹码，所以才导致了股价的快速下跌，因此是主升浪上涨波段结束时最强的启跌点。

1. 形态要求

（1）明显放量时，成交量表现为较长的阴量柱，必须要高于之前股价上涨时的阳量，方可构成明显放量，所以是阴量的明显放大。如图 9-5 模塑科技（000700）A 区域的 2020 年 2 月 7 日，对应的筹码分布图上，刚刚在 C 区域时形成了创新高的满盘盈利，其后在 A 区域即形成了筹码快速移动到顶部高位区后上方 B 区域出现了较多蓝色筹码的情况。这时就应及时观察量价了。结果发现，A 区域下方的成交量为一根阴量柱，向上到达了区域顶部，为一根天量阴量的格外放量，也就是明显放量中最强烈的阴量放大状态。

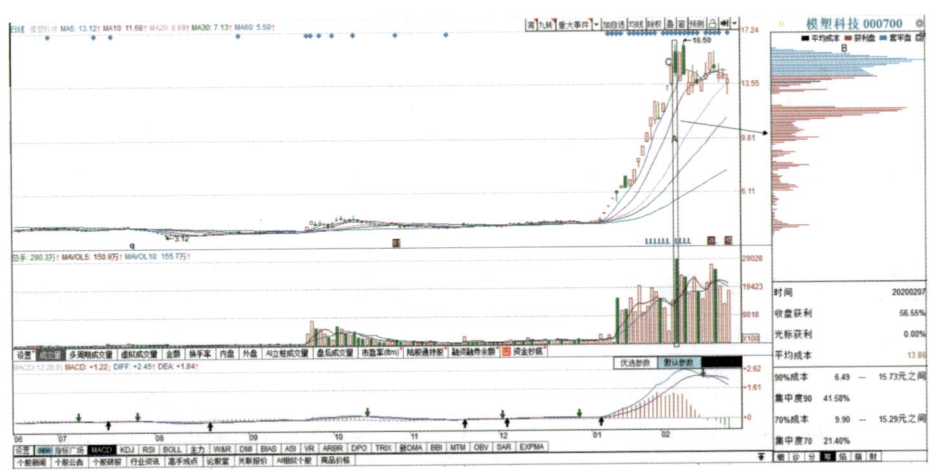

图 9-5　模塑科技 -2020 年 2 月 7 日筹码分布图

（2）下跌就是股价的下跌，K 线表现为阴线，明显呈向下运行的状态。如图 9-5 中 A 区域的 K 线表现为一根较长的阴线，呈下跌状态。

综合以上两点内容，可确认在 C 区域形成了蓝色筹码出现后持续向下蔓延的启跌形态，且形成了明显放量下跌，说明是最强的启跌点，应及时卖出股票。

2. 实战注意事项

（1）明显放量下跌是量价齐跌中最为强势的表现，所以在主升浪操作中，无论是否形成了筹码分布形态的启跌形态，只要形成明显放量下跌，就应果断卖出股票。

（2）在明显放量下跌形态中，如果阴量柱放大不十分明显时，但要是表现为近期较高水平时，只是要筹码分布形成了跌破移动平均成本线的破位形态，同样是启跌卖点。

（3）如果明显放量下跌出现时，成交量表现为一根放量极长的阴量柱，甚至是向上到达了区间顶部的天量阴量时，则更能证明股价的快速转跌，所以是短线快速转跌时最为强势的转跌量价启跌点。

9.2.2 持续阴量下跌，较强的启跌点

持续阴量下跌，是指股价在快速上涨的过程中，出现中止上涨的下跌时，成交量表现为持续阴量放大状态。这表明盘中短线持续涌现出了大量卖出筹码，所以才导致了股价的持续下跌，因此是主升浪上涨波段结束时的启跌点。

1. 形态要求

（1）持续阴量形成时，必须至少有两根阴量柱，通常表现为低于之前上涨时的阳量柱，但一前一后出现时，必须表现为当前较高水平。如图 9-6 阳光城（000671）A 区域的 2020 年 1 月 3 日，筹码分布图上表现为筹码快速到达顶部后的突然变为蓝色筹码，持续向下分散的状态。量能表现为与之前 B 区域对应的阴量明显放大状态的持续两根阴量柱，所以为持续阴量。

（2）下跌就是股价的下跌，是指 K 线也至少为两根阴线，表现为持续向下运行。如图 9-6 中 A 区域持续阴量出现的同时，K 线表现为两根阴线，呈下跌状态。

图 9-6　阳光城 -2020 年 1 月 3 日筹码分布图

综合以上两点内容，可确认 A 区域形成了至顶蓝色筹码持续向下蔓延时的持续阴量下跌，为较强的启跌点，应果断卖出股票。

2. 实战注意事项

（1）持续阴量下跌同样是量价齐跌中较强的表现，虽然看起来单根阴量柱或表现为缩量状态，但叠加在一起时，阴量整体的放大程度并不次于明显放量，因此同样是一种主升浪结束时的启跌卖点。

（2）在根据持续阴量下跌判断启跌点时，如果是持续阴量呈明显缩量，为较小的阴量柱时，则不应确认趋势出现了快速反转下跌，这时应结合筹码分布的启跌形态或其他指标的情况，以及量价的持续变化来判断启跌点。

（3）虽然在判断启跌点时，明显放量下跌要比持续阴量下跌更强，尤其是格外放量下跌，但事实上持续阴量下跌更能表现股价由上涨快速转下跌的短期弱势延续，所以一经出现，就不要再对股价的上涨抱任何希望，卖出后短线决不能再买回。

9.2.3　放量滞涨，一般的启跌点

放量滞涨，是指股价在快速上涨的过程中，出现中止时，未形成明显的下跌，表现为震荡滞涨，成交量却表现当前较高的量能水平。这表明盘中出现了较大的分歧，所以才导致了在量能充沛的情况下，股价未延续之前的快速上涨。由于放

量滞涨期间，90% 以上均是主力维持股价在高位区隐藏的出货表现，所以同样是主升浪上涨波段结束时的卖点。由但因为在放量滞涨形态中，股价的下跌趋势不明显，所以是趋势转弱初期一种一般的启跌点。

1. 形态要求

（1）放量是指成交量柱表现为当前较高水平状态的大量状态，可以表现为阴量，同时也可以表现为阳量，或是阴量与阴量相互出现。因此，通常要至少三根以上的量柱时方可确认。如图 9-7 天夏智慧（000662）A 区域的 2019 年 12 月 19 日，筹码分布图上形成了大部分筹码到达接近顶部的高位区，上方蓝色筹码出现了持续向下蔓延。A 区域的成交量保持在当前较高水平，阴量与阳量互现，形成了大量状态。

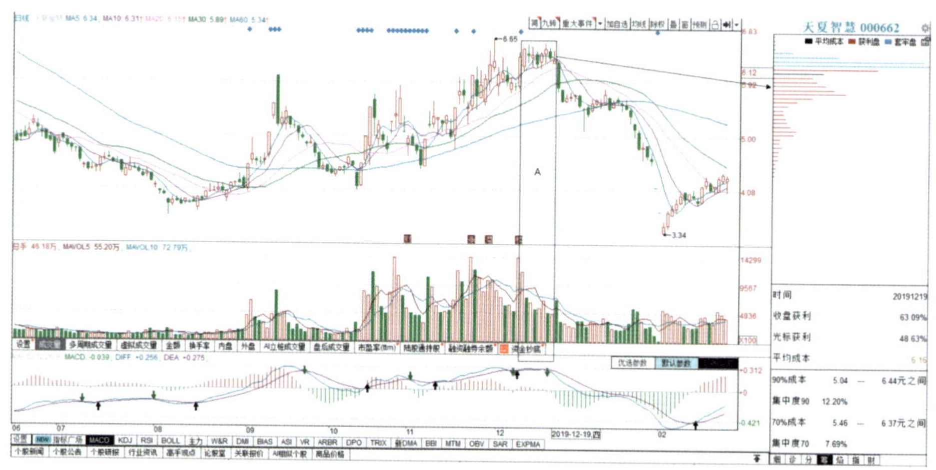

图 9-7　天夏智慧 -2019 年 12 月 19 日筹码分布图

（2）滞涨是一种股价横盘震荡的状态，是指无论股价表现为阴线还是阳线，但必须保持在一个高点与高点、低点与低点相近的水平，不会形成明显的震荡向上或震荡向下的走势。如图 9-7 中 A 区域上方的 K 线表现为或阴线或阳线，保持在相近水平的震荡，为高位滞涨状态。

综合以上两点内容，可确认在高位区蓝色筹码小幅向下蔓延和分散中形成了放量滞涨，为股价筑顶即将下跌前的征兆，属于一般的启跌点，应在此期间及时逢高卖出股票。

2. 实战注意事项

（1）当放量滞涨出现时，必须确保股价经过一段快速上涨后，也就是筹码已经运行到了顶部高位区，出现红蓝筹码的小幅震荡时，才是股价即将转跌的征兆。

（2）严格来讲，放量滞涨不属于股价转跌时的量价形态，但几乎 99% 的情况，其后会出现快速转跌，所以在判断放量滞涨是否为主升浪结束的征兆时，一定要结合筹码分布的形态来判断趋势。

（3）放量滞涨形成卖点时，往往与低位区的弱势震荡是有较大区别的，主要表现为成交量呈当前较高水平，其次是 K 线实体或影线的长度要明显高于低位区的弱势震荡时的状态。

9.3 启跌点实战要点

9.3.1 量价齐跌、蓝色筹码下移要卖出

量价齐跌、蓝色筹码下移，是通过筹码分布形态与量价形态综合判断趋势变化的启跌形态和启跌点的方法，是指筹码分布图上形成了蓝色筹码向下移动的同时，量价表现为量价齐跌时，就说明因盘中筹码在大举卖出，造成了股价的快速下跌，引发了高位接盘的筹码形成了大量亏损。所以这种形态一经出现，就应果断卖出股票。

1. 形态具体要求

（1）蓝色筹码下移，是指分布图上方的筹码已经运行到了顶部高位区时，红色筹码不再继续向上蔓延或移动，而是上方的蓝色筹码出现了向下蔓延、移动或分散。如图 9-8 泰达股份（000652）A 区域的 2020 年 2 月 11 日，筹码分布图上的多数筹码已快速移动到了顶部高位区，上方 B 区域出现蓝色筹码后明显快速向下蔓延，所以为蓝色筹码下移状态。

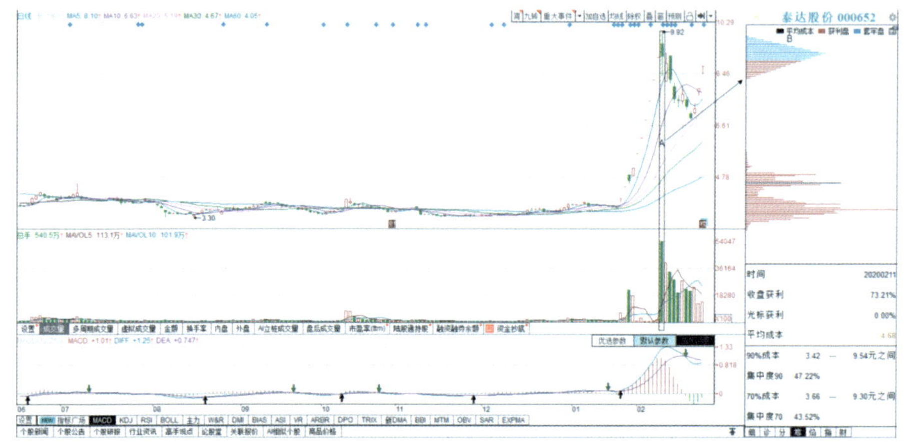

图 9-8　泰达股份 -2020 年 2 月 11 日筹码分布图

（2）量价齐跌是一种量价形态，包括明显放量下跌、持续阴量下跌，甚至是日线图阴量下跌状态的分时图区间放量下跌。如图 9-8 中 A 区域，量柱表现为一根格外放量的长阴量，K 线为上影线较长的阴线，为明显放量下跌的量价齐跌。

结合以上两点内容，可确认为量价齐跌、蓝色筹码下移状态，应果断在当日分时图量价齐跌初期卖出股票。

2. 实战注意事项

（1）量价齐跌、蓝色筹码下移是两种技术形态，量价齐跌属于量价形态，蓝色筹码下移则是筹码分布图上的一种筹码向下移动形态。所以在判断行情时，应同时观察筹码分布图与量价的表现。

（2）量价齐跌、蓝色筹码下移出现时，虽然量价齐跌在日线图上只表现为明显放量下与持续阴量下跌，但由于放量滞涨同样是一种卖点信号，所以不能忽略放量滞涨这种形态。

（3）在量价齐跌、蓝色筹码下移形态中，如果是量价齐跌不十分明显时，筹码已经运行到了顶部时，一旦出现蓝色筹码并呈向下移动和蔓延时快速跌破了移动平均成本线，就要果断卖出股票。

9.3.2　持续阴量下跌、筹码分散应出局

持续阴量下跌、筹码分散同样是筹码分布与量价两种形态的结合，是指筹码在分散状态下，如果形成了持续阴量下跌时，就要坚决清仓卖出股票，保持出局

观望。

1. 形态具体要求

（1）筹码分散，是指分布图上的大部分筹码已经向上运行到了顶部高位区时，呈较分散的状态，且上方蓝色筹码形成了向下蔓延、移动或分散的状态。如图 9-9 长春高新（000661）C 区域的 2019 年 11 月 13 日，筹码分布图上形成了满盘盈利形态，但筹码处于分散状态，这时就要引起注意了。其后的 2019 年 11 月 18 日，也就是图 9-10 中 A 区域，对应的筹码分布图上，可以明显看到筹码在继续向上移动中，上方 B 区域的筹码越来越接近顶部，且明显变为了蓝色筹码，面积较大，说明蓝色筹码在出现后出现了持续向下分散。因此，形成了筹码分散形态。

图 9-9　长春高新 -2019 年 11 月 13 日筹码分布图

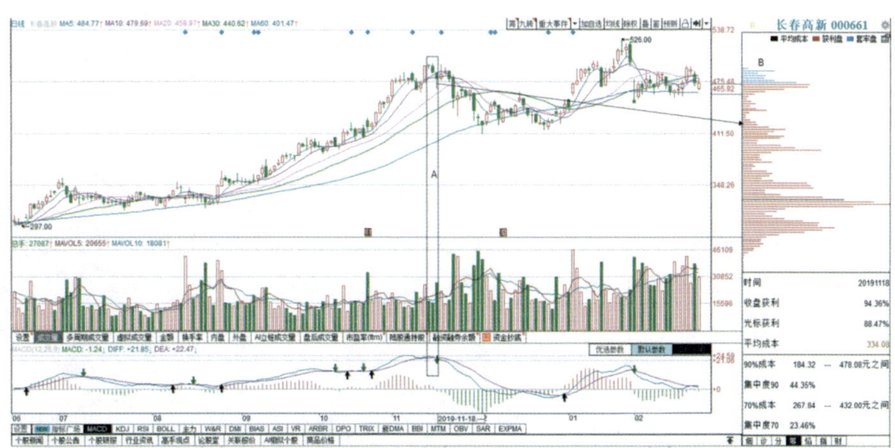

图 9-10　长春高新 -2019 年 11 月 18 日筹码分布图

（2）持续阴量下跌，表现为至少两根阴量柱，呈下跌的状态。如图 9-10 中 A 区域，K 线表现为阴量持续下跌，成交量表现为三根阴量柱的持续阴量，形成了持续阴量下跌。

综合以上两点内容，可确认 A 区域形成了持续阴量下跌、筹码分散形态，因此应果断清仓出局。

2. 实战注意事项

（1）持续阴量下跌、筹码分散出现时，往往是筹码在向下分散或蓝色筹码持续向下蔓延的同时，形成了持续阴量下跌的状态。尤其是出现在股价持续上涨的行情时，一定要果断清仓出局。

（2）持续阴量下跌、筹码分散形成时，如果是筹码未形成密集的筹码峰状态下，出现持续阴量下跌中的阴量柱较短的不明显时，但如果蓝色筹码出现了向下快速蔓延时，往往是股价持续上涨的结束，大多时候会出现在强势持续反弹行情中，所以一定要选择卖出股票。

（3）当持续阴量下跌、筹码分散出现时，只要是持续阴量下跌明显时，就已构成了启跌点，所以此期间，只有持续阴量下跌不明显时，才会通过筹码分散状态的蓝色筹码向下移动或分散、蔓延的快慢来判断趋势的转弱。

9.3.3 阴量下跌、筹码跌破移动平均成本线要离场

阴量下跌、筹码跌破移动平均成本线同样是筹码分布与量价形态的两种形态结合，是指筹码分布图上蓝色筹码向下蔓延中跌破了移动平均成本线期间，形成了阴量下跌时，这往往意味着股价已形成了下跌趋势，所以不管阴量下跌中的阴量是否放大，都要选择卖出股票离场。

1. 形态具体要求

（1）筹码跌破移动平均成本线，是指上方蓝色筹码跌破了移动平均成本线。如图 9-11 中迪投资（000609）在 A 区域的 2019 年 11 月 28 日，筹码分布图上筹码在移动到顶部高位区时，上方蓝色筹码在持续快速向下蔓延中，跌破了移动平均成本线。

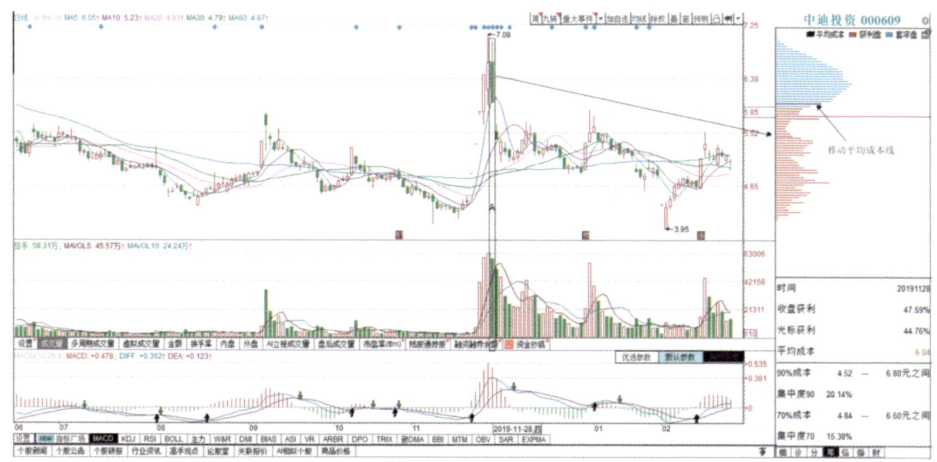

图 9-11　中迪投资 -2019 年 11 月 28 日筹码分布图

（2）阴量下跌，是指成交量表现为绿色的阴量，K 线为阴线下跌状态。如图 9-11 中 A 区域，成交量表现为较长的阴量柱，K 线为一根上影线较长的长阴线，明显为阴量下跌。

综合以上两点内容，可确认在 A 区域形成了阴量下跌、筹码跌破移动平均成本线形态，所以要果断卖出股票离场。

2. 实战注意事项

（1）阴量下跌、筹码跌破移动平均成本线出现时，往往是发生在明显放量下跌的启跌卖点不够明显的情况时，通过筹码分布形态的下跌趋势的形成，来判断卖出股票的一种情况。

（2）阴量下跌、筹码跌破移动平均成本线大多出现在快速上涨快速转跌的牛股身上，因只有股价在持续快速上涨时，移动平均成本线向上移动的速度才会快速，所以股价快速转跌时，才更容易出现蓝色筹码跌破移动平均成本线。

（3）由于在阴量下跌、筹码跌破移动平均成本线期间，量能表现不是十分明显，所以在长期牛股身上出现时，尽管筹码跌破了移动平均成本线，但往往也只是股价震荡走弱的表现，并不一定会出现长期趋势的转弱，所以在操作时，应根据具体的筹码分布形态变化，反复波段操作牛股。

9.3.4 缩量下跌、顶部筹码不散须清仓

缩量下跌、顶部筹码不散也是一种筹码分布与量价形态的结合，是指当红色筹码持续向上蔓延至高位区时，顶部的蓝色筹码在不断变小的情况下，却始终未消失。说明尽管股价在快速上涨，但高位区依然存在较多套牢盘，因此一旦形成缩量下跌时，也说明股价趋势已无力上行，所以同样是一种股价快速转跌的形态，一经出现即应果断清仓出局。

1. 形态具体要求

（1）顶部筹码不散，是指筹码分布图上，当红色筹码在持续向上蔓延的过程中，向上运行到顶部高位区时，最上方顶部的蓝色筹码在不断减少的情况下，并未消失，且出现了不再减少的向下蔓延状态。如图 9-12 合肥百货（000417）A 区域的 2020 年 1 月 13 日，筹码分布图上的下方红色筹码在持续向上蔓延过程中，当蔓延到了顶部高位区时，上方至顶的 D 区域筹码明显在持续减少，即将消失。但是到了下一个交易日的图 9-13 中时，即 B 区域对应的筹码分布图上，上方 D 区域的蓝色筹码不仅没消失，反而出现了向下蔓延的面积扩大状态，形成了顶部筹码不散。

图 9-12 合肥百货 -2020 年 1 月 13 日筹码分布图

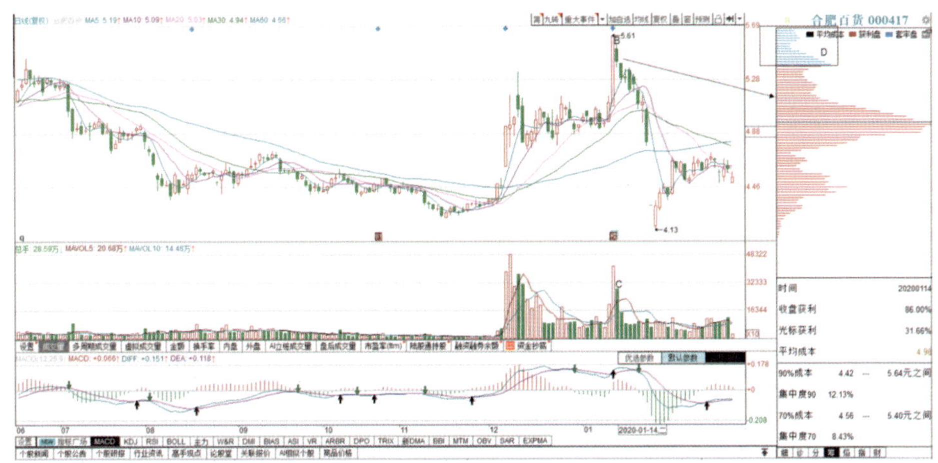

图 9-13　合肥百货 -2020 年 1 月 14 日筹码分布图

（2）缩量下跌是指成交量为阴量状态时，明显出现了量柱变短的缩量状态，但在启跌点时的缩量，虽然与之前是形成了缩量，但依然保持在大量水平。如图 9-13 中，B 区域对应下方的 C 区域的阴量与之前的量柱比较，明显为缩量状态，但保持着大量水平，B 区域为下跌阴线，形成了缩量下跌。

综合以上两点内容，可确认形成了缩量下跌、顶部筹码不散的形态，所以应及时清仓卖出股票。

2. 实战注意事项

（1）缩量下跌、顶部筹码不散出现时，多数时候是发生在股价持续快速反弹的行情中，上方顶部存在一定数量的蓝色筹码，所以顶部筹码不散，是指最上方顶部的蓝色筹码，而不散也是指顶部蓝色筹码始终不消失。

（2）在根据缩量下跌、顶部筹码不散卖出股票时，往往是选择在顶部蓝色筹码逐渐减少的情况下，下方红色筹码已向上蔓延至了接近顶部高位区时，也就是即将完全吞没蓝色筹码时，却出现了蓝色筹码向下蔓延的缩量下跌。所以此时的缩量下跌中的成交量通常表现必须为阴量较大状态，但与前一根阳量柱比较，为明显的缩量状态。

（3）如果在缩量下跌、顶部筹码不散出现时，股价表现为一字跌停板，或是分时图上大幅低开后的快速跌停时，应以跌停价委托卖出，或是一旦打开跌停，就要果断卖出股票。

9.4 启跌点的卖股策略

9.4.1 启跌形态为辅、量价为主的卖股策略

在判断主升浪结束时，一定要始终遵守着筹码分布启跌形态为辅助、量价启跌点为主的卖出策略，因为在技术分析中，所有的技术指标的卖出形态往往是延后的，这是由统计的时间周期决定的，虽然筹码分布略好于其他指标，能够在第一时间观察到持股的变化，但如果是筹码移动和分散的不够明显时，量价的突然明显变化才能在第一时间内准确表明盘中短期趋势的改变。

1. 具体要求

（1）启跌形态为辅，是指筹码分布或其他辅助指标多数是向上移动到了高位区时，这时应主要以量价启跌点来判断是否卖出股票。如图 9-14 徐工机械（000425）在 A 区域的 2020 年 1 月 3 日，筹码分布图形成多峰略分散的状态，上方 C 区域在出现了少许蓝色筹码时，到了下一个交易日的 2020 年 1 月 6 日，即图 9-15 中 B 区域对应的筹码分布图上，在盘中出现股价短时快速冲高回落时，蓝色筹码向下蔓延的趋势并不十分明显，就说明高位筹码向下快速分散不明显，这时就要以量价为主来判断卖点了。

图 9-14　徐工机械 -2020 年 1 月 3 日筹码分布图

图 9-15　徐工机械 -2020 年 1 月 6 日筹码分布图

（2）量价为主，是指当量价表现为明显放量下跌、持续阴量下跌、放量滞涨三种启跌点中的任意一种时，应当忽略筹码分布或其他指标的启跌形态，直接卖出股票。如图 9-15 中，当股价短期冲高回落时，B 区域在初期尚未形成明显放量下跌，但只要观察盘中 B 区域盘中的阴量柱达到了之前 D 区域的量柱水平时，不管筹码分布图上蓝色筹码向下蔓延的速度是否快速时，均应在当日果断卖出股票，因为此时已经满足了持续阴量下跌的启跌点要求。

2. 实战注意事项

（1）在启跌形态为辅、量价为主的卖股策略下，如果刚好是形成了筹码分布启跌形态时，也形成了明显的量价启跌点时，则是最为标准的卖出时机。但通常情况下，这种标准的卖出形态和启跌点不会经常出现，这主要是由于股价由涨快速转跌时，往往主力是以急于大举卖出股票获利了结为主，所以股价转跌时往往是迅速的。

（2）在量价为主的卖股策略之下，只有量价不明显时，筹码分布或是其他辅助判断指标的卖出形态，才是参考的重要依据，尤其是 9.3.1 中介绍的几种量价形态与筹码分布形态的组合卖出形态，都是重要的卖股参考形态依据。

9.4.2　股价无法继续上涨为主的卖股策略

在判断主升浪结束时，一定要遵守股价无法继续上涨为主的卖股策略，因为投资者在持股过程中，应当以继续持有能够从中获利为第一原则，所以这就决定了卖股时的策略也要遵从这一原则的要求。因此，当在持股中发现继续持有已无法从中再获得利润时，就应果断卖出股票了。

1. 具体要求

（1）股价无法继续上涨出现时，可以表现为股价的震荡下跌或快速下跌，所以只要持续上涨中出现，就要果断卖出。如图 9-16 兴业矿业（000426）在 A 区域的 2020 年 2 月 24 日，当日股价明显表现为高开小幅冲高后的持续回落下跌，且成交量表现为当前大量水平，所以此时是无须太过在意筹码分布图上是否形成了启跌形态，完全可以根据这种股价转跌后无法明显继续上涨获利的表现，在当日收盘前果断卖出股票。

图 9-16　兴业矿业 -2020 年 2 月 24 日筹码分布图

（2）股价无法继续上涨出现时，也可以表现为滞涨，这种情况主要是股价高位放量震荡滞涨的出现，也要及时逢高卖出股票。如图 9-17 鄂武商 A（000501）在 A 区域的 2020 年 1 月 2 日，也就是 A 区域最右侧那根 K 线的 A 区域内，发现了虽然只有一根阴线，但形成了高位震荡滞涨，下方成交量虽然也仅有一根阴量柱，但整体保持着放量的大量状态，形成了高位放量滞涨，说明继续持有同样无法获利，所以同样应果断卖出股票。事实上，如果是从这几日的筹码分布图上观察，只是发现了顶部蓝色筹码的小幅变多变少，根本无法判断出启跌形态的。

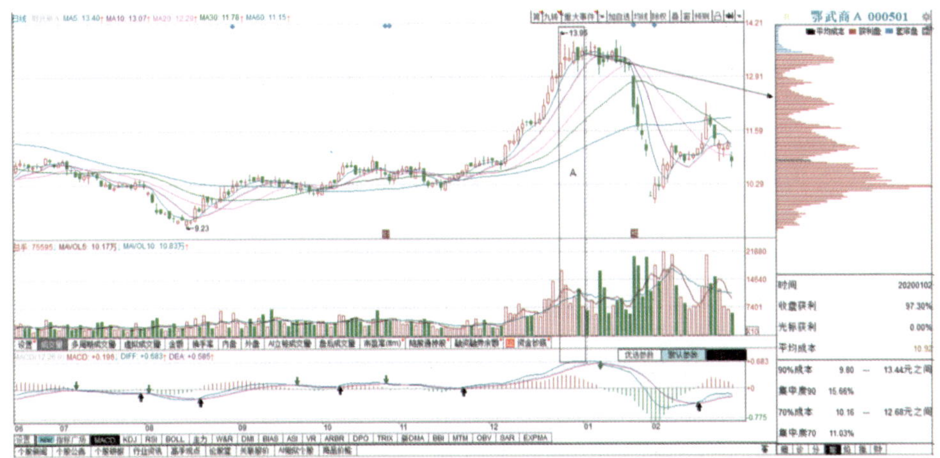

图 9-17 鄂武商 A-2020 年 1 月 2 日筹码分布图

2. 实战注意事项

（1）在股价无法继续上涨为主的卖股策略指导下，一旦股价出现了震荡下跌时，哪怕是跌幅并不明显或不大时，只要是在经过了持续上涨后出现，就应果断卖出，即使只是短线的快速波动，短线下跌后仍然可能出现持续上涨，但往往这种上涨的时间也极短，所以卖出后一定不要再买回。

（2）在股价无法继续上涨为主的卖股策略之下，如果是股价出现了高位放量滞涨时，同样说明股价出现了上涨乏力，所以在高位放量滞涨形态中，反而是逢高卖出的理想时机，可借助股价在放量滞涨中的短线快速冲高回落初期，及时卖在高位。

（3）如果投资者在遵守股价无法继续上涨为主的卖股策略之下，卖出股票时发生了提早卖出的失误，其后股价又恢复了快速上涨，也不应再买回股票，因持股已实现了获利，再买入则风险会大幅增高。

第 10 章

实战：筹码分布判断牛股主升浪波段的操盘攻略与技巧

好的操盘技术，必然是在好的操盘策略与技巧下得以实现的，因为技巧与策略是操盘的最佳护航。因此，在实战时，一定要明白主升浪波段操作时的交易策略、交易原则、仓位管理、操盘纪律和交易技巧，才能更好地实现获利操作。

10.1 交易策略

10.1.1 强中择强交易策略

强中择强是根据筹码分布进行主升浪波段操作中最为重要的一个交易策略，因为物竞天择、适者生存是人类生存的一条自然规律，尤其是在资本市场上，这种情况表现得更为明显，如果你不能在股票投资中实现获利，反而出现了持续亏损，则很快就会被股市淘汰出局。而无法持续获利的最根本因素，就是交易时不能强中择强，导致收益减少，而一旦操作失败或失误又必然导致亏损。所以，强中择强，永远是投资者保持长久投资盈利的一个关键。

1. 具体要求

（1）主升浪启涨形态的强中择强。启涨形态的强中择强，就是一定要尽量选择那些未来主升浪短期涨幅较大的股票，也就是筹码分布启涨形态越标准、辅助判断指标的强势特征越明显的股票，则后市主升浪启动后的涨幅越大。所以，在相同的条件下，一定要选择越是标准的强势启涨形态类股票。如 10-1 新金路（000510）2020 年 2 月 20 日的 A 区域，筹码分布图上显示为下峰锁定、红色筹码向上突破移动平均成本线的向上突破，MACD 表现为 0 轴附近金叉后双线向上发散，符合筹码分布与 MACD 辅助确定的加速上涨主升浪启涨形态；图 10-2 四环生物（000518）A 区域的 2020 年 1 月 17 日，筹码分布图上显示为低位单峰密集、MACD 显示为 DIFF 线突然向上翘起、均线表现为多头上涨初期排列形态，同样符合加速上涨主升浪的启涨形态。对比后发现，图 10-1 中上方 B 区域存在小量蓝色筹码，且筹码此时已运行到中部偏高区域，而图 10-2 中所有筹码都密集于底部低位区，所以在启涨形态均成立的情况下，图 10-2 筹码分布与均线、MACD 的启涨形态更标准，所以操作时应选择图 10-2 中的四环生物操作，因这只股票明显要更强，未来短期涨幅更可期待，同时安全性也更高。这就是启涨形态的择中择强操作策略。

图 10-1　新金路 -2020 年 2 月 20 日筹码分布图

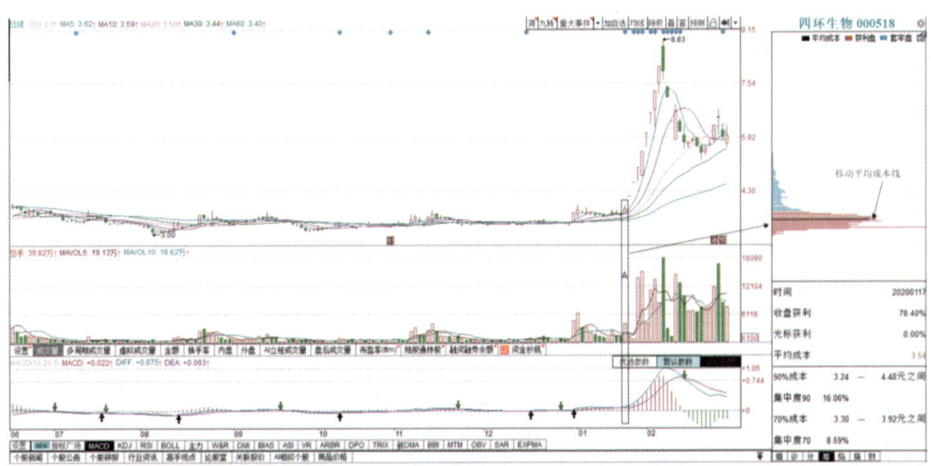

图 10-2　四环生物 -2020 年 1 月 17 日筹码分布图

（2）启涨点的强中择强。就是选择量价启涨点越强势的股票形态，在明显放量上涨、持续放量上涨和温和放量上涨中，持续放量上涨和明显放量上涨是最强势的启涨点，尤其是持续放量或明显放量中，股价出现快速涨停类的股票，更是强中之强。如图 10-1 中 A 区域的启涨点表现为温和放量上涨，图 10-2 中 A 区域表现为明显放量上涨。对比之下，明显放量上涨属于最强的启涨点，所以操作时应选择图 10-2 中的四环生物来操作。这就是启涨点强中择强的操作策略。

综合以上两点内容，在强中择强策略下，应选择启涨形态与启涨点均表现更强的图 10-2 中的四环生物来操作。

2. 做到强中择强的方法

（1）从选股的阶段即确定未来可能出现的强势主升浪目标股。因为在主升浪形态中，快速上涨的主升浪如果是处于长期弱势震荡时，越是弱势震荡的时间长，则后市启动快速上涨时，短期涨幅越大，所以在选股阶段，应尽量选择那些长期弱势震荡类形态的股票作为目标股票，持续进行观察。

（2）启涨形态中做到强中择强，就是在寻找启涨形态时不能急，尽量选择那些处于筹码单峰密集后向上突破类的筹码分布形态，或是双峰上移中出现止跌回升标准的筹码分布形态类股票，然后再通过辅助指标的判断，选择辅助指标中启涨形态同样最强的股票，如筹码单峰密集向上突破 + 涨停阳线突破上轨的布林线开口型喇叭口，就是最强势的主升浪启动形态的组合。

（3）判断启涨点时的强中择强，就是在技术指标形成强势启涨形态期间，启涨点也形成了最强，也就是尽量选择如“筹码单峰密集向上突破 + 涨停阳线突破上轨的布林线开口型喇叭口”期间，放量上涨较为稳健和健康的持续放量上涨的启涨点。

10.1.2 趋势交易策略

趋势交易，就是投资者在买卖股票时，一定要顺应股价的趋势变化来进行交易，因为趋势是在不断变化中，作为主升浪波段的趋势变化，由于时间极短，所以这种趋势变化更快，因此一定要在操作中时刻捕捉趋势是否出现了快速变化，然后再遵照趋势的具体变化来及时进行交易。

1. 具体要求

（1）在买入交易时，一定要根据筹码移动分布的形态，来确认筹码分布的启涨形态是否形成了明显上移的突破，所以只要不是发生快速涨停时，就要根据量价启涨点的要求，慢一步操作，看清趋势的转强后再买入。如 10-3 中兵红箭（000519）2019 年 8 月 20 日的 A 区域，筹码分布图是显示为双峰密集、上峰上移的启涨形态，MACD 表现为 0 轴附近的金叉后双线向上发散的状态，量价表现为明显放量上涨。这时买入时，可迟一步，到 B 区域形成了持续放量上涨时，MACD 已明显表现为突破 0 轴后的向上发散时，趋势转为多头上涨趋势时再买入。这就是趋势交易策略下的买入交易。

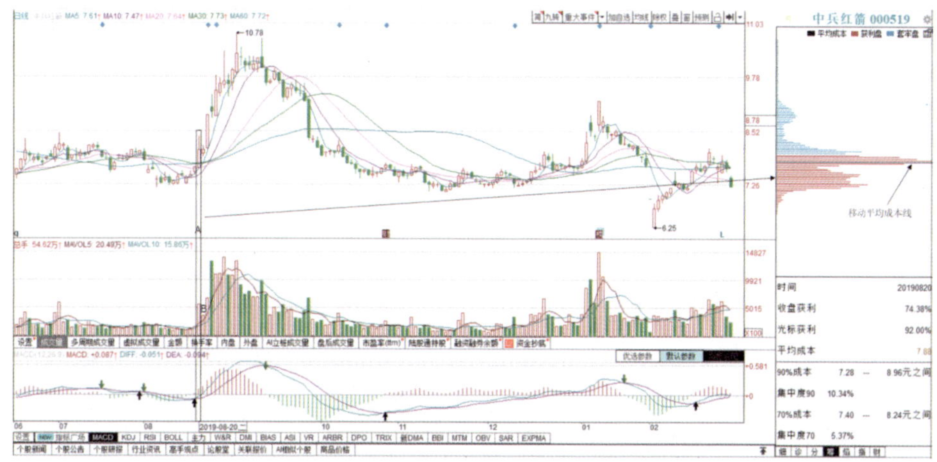

图 10-3　中兵红箭 –2019 年 8 月 20 日筹码分布图

（2）在卖出交易时，只要不是筹码移动分布的强势转弱形态发生在第一时间，就要根据量价启跌点形成股价的快速转跌时，早一步卖出交易。如图 10-4 中兵红箭（000519）2019 年 9 月 2 日的 A 区域，筹码分布图上显示为筹码已运行到了顶部高位区，上方 D 区域出现了较多蓝色筹码后，到了下一个交易日的图 10-5 中 B 区域对应的 9 月 3 日，筹码分布图上方 D 区域的蓝色筹码明显变多了，表明蓝色筹码在向下蔓延。量价方面，表现为阴十字星下跌的 C 区域较大阴量，为高位区出现蓝色筹码的量价齐跌，所以应在当日收盘前即卖出股票，因上涨趋势已结束，即使其后股价也不会马上转跌，形成了震荡，也无法再通过继续持股获利。这就是趋势交易策略下的卖出交易。

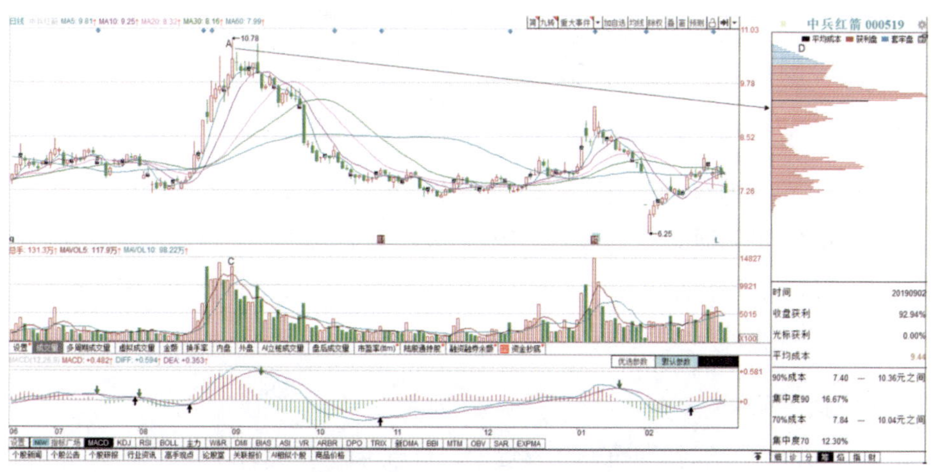

图 10-4　中兵红箭 –2019 年 9 月 2 日筹码分布图

图 10-5　中兵红箭 -2019 年 9 月 3 日筹码分布图

2. 正确的趋势交易策略

（1）在趋势交易策略之下，由于买入交易与卖出交易时的要求不同，所以具体的趋势交易策略也不同，应根据操作时的趋势变化方向具体对待。

（2）在买入交易时，应采取慢半拍的策略，因为慢一步能够更为准确地看清趋势是否真正转强，尤其是在快速上涨的主升浪出现时，慢一步买入往往能躲过主力启动前震仓的陷阱。

（3）在卖出交易时，则要采取快半拍的策略，因为股价转跌时，尤其是中小盘股，更容易出现短时的快速转跌，所以卖出交易的策略，能够让投资者在趋势转跌初期，及时卖在高位。因此，卖出交易策略时一定要操作快。

10.1.3　量价为先交易策略

量价为先交易，就是在交易期间，无论是买入或卖出交易，都要遵守量价为先的交易策略，因为无论是股价出现快速由弱转强或是快速由强转弱时，都会最先表现为量价的明显变化，因为只有出现成交量的明显放大，才会形成价格的变化。这就是说，股价发生趋势变化时，都是通过以量破价来实现的，所以在交易时一定要遵守量价为先的策略。

1. 具体要求

（1）买入股票时，由于弱势转强时以量破价必须明显，所以所有的主升浪启涨形态，都必须形成明显放量上涨、持续放量上涨、温和放量上涨中任意一种形态时，方可确认主升浪的快速上涨出现了。如图 10-6 航天发展（000547）2020 年 1 月 2 日 A 区域对应的筹码分布图，形成了双峰上行、红色筹码向上突破移动平均线的启涨形态，MACD 表现双线突破 0 轴后的向上发散，量价表现为温和放量上涨，启涨点明显，应及时买入。这就是量价为先的买入交易策略下的操作。

图 10-6　航天发展 -2020 年 1 月 2 日筹码分布图

（2）卖出股票时，由于在多数时候，技术指标都会表现为迟缓、不明显，而卖出股票时是主力资金以大量卖出股票为主，所以卖出时应坚持以明显放量下跌或持续阴量下跌的两种量价齐跌为主，同时也要坚持股价无法再继续上涨的放量滞涨量价形态，为主要的交易策略。如图 10-7 航天发展（000547）2020 年 2 月 26 日 A 区域对应的筹码分布图，虽然只是筹码已经到达顶部高位区的蓝色筹码突然出现，但 A 区域形成了一根上影线极长、实体较短的阴线，C 区域成交量已表现为略高于上一根阳量柱的放量，为当前大量水平，而 MACD 此时仅仅表现为 DIFF 线高位钝化，DEA 线上行趋势依然持续，均线也表现为多头上涨趋势，所以技术指标转跌尚不明显，但量价启跌点明显，所以应在当日收盘前及时卖出股票，而不要等到 B 区域形成持续阴放量下跌、蓝色筹码持续向下蔓延时再卖出。这就是量价为先的卖出交易策略下的操作。

图 10-7　航天发展 -2020 年 2 月 26 日筹码分布图

2. 正确的量价交易策略

（1）由于量价交易有着买入交易与卖出交易两种，所以在坚持量价为先交易时，首先要区分出是买入交易还是卖出交易，以便做好具体的量价为先交易，因为两种交易时的量价为先策略是不同的。

（2）在买入交易中，量价为先的交易策略，是要在形成技术形态的启涨形态前提下，必须满足三种量价启涨点中的任意一种时，方可实施买入交易。

（3）在卖出交易中，量价为先的交易策略体现得更为明显，因为所有的卖出，都是在趋势交易策略下发现股价无法再继续上涨为准，所以一旦形成明显的卖出形态时的量价齐跌，都应采取卖出交易；所有未形成明显技术卖出形态时，只要是符合明显放量下跌、持续阴量下跌、放量滞涨中的任意一种量价形态时，都应采取卖出交易。

10.2 交易原则

10.2.1 原则一：震荡趋势不交易

震荡趋势不交易，就是当趋势表现为震荡时，一定要遵守不进行交易的策略。因为股价在震荡趋势中，表现为方向不明，所以买入交易后的持股风险也是较大的，所以不应采取买入交易。

1. 具体要求

（1）震荡趋势不交易原则，主要是指买入交易前，股价表现为震荡趋势，股价方向不明，所以必须坚持不买入的交易原则。如图 10-8 靖远煤电（000552）2019 年 10 月 11 日的 A 区域，股价趋势表现为小幅震荡，所以在此期间应一直坚持震荡趋势不交易的原则，不要贸然买入。

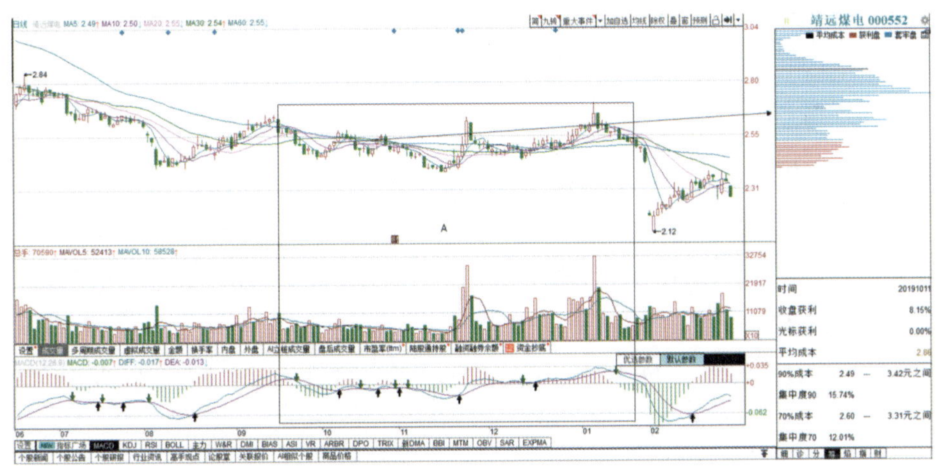

图 10-8 靖远煤电 –2019 年 10 月 11 日筹码分布图

（2）判断震荡趋势的方法应主要通过 MACD、均线、布林线三种趋势指标来判断，而不应观察筹码分布，因筹码分布的震荡趋势往往不够明显。如图 10-8 中 A 区域，从筹码分布图上很难判断出震荡趋势，但通过均线相距较近的反复缠绕和 MACD 双线相距较近状态的小幅水平震荡，则很容易判断出当前为震荡趋势。所以必须遵守震荡趋势不交易的原则，保持持币观望。

2. 实战注意事项

（1）在遵守震荡趋势不交易时，首先要正确明白震荡趋势时的具体表现，但最直观的判断方法是 K 线，只要是 K 线始终保持在一定区间反复震荡的状态时，就不应买入交易。

（2）判断震荡趋势的方法，主要是对主要趋势为震荡趋势的判断，均线表现为均线缠绕、MACD 双线相距较近的水平小幅震荡、布林通道在极窄状态下的水平小幅震荡。

（3）震荡趋势只是选股时的一个标准，但在遵守震荡趋势不交易的原则下，一定要注意在卖出交易时，震荡趋势一旦出现，反而要卖出股票，尤其是股价在高位区形成的放量滞涨形态。

10.2.2 原则二：放量过大的启涨点不交易

放量过大的启涨点不交易原则，就是当股价在形成筹码分布与其他任何一个技术指标的启涨形态后，在判断启涨点时，一旦出现了放量格外大的过量时，一定要采取不交易的原则。因此，放量过大的启涨点不交易，属于一条一不买入交易原则。

1. 具体要求

（1）在放量过大的启涨点不交易原则下，必须形成了筹码分布与其他任何一个指标的启涨形态时，方可判断启涨点时的放量是否过大，也就是不能单独以放量过大来判断启涨点是否成立。这是一条总的交易原则。如图 10-9 神州信息（000555）2019 年 10 月 22 日所在的 A 区域，也就是 A 区域右侧的阳线，筹码分布图表现为低位单峰密集、筹码向上突破的启涨形态，这时即可判断启涨点是否符合要求了。

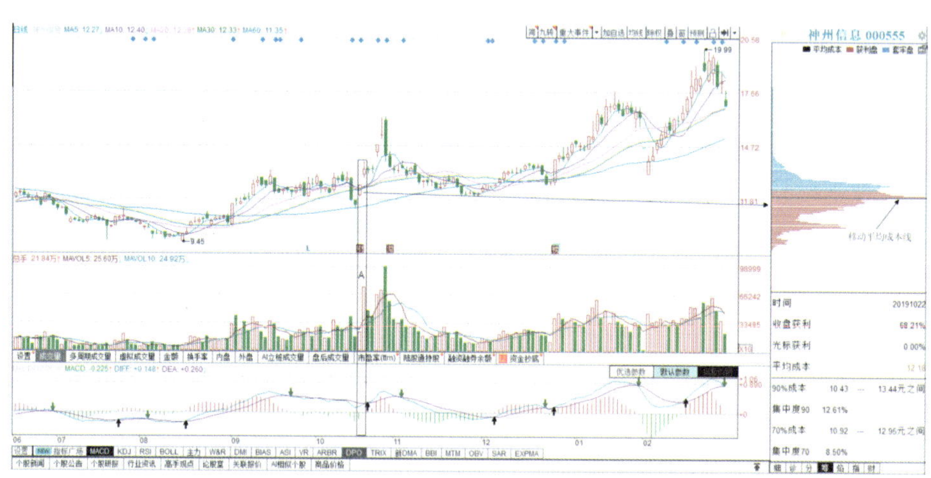

图 10-9 神州信息 -2019 年 10 月 22 日筹码分布图

（2）在放量过大的启涨点不交易原则中，主要是判断放量过大，只有在技术指标的启涨形态期间的明显放量上涨的启涨点出现时，成交量柱表现为一根格外放大的阳量柱，或是天量阳量柱时，方可确认为放量过大的启涨点。如图 10-9 中 A 区域，右侧的 K 线却表现为一根跳空上涨阳线，下方量柱为一根格外高于之前量柱水平数倍的阳量柱，为格外放量上涨状态，属于放量过大的启涨点。因此，应遵守放量过大的启涨点不交易原则，保持观望。

2. 实战注意事项

（1）放量过大的启涨点出现时，必须是在筹码分布启涨形态形成时，均线、MACD、布林线三个指标中任意一个指标也形成了助涨形态时，方可判断是否形成了放量过大的启涨点。

（2）放量过大的启涨点，是明显放量上涨中的一种放量过猛的异形，所以通常是指一根阳量柱格外极长的状态时，方可确认为放量过大，判断时要与之前的量柱水平比较来确认，通常是发生在长期弱势震荡中形成的快速上涨主升浪形成启涨形态时。

（3）如果在放量过大的启涨点形成后，能够持续保持阳量的大量状态下的股价上涨时，则可放心买入，因放量过大后，只有量能不能维持这种大量状态时，股价才会出现震荡回落，所以启涨点出现放量过大时，应采取慢半拍买入的策略。

10.2.3 原则三：量能不足的启涨点不交易

量能不足的启涨点不交易，是指当筹码分布启涨形态与辅助指标助涨形态形成后，在判断主升浪是否形成启涨点时，如果形成了量能不足的形态时，就说明量能没有达到股价快速上涨的要求，所以是一种不符合量价要求的启涨点，不能买入交易。

1. 具体要求

（1）量能不足的启涨点出现时，必须首先形成了筹码分布主升浪启涨形态，同时也要满足至少有一个辅助指标符合助涨要求。如图 10-10 古井贡酒（000596）2019 年 12 月 24 日，即 A 区域最右侧的 K 线，对应的筹码分布图上显示为双峰密集、上峰上移的启涨形态、均线表现为长期均线上行中短期均线恢复上行的形态，符合启涨形态要求，这时就要及时观察量价启涨点，看量能是否出现了不足。

图 10-10　古井贡酒 -2019 年 12 月 24 日筹码分布图

（2）量能不足的启涨点，是指看似形成了明显放量上涨、持续放量上涨或温和放量上涨中的任意一种量价形态时，成交量却未达到具体要求，也就是阳量柱的放量不明显、不能持续，或是温和放量的程度表现为小阳量等形态的任意一种情况时，均为量能不足的表现。如图 10-10 中 A 区域，股价在阳线上涨的同时，成交量出现持续三根阳量柱，但整体量柱较短，放大不明显，为小阳量温和放大，说明启涨点时的量能不足。因此应遵守量能不足的启涨点不交易原则，保持观望，只有其后放量上涨明显时方可参与。

2. 实战注意事项

（1）在量能不足的启涨点不交易原则下，必须形成了明显的主升浪筹码分布启涨形态，并符合了辅助判断指标的助涨形态时，量价启涨点不符合要求时，不要交易。

（2）量能不足的启涨点出现时，主要表现在成交量不满足三种启涨点的要求时，包括：明显放量上涨中的阳量柱放量不明显，持续放量上涨中的较大阳量柱不能持续，或是温和放量上涨中的阳量柱长度表现为低位水平的小阳量。只要出现其中一种量能表现时，即为量能不足的启涨点。

（3）由于量能不足的启涨点出现时，表明盘中主力未能利用足够的资金，以推动股价的启涨，所以往往会导致一种股价虚涨的情况出现，其后通常会恢复继续震荡洗盘，所以必须遵守不买入交易的原则。

10.2.4 原则四：量价启跌点为主的卖出交易

量价启跌点为主的卖出交易，是指在主升浪波段卖出股票的交易时，一定要遵守以量价形态形成的启跌点为主要参考依据，去进行交易。因为当股价在快速转跌时，往往主力是处于大幅获利状态，所以是以快速卖出持筹为主，以实现收益，因此常常会表现为主力不计后果地卖出，所以股价此时的下跌往往是十分明显和快速的，必须通过量价变化及时捕捉到这种情况，及早卖出，以实现落袋为安，锁定收益。

1. 具体要求

量价启跌点为主的卖出交易原则，主要是体现在卖出股票时，筹码分布或其他辅助指标的判断都是次要的，要充分尊重股价在快速上涨中出现的快速转跌时的明显放量下跌、持续阴量下跌、放量滞涨三种启跌点的量价形态。一经形成，即应果断卖出股票。如图 10-11 古井贡酒（000596）2020 年 1 月 14 日的 A 区域，筹码分布图尽管此时大多数筹码依然在低位区，上方只有少量筹码，但 A 区域却形成了明显的放量下跌，所以在量价启跌点为主的交易原则下，应果断卖出股票。

图 10-11 古井贡酒 –2020 年 1 月 14 日筹码分布图

2. 实战注意事项

（1）在量价启跌点为主的卖出交易原则下，主要是表现在卖出股票时，无论筹码分布或是其他辅助判断指标是否形成了启跌形态，只要是形成了量价启跌点时，就不要再犹豫，坚决卖出股票。

（2）在量价启跌点为主的卖出交易原则之下，并不是说就一定要忽略了筹码分布或其他指标的辅助判断了，若是这些指标刚好也形成了明显的启跌形态时，量价表现为量价齐跌时，一样要果断卖出股票。

（3）根据量价启跌点为主的卖出交易原则操作时，如果符合了提前卖出的要求时，同样要及时卖出股票，因为所有的卖出股票行为，都是主要通过量价的转跌形态判断出的启跌点。

10.2.5 原则五：高位放量滞涨坚决卖出交易

高位放量滞涨坚决卖出交易，是指在主升浪波段卖出股票时，一旦发现股价在持续上涨的过程中，出现了震荡滞涨量价形态时，就要坚决卖出股票了。因为高位震荡滞涨的出现，说明主力是在维持股价的高位大举出货，所以往往是股价即将转跌的征兆。

1. 具体要求

（1）高位震荡滞涨出现时，股价必须经过了持续快速上涨时，震荡滞涨出现后方可卖出股票。如图 10–12 风华高科（000636）在 A 区域之前，股价一直保持着持续快速上涨，所以这时就要及时观察 A 区域是否形成了放量滞涨了，以决定是否继续持股。

图 10–12　风华高科 –2020 年 2 月 27 日筹码分布图

（2）高位放量震荡滞涨形成时，是 K 线在高位区形成震荡，成交量保持在当前较高水平的量能，即可确认为高位震荡滞涨。如图 10-12 中 A 区域，三根 K 线在相近水平形成高位震荡，成交量表现为持续放量的大量水平，可确认为高位放量滞涨。

综合以上两点内容，应遵守高位放量滞涨坚决卖出交易原则，在 A 区域果断卖出股票。

2. 实战注意事项

（1）在高位放量滞涨坚决卖出交易原则下，一定要确保股价经过了持续快速上涨，因为如果是在低位启动初期形成的震荡滞涨，并不一定就意味着股价的即将突然转弱。因低位区的放量滞涨，多数是主力快速吸筹码的表现。

（2）在根据高位放量滞涨坚决卖出交易原则下操作时，判断高位放量滞涨，不一定非要形成明显的放量状态，只要是量能水平保持在当前的大量水平即可，且无论是阴量或阳量均可。

（3）在根据高位放量滞涨坚决卖出交易原则操作时，滞涨的判断同样关键，只要 K 线此期间保持在一个相近的水平，呈水平小幅震荡即可，允许其间出现 K 线的瞬间冲高回落，甚至是短时刷新了前高；或是瞬间的探底回升。

10.3 仓位管理

10.3.1 轻仓

轻仓在主升浪波段操作中尤为重要，因为轻仓代表着仓位较小，所以往往意味着试探性地投资，无论轻仓操作是亏损还是获利，都不会对资产产生较大的影响，所以是一种安全的仓位管理。

1. 具体要求

（1）适用对象：入市不深的股民、正处于学习主升浪操盘的投资者。

（2）轻仓的资金要求：轻仓时以股票交易规定的最低水平 100 股为最低，可根据自己学习的程度，适当增加，原则上不应超过 500 股。如图 10-13 仁和药业（000650）2020 年 1 月 20 日筹码分布图上，表现为低位单峰密集向上突破的裂变，形成启涨形态，均线也表现为多头上涨趋势之初，C 区域表现为 DIFF 线突然向上翘起形态，量价表现为明显放量上涨，尽管当日出现了涨停，各方面都表现为强势上涨，但如果是初学者操作时，仍然应在当日涨停前轻仓买入，因为初学者经验少，其后 B 区域出现明显放量下跌时，是不明白应当如何操作是否要卖出的。

图 10-13　仁和药业 -2020 年 1 月 20 日筹码分布图

2. 实战注意事项

（1）由于 A 股证券交易制度中规定，交易的最低数量为 100 股（1 手），所以轻仓时，应尽量以 100 股或 200 股为标准。只有随着投资者技术的不断加深和运用技术的熟练程度不断强化后，方可适当加重轻仓的投资比例。

（2）初学者在轻仓操作中，应尽量回避那些单股价格极高的股票操作，如 A 股第一高价股贵州茅台，股价达到了每股 1000 元以上，甚至是其他单价在百元以上的股票。因此时投资者对技术的掌握尚不够熟练，很难把握股价的趋势，操作这些高价股时，一旦失误，即使是只有 100 股，也会形成较大的损失。

（3）在轻仓管理中，一定要切记一条原则：股价启涨形态或启涨点不明显时，不要养成轻仓试探性地买入。因这种操作含有较大的赌博心理，是一种放松买入要求的不规范操作。

（4）轻仓操作只是初学者边学习边实践的一种方法，因为如果不通过实战来检验学习的成果，就无法真正学会、学懂技术，也无法在通常实战积累经验，做到熟练操作。

10.3.2 重仓

重仓，是指买入股票的交易比例较大。所以重仓的仓位管理，意味着投入的资金量较大。因此，一定要明白重仓的具体要求，以免操作失误所带来的较大损失。

1. 具体要求

（1）适用对象：筹码分布主升浪波段操作熟练者。

（2）具体的仓位数量：证券账户内总资金量的一半以上，最多不可超过三分之二的资金数量。如图 10-14 泰达股份（000652）A 区域右侧 K 线的 2020 年 1 月 23 日，筹码分布图上表现为双峰密集、上峰上行的启涨形态，均线明显为多头排列，下方布林线也表现为股价突破上轨的开口型喇叭口，量价形成大阳量的放量上涨。因此，有经验的投资者应以总资金的一半或三分之二资金重仓操作。具体买点，可在当日分时图，即图 10-15 中 A 区域股价高开快速走高中 B 区域形成区间放量时，果断重仓买入。

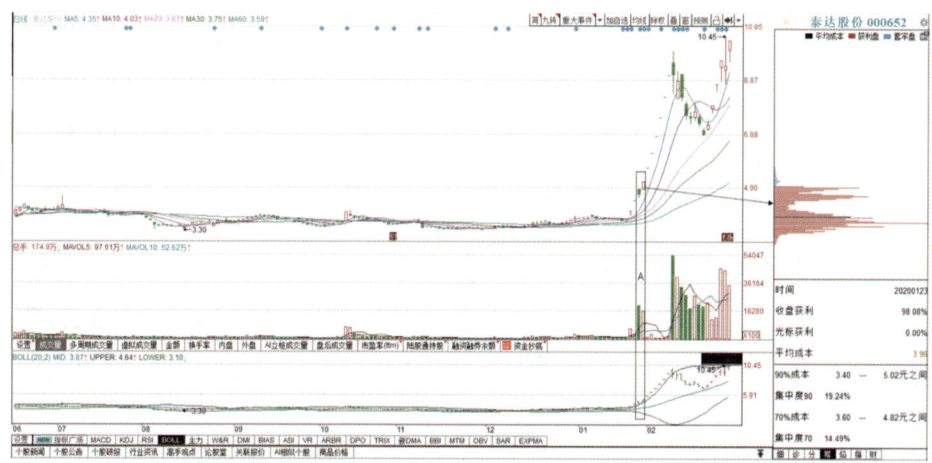

图 10-14　泰达股份 -2020 年 1 月 23 日筹码分布图

图 10-15 泰达股份 -2020 年 1 月 23 日分时图

2. 实战注意事项

（1）投资者只有熟练筹码分布主升浪波段操作技术以后，方可采取重仓。

（2）重仓操作中投入的资金比例越大时，如三分之二仓位时，应确保启涨形态与启涨点的强势，也就是一定要遵守强中择强的交易策略，要在同样满足买入条件的股票中，选择最强的那只来重仓操作。

（3）投资者在重仓操作中，应尽量在筹码分布形成启涨形态后，多观察几个辅助判断指标的形态，只有更多指标都同时满足了筹码分布启涨形态的助涨要求时，启涨点的买入行为才更安全。

（4）重仓操作时首先要考虑问题，并不是买入后能否获利更丰厚，而是自己的重仓买入行为所存在的风险是否大。因为风险的大小，事实上与投入的资金量是关系不大的。

10.3.3 加仓与减仓

加仓与减仓，在股票操作中是一种重要的仓位管理方法。因为加仓代表着再投入资金，减仓则代表着及时锁定利润。

1. 具体要求

（1）加仓时，必须是在买入不久后，发现股价在强势上涨期间，出现了分时图的放量高开高走时，也就是短期股价表现得更强势时。如图 10-16 晶方科技（603005）2020 年 1 月 13 日 A 区域对应的筹码分布图上，形成了双峰密集、上峰上移启涨形态，布林线形成了 B 区域收口后的 A 区域开口，均线也恢复了明显多头排列，量价表现为持续放量上涨时，买入了股票。是否加仓时，应观察其后 C 区域的分时图，即图 10-17 的情况。当股价在 B 区域平开后，出现了持续上行，到 A 区域时，形成了区间放量的股价线大角度上行期间，可加仓买入。

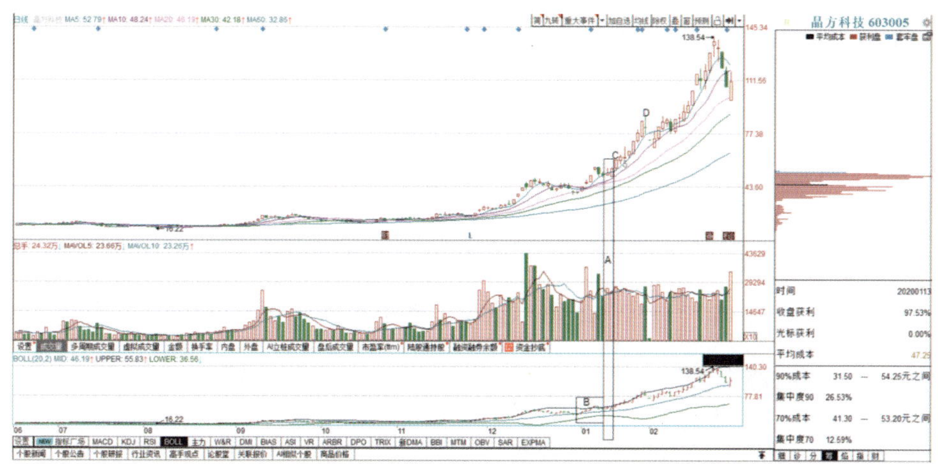

图 10-16 晶方科技 -2020 年 1 月 13 日筹码分布图

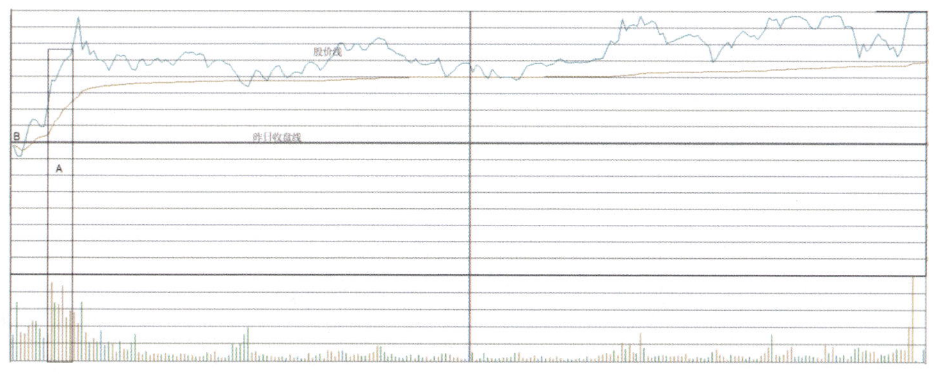

图 10-17 晶方科技 -2020 年 1 月 14 日分时图

（2）减仓时，是发现了股价在持续上涨过程中，出现了上涨的速度渐缓或短时快速回落时，主要观察可通过筹码分布图上蓝色筹码出现向下蔓延时，或是 5 日均线由向上极高的上行变得渐缓时，分时图上的变弱行为来判断。仍然以图 10-16 的晶方科技为例，在 C 区域加仓后，减仓时，应选择在 D 区域，即图 10-18 中 2020 年 1 月 23 日当日的分时图上，当日股价在 A 区域大幅低开后，出现大角度上行时，B 区域未突破昨日收盘线即中止继续上行时，应果断减仓卖出，卖出数量应以加仓的数量为准，因图 10-16 日线上尚未形成明显的量价卖点，所以无须清仓。

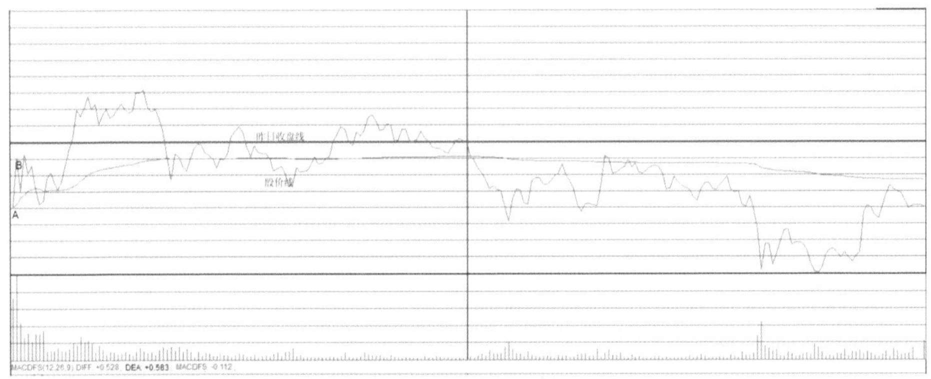

图 10-18　晶方科技 -2020 年 1 月 23 日分时图

2. 实战注意事项

（1）主升浪波段操作中的加仓，与中长线投资中的补仓完全是两个概念，所以一定要明白：加仓不是补仓。

（2）加仓类似于短线的抢涨停操作，只有在买入初期，发现股价的持续上涨变得更强时，方可实施，所以分时图上的放量高开高走是一种最佳的加仓时机。

（3）减仓在主升浪操作中，不一定非要在加仓后来实施，只要是发现股价上行的速度出现渐缓时，就说明上涨的节奏变慢了，这时一旦出现短时波动，即应减仓。

（4）减仓的目的是及时锁住利润，尤其是重仓比例较高者，一定要学会分批卖出的减仓技巧与策略。

10.4 操盘纪律

10.4.1　不要总盯盘

股票投资中不可能不盯盘，但总盯盘却是一个不好的习惯，容易滋生诸多的操盘恶习，如追涨杀跌、滋生贪婪等，所以投资者在股票投资中，一定要遵守不要总盯盘的纪律。

1. 盯盘的几个重要时间点

（1）早盘。主要集中在早上 9 点开盘后到 9 点 30 分之间这一时间内，因许多超强股都会在这一时间内形成强势特征，同时许多弱势股也会在早盘表现为极弱。如图 10-19 新金路（000510）2020 年 2 月 28 日分时图，B 区域即是早盘 30 分，可以看出，股价线在 A 区域高开后，出现了大角度向上运行，很快即出现了涨停，所以早盘是股票最容易出现极强走势的时间点。

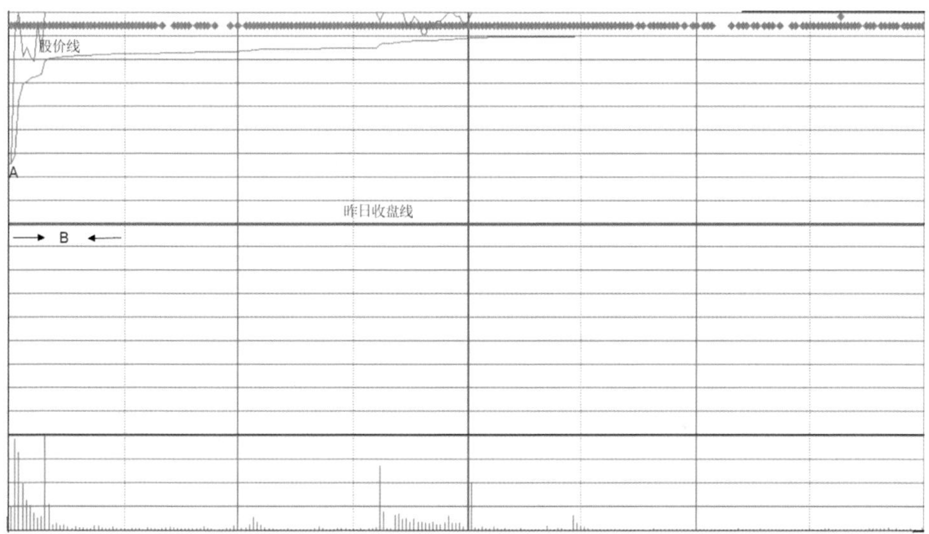

图 10-19　新金路 -2020 年 2 月 28 日分时图

（2）上午 10 点。主要集中在 10 点至 10 点 30 分这一时间段。因大多数股票开盘后，多空双方都保持着反复争夺的胶着状态，只有进入 10 点以后，股价才会形成平稳走势，所以 10 点后 30 分钟内的走势，基本上就能说明全天的真实强弱。如图 10-20 华纺股份（600448）2020 年 2 月 28 日分时图，A 区域即为 10 点至 10 点 30 分这一时间段，股价在早盘 C 区域表现为快速冲高震荡再冲高后，进入 A 区域的 10 点后，股价线先是表现为震荡，而后出现了再次快速大角度上行，所以当日基本上都会表现这种强势，因此 B 区域右侧股价线大角度上行时，即是提前买入强势股的时机，所以上午 10 点至 10 点 30 分是看盘的重要时间点。

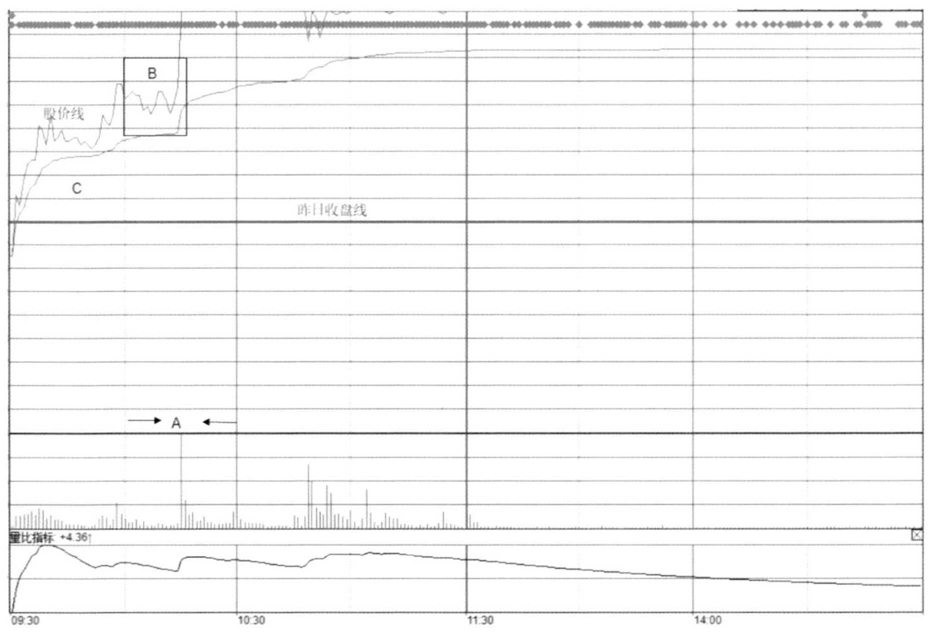

图 10-20　华纺股份 -2020 年 2 月 28 日分时图

（3）午后开盘。主要指下午 13 点开盘后到 13 点 30 分之间这一时间段。因这一时间是最容易发生突然变盘的时间，多方或空方很容易借上午操盘者的工作劳累，在午饭后进入略困乏的不留意状态下，发动攻势。如图 10-21 阳普医疗（300030）2020 年 2 月 28 日分时图上，C 区域即为午后开盘后 30 分钟这一时间段，这只股票在上行的 A 区域，都表现为在昨日收盘线上方高开后的横盘小幅震荡，但到了午后开盘的 C 区域后半段时，股价线出现了明显的震荡上行，启动了上涨，是买入股票的最佳时机。因此，午后开盘也是一个容易出现变盘的重要时间点。

（4）下午 14 点。主要是指午后 14 点前后共 30 分钟左右，因这一时间段内，是人体最容易产生困乏的时间，多方或空方最容易利用这种人体的困乏时间突然发动攻势了，所以也是容易出现变盘的时间点。如图 10-22 恺英网络（002517）2020 年 2 月 28 日分时图，D 区域即是午后 14 点前后 15 分钟期间，可以看出，这只股票当日在 A 区域大幅低开后出现了持续震荡上涨，但到了 14 点这一时间段时，在 14 点后形成了股价线大角度快速下行，说明股价出现了快速转弱的变盘，这类股票一定要引起注意，如在日线高位区出现时，若同时出现了区间放量下跌时，是提前卖出的时机。因此，下行 14 点左右也是看盘时的一个重要时间点。

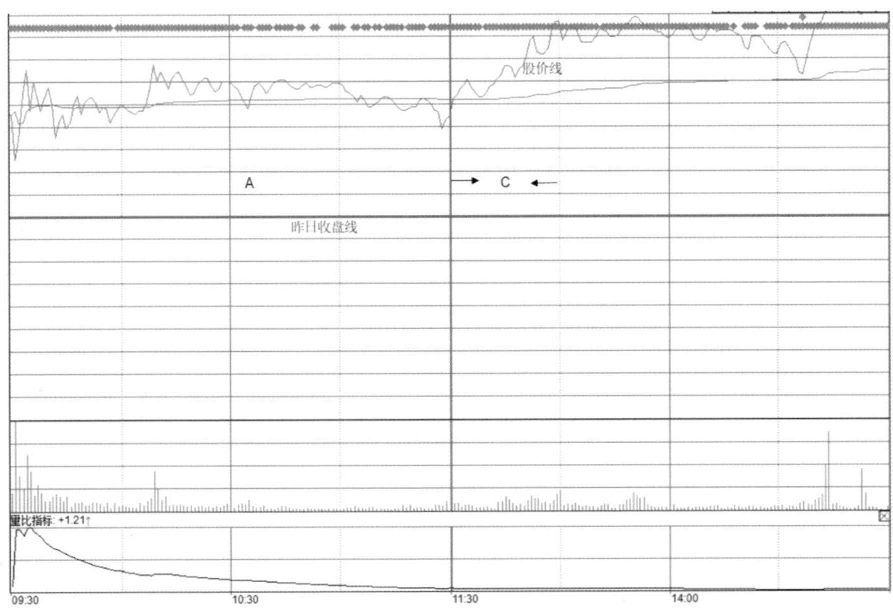

图 10-21　阳普医疗 -2020 年 2 月 28 日分时图

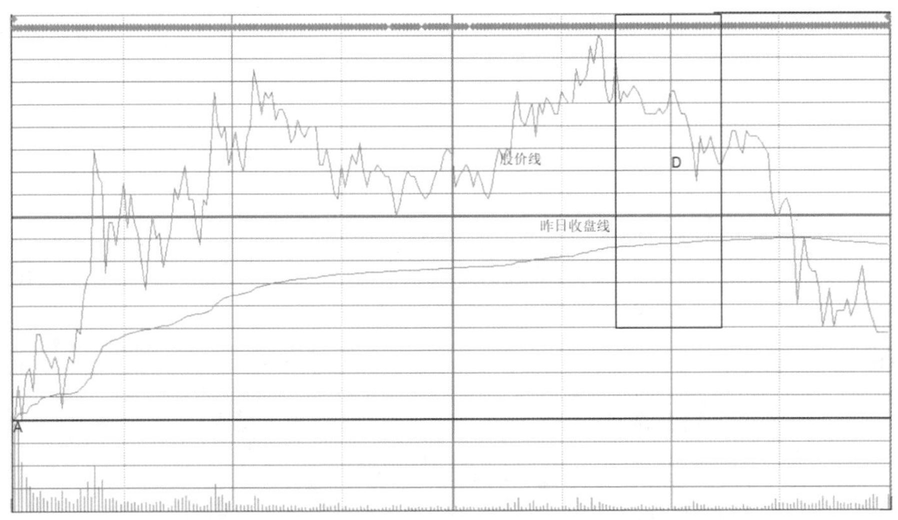

图 10-22　恺英网络 -2020 年 2 月 28 日分时图

（5）尾盘。是指收盘前 30 分钟，具体为 14 点 30 分至 14 点 57 分之间。因尾盘的高收或低收，往往决定着次日的开盘，所以也是容易出现变盘的时间点。如图 10-23 聆达股份（300125）2020 年 2 月 28 日分时图，E 区域为收盘前 30 分，这只股票在 A 区域大幅低开后，形成了缓慢的小幅震荡走弱，但到了尾盘时，却出现了股价线大角度快速上行，一直突破了昨日收盘线后收盘，这种情况如果是出现在加速上涨主升浪出现前的调整行情时，往往是调整即将结束的征兆，下一个交易日的强势特征，往往成为买入时机。因此，属于同样是看盘时的一个重要时间点。

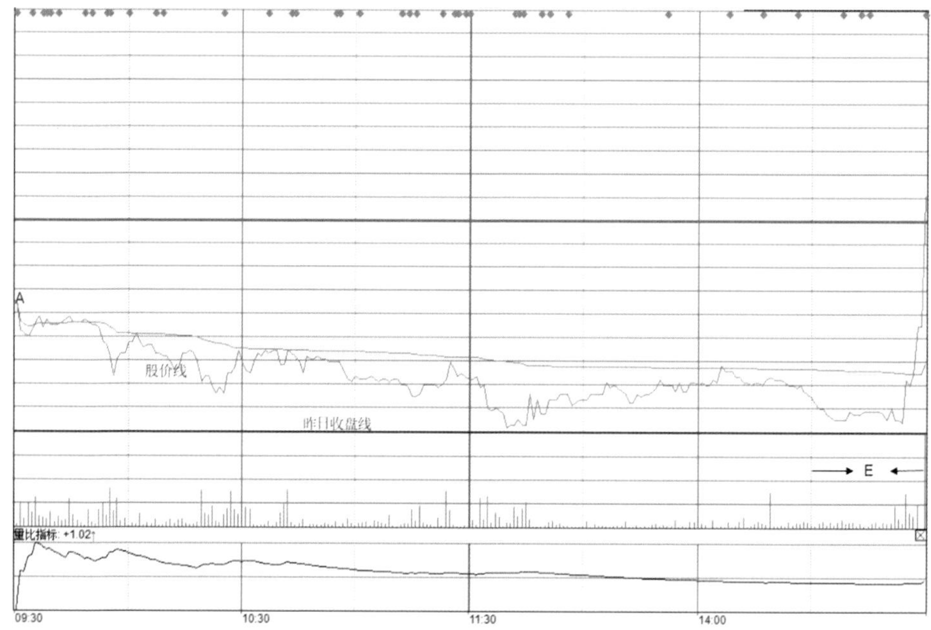

图 10-23　聆达股份 -2020 年 2 月 28 日分时图

2. 正确的盯盘方式

（1）买股时，也就是在判断启跌点期间，应着重于观察早盘，因涉及提前买入的判断。但买股后股价表现强势时，想加仓者也应着重观察早盘和上午 10 点这两个时间点。

（2）持股者在盯盘时，应选择在 5 个时间点期间，适当观察一下具体的股价走势，只要保持着健康的上涨状态，就无须在意。

（3）对于股价出现大幅上涨的持股者来说，最好也要在 5 个时间点期间，全面监控股价的走势，一旦发现盘中出现异动时，要在第一时间做出反应，尤其是观察早盘，看是否达到了提前卖出的要求。

（4）对于选股阶段的投资者，应尽量在收盘后再来观察和选股，因若是选择在交易时间内，一则很容易分散精力去看行情，二则很容易因对当前行情仅看一眼导致冲动，引发盲目操作。

10.4.2 不补仓

前面已经介绍过加仓，但在主升浪波段操作期间，是不允许进行补仓操作的。因为补仓操作在主升浪操作中是没有任何意义的，所以一定要在实战严格遵守这一操盘纪律。

1. 不补仓的原因

因为补仓意味着买入一只股票后，发现这只股票出现了震荡走低，这时的补仓买入，都是一种心理期待行为，因为再逢低买入后，就会摊低持股成本，一旦上涨，就容易解套。但殊不知，补仓行为实际上是加重资金买入一只弱势股的行为，完全是一种错误操盘逻辑。因为之所以买入后会出现走弱，是由于这只目标股主升浪未启动，而弱势状态则说明前期的买入可能是一种股价短时震荡走高的判断失误操作，其后股价依然会保持弱势，甚至是形成弱势走弱，所以补仓的后果等于加重投入资金，将其放入风险更高的状态。一旦形成亏损，损失极大。如图 10–24 共进股份（603118）是 A 区域中最右侧阳线的 2019 年 8 月 6 日对应的筹码分布图，如果是在 A 区域以低位单峰密集、筹码向上突破的温和放量上涨买入了股票，那么到了其后的 B 区域时，股价震荡走低中跌破了成本价，这时一定不要补仓买入，以摊低成本，因一旦再次走弱，则会造成更大的亏损，甚至是长期被套。所以，正确的补仓行为，应是在 C 区域或 D 区域股价明显快速上涨时选择加仓，也就是补仓时坚持补强不补弱。

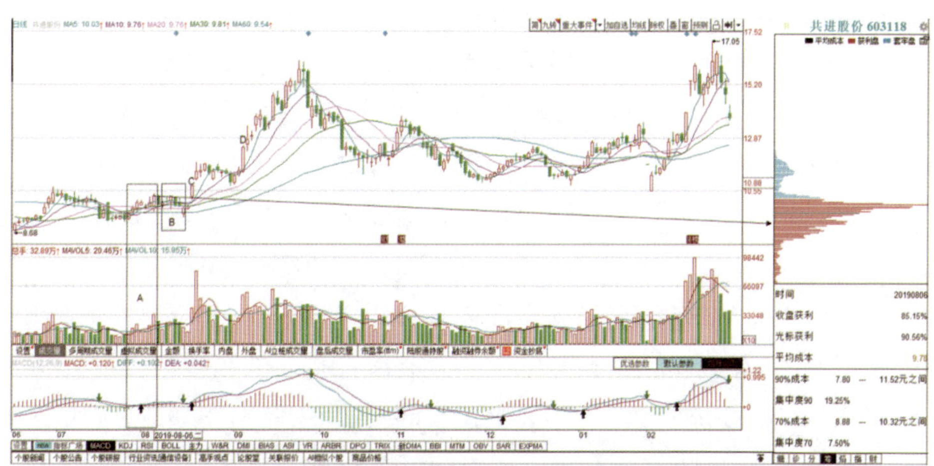

图 10–24 共进股份 –2019 年 8 月 6 日筹码分布图

2. 改掉补仓习惯的方法

（1）严格按照筹码分布启涨形态要求、辅助指标的判断，来确认主升浪启涨形态是否成立，不可勉强，然后再根据启涨点成立时的强弱状态，选择最强势的启涨点出现时，再买入。

（2）要想不补仓，必须确保买入行为的正确，所以在做好启涨形态的判断成立后，如果启涨点存在哪怕是一丝疑惑勉强的情形时，坚决不勉强操作，可适当慢半拍买入，只有完全符合启涨点要求时，才来买入操作。

（3）一旦在买入某只股票后，发现主升浪行情未如期展开时，应及时在第一时间止损卖出，哪怕其后再形成主升浪启动时，再买入亦可。以免因一时的小幅亏损，造成更大的亏损，或是长期的被套。

10.4.3 拒绝抄底

抄底的操作，因能够使投资者获得更大的收益，所以一直以来都是众多投资者所追求的一种操作方式。但在主升浪波段操作时，是根本不适合抄底的，所以一定要时刻遵守拒绝抄底的纪律。

1. 主升浪操作与抄底的根本差别

正确的抄底买入是在股价创新低后的回升阶段，尤其是对于短线抢反弹的投资者来说，这种抄底操作是没有错误的，但主升浪波段操作，是买在股价快速启涨时。尤其是在快速上涨的主升浪启涨点时，抄底后只要启动主升浪，抄底的结果与主升浪启涨点买入之间，差别是不大的。但事实上，这时的抄底操作类似于启涨点判断失误的买入，风险是极高的。因为即使是经过长期弱势震荡后，股价存在发动快速上涨行情的概率要高，但并不一定会如期启动，甚至是时间有可能再被拉长，或是股价再次走低震荡后再形成主升浪启涨。也就是说，抄底后存在上涨是否启动、启涨的时间是否变长、启涨前是否再下跌后形成启涨三个风险，盲目抄底会导致长期被潜套甚至深套，或是饱受弱势震荡的折磨。如图 10–25 昭衍新药（603127）2019 年 5 月 6 日 A 区域对应的筹码分布图，如果是抄底，很容易在筹码未形成启动形态时买入，如 A 区域抄底后的持续下跌后创新低后的回升，但是到了图 10–26 中 B 区域时，同样形成了图 10–25 中的低位单峰密集，但一样未形成主升浪启动时的红色筹码向上突破移动平均成本线，股价依然表现出小幅震荡再创新低后的止跌回升，所以前期 A 区域的抄底，势必会形成亏损，但此时的抄底同样容易形成亏损，因为虽然筹码形成了低位单峰密集，但红色筹码始终未出现向上突破移动平均成本线的持续向上蔓延，就说明主力依然以震仓洗盘为主，一旦洗盘不成功，甚至是遇到了突发性的系统风险，则很容易借机充分洗盘，股价出现继续走弱的长期弱势震荡，抄底则很容易是越抄亏损越大的结果。

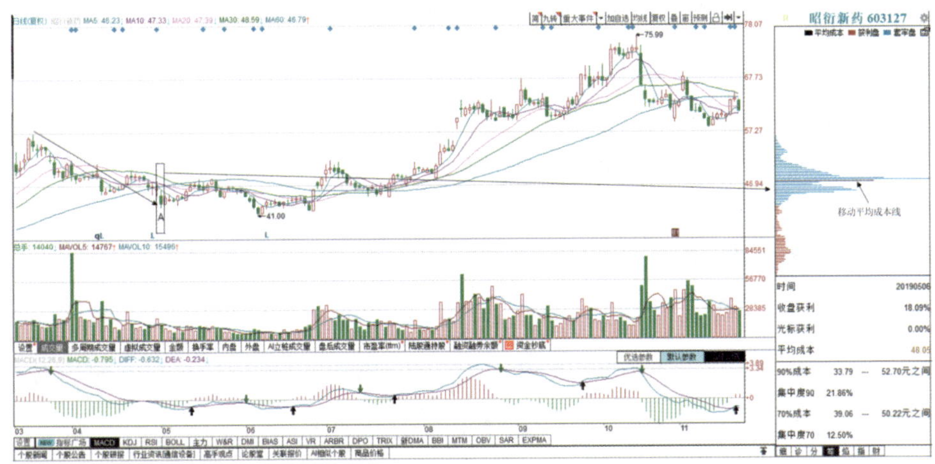

图 10–25　昭衍新药 –2019 年 5 月 6 日筹码分布图

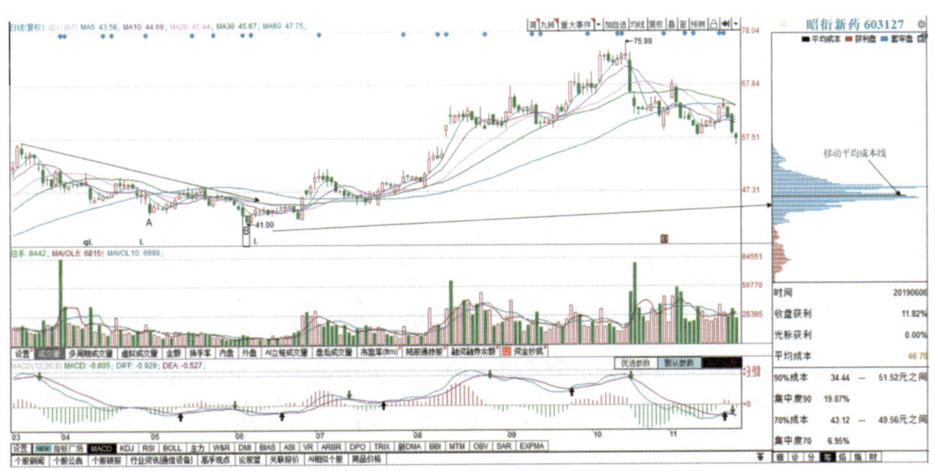

图 10–26　昭衍新药 –2019 年 6 月 6 日筹码分布图

2. 克服抄底的方法

（1）在操盘过程中，尤其是选股阶段，一定要时刻明白，所有的选股，都是为了通过其后的观察，以发现主升浪启动的时机，进行主升浪波段的短线投资，而不是为了中长线投资。这样，即使是在选股期间发现了再多抄底后大幅上涨类的股票，就不会心动了。

（2）选择在非交易的时间进行选股，以避免因时不时看一下行情所导致的为行情所动，甚至是刚好发现一只底部快速回升的股票时，忍不住冲动的心理，将抄底产生的根源直接扼杀在摇篮中。

（3）深化筹码分布技术的各种技术要领，观察股价在反弹中的各种筹码分布和移动情况，这样就不会根据筹码分布来抢反弹操作了。同时通过观察反弹行情的各种情况，正确区分出反弹与主升浪行情的区别，在明白主升浪行情才是短期风险最低、获利最大的操作后，就会对高风险的抢反弹失去了兴趣。

10.4.4 克服贪婪

贪婪是人类的本性，但在股票投资中，如果一个人无法克服内心的贪婪欲望，就很容易引发贪婪心理下的错误判断，从而造成失误和亏损，因此贪婪是许多投资者屡战屡赔的最根本原因，在主升浪操作中一定要时刻遵守克服贪婪的纪律。

1. 贪婪的危害

（1）贪婪的后果，会随时让投资者放松主升浪操作的程序和判断方法，如在不该买入时因贪婪和侥幸心理作怪买入了股票，在应该卖出时由于贪婪继续持股，从而造成人为的判断失误。如图 10-27 上海沪工（603131）2020 年 2 月 14 日的 A 区域对应的筹码分布图上，筹码已向上运行到了高位区，且上方存在少量亏损筹码，但 A 区域形成了大阳量、股价冲击涨停时，如果是心存贪婪，势必就会在侥幸心理下，抱着当日买次日卖的心理在涨停前买入，但其后发现股价依然持续上涨时，就会再次在侥幸心理下继续持股，尤其是图 10-28 中 B 区域出现下跌时，贪婪会产生再涨涨就卖的心理，结果其后高位震荡略走高后出现了突然快速下跌，如果仍然抱着侥幸和贪婪心理，则会出现长期被深套的亏损。这就是贪婪的地危害。若是割肉出局，势必会再次贪婪地追涨，无法正确分析行情。

图 10-27　上海沪工 -2020 年 2 月 14 日筹码分布图

图 10-28　上海沪工 -2020 年 2 月 19 日筹码分布图

（2）贪婪还会造成侥幸、赌博等不良心理，进而产生一系列如追涨杀跌等行为，最终直接造成屡投屡败的长期亏损。如图 10-27 和图 10-28 的操作失败后，势必会在再次看到短线强势股时去追涨杀跌的操作，造成频繁操作的频繁亏损。

2. 克服贪婪的方法

（1）在平时的工作和生活中，就要养成不贪婪的心理和行为，这样在股票投资时就会保持不贪婪的状态。

（2）在选股时，不要总喜欢盯着一只股票的涨幅，总是抱着寻找突然启动的大牛股思维，因为牛股是遇到的，不是找到的，只有走出来后，才会成为大牛股，所以只要平时按照主升浪操盘要求来严格操作，就一定会遇到大牛股。

（3）看盘时，不要养成观察龙虎榜的习惯，因为每一位股市投资者，在看到短线持续上涨的牛股时，都是难以克制内心的贪婪与冲动的，所以不要总盯盘，只要按照看盘要求，把握好几个重要时间点即可。

10.4.5 不迷信消息

消息分利好与利空两类：利好消息会促使股价的快速上涨；利空消息又会造成股价的快速下跌。所以，消息往往会对股价的短期走势产生重要的影响。但往往投资者在根据消息操作时是很难获利的，所以在主升浪操盘时，一定要遵守不迷信消息、根据消息操作的纪律。

1. 消息对股价走势的实质影响

（1）不管利空或是利好消息，对股价的影响往往是极其微弱的，只有特殊时期的重大实质性利好或利空，才会真正影响到上市公司的经营，但在通常情况下，这种影响也往往是短时的，不会长期影响到上市公司的生产和经营。因此，即时的消息往往是不可信的。如果是在 2020 年 2 月 7 日发现了同花顺信息提示的图 10-29 中的情况，发现 2019 年 1 月底出情发生后，医用防护品出现了大量需求，对口罩等企业是一个特大好消息，而在下一个交易日，也就是图 10-30 欣龙控股（000955）中 C 区域的 2020 年 2 月 10 日即贸然买入具有口罩概念的这只股票后，短期内是很难从中获利的。因为市场即使在疫情期间口罩出现了大幅需求增加，也无法改变生产企业的生产经营能力的，只不过是能够去掉企业的大量库存，产品不再积压，所以只能短期改善相关利好企业的经营状况。

（2）主力往往会利用股民对消息的过于相信，反其道而行之，也就是非实质性利空出现时，反而是主力借机建仓的时机；一旦短时利好出现时，就会成为主力借机出货的时机。如图 10-30 中 C 区域的这只股票，事实上股价早在疫情发生前的 2019 年 12 月 23 日，即 A 段趋势之初就开始了上涨，且经过了 A 段趋势和 B 段走势的两轮快速上涨，从启涨点算，股价已经翻了 3 倍，而 C 段走势完全是在重大利好消息下才走出来的一段行情，C 区域 2020 年 2 月 7 日的利好消息，恰好成为主力资金在 D 区域的 2020 年 7 月 10 日放量下跌借机出货的好时机。

所以即使是其后行情出现了反复上涨，也都是主力资金短线借机炒作所造成的。

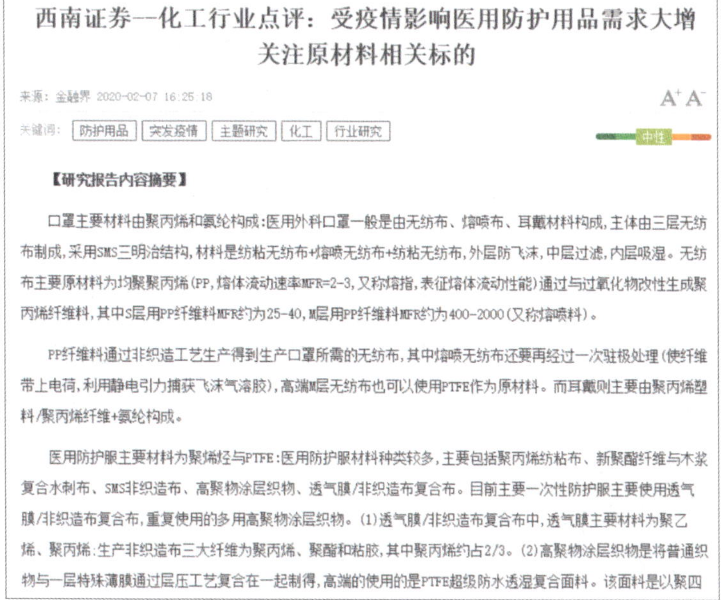

西南证券--化工行业点评：受疫情影响医用防护用品需求大增关注原材料相关标的

来源：金融界 2020-02-07 16:25:18

关键词：防护用品 突发疫情 主题研究 化工 行业研究

中性

【研究报告内容摘要】

口罩主要材料由聚丙烯和氨纶构成：医用外科口罩一般是由无纺布、熔喷布、耳戴材料构成，主体由三层无纺布制成，采用SMS三明治结构，材料是纺粘无纺布+熔喷无纺布+纺粘无纺布，外层防飞沫，中层过滤，内层吸湿。无纺布主要原材料为均聚聚丙烯（PP，熔体流动速率MFR=2-3，又称熔指，表征熔体流动性能）通过与过氧化物改性生成聚丙烯纤维料，其中S层用PP纤维料MFR约为25-40，M层用PP纤维料MFR约为400-2000（又称熔喷料）。

PP纤维料通过非织造工艺生产得到生产口罩所需的无纺布，其中熔喷无纺布还要再经过一次驻极处理（使纤维带上电荷，利用静电引力捕获飞沫气溶胶），高端M层无纺布也可以使用PTFE作为原材料。而耳戴则主要由聚丙烯塑料/聚丙烯纤维+氨纶构成。

医用防护服主要材料为聚烯烃与PTFE：医用防护服材料种类较多，主要包括聚丙烯纺粘布、新聚酯纤维与木浆复合水刺布、SMS非织造布、高聚物涂层织物、透气膜/非织造布复合布。目前主要一次性防护服主要使用透气膜/非织造布复合布，重复使用的多用高聚物涂层织物。（1）透气膜/非织造布复合布中，透气膜主要材料为聚乙烯、聚丙烯；生产非织造布三大纤维为聚丙烯、聚酯和粘胶，其中聚丙烯约占2/3。（2）高聚物涂层织物是将普通织物与一层特殊薄膜通过层压工艺复合在一起制得，高端的使用的是PTFE超级防水透湿复合面料。该面料是以聚四

图 10-29 同花顺研究中心

图 10-30 欣龙控股 - 日线图

2. 做到不迷恋消息的方法

（1）如果想要不迷信消息，首先必须树立正确的投资观，因为股价上涨，都是上市公司利润出现持续或快速上涨所引发的，技术面分析能够通过市场上的供需关系的变化，捕捉到这种股价短期趋势变强与变弱的时机。

（2）学会正确分析消息的内容，因为许多利空或利好消息，无外乎表现为上市公司签订某某大单，或是上市公司所处行业的产品或原材料出现提价或降价，甚至是上市公司的业绩出现大幅波动等。事实上这些都是可以预知的，通过基本面的观察，就可以得知，如短时的产品或原材料的价格上涨，是通货膨胀时代的一种微涨表现；公司业绩的波动也是正常，因上市公司的业绩并不都是在每一个季度都是均衡状态的，有着一定的周期性和爆发性，一定要学会理性看待消息，并加以判断和分析，最终得出理性的判断结果。

（3）不要总是喜欢看炒股软件中的消息提示，如果是观察公司的经营状况，应当通过基本面的观察，如财务概况中业绩的走势来判断，因所有的消息都只是一种短期的利好或利空，对于上市公司的业绩，通常是不会构成重大影响的。

10.4.6 不全仓操作

全仓操作在实战中，很多投资者都喜欢这样操作，尤其是一些性格耿直的朋友，认为炒股就是一锤子买卖，看准了就赚，看不好就亏。事实上，这种全仓买全仓卖的操作是一种错误的投资行为，也是造成许多股民经常亏损的重要原因。所以在主升浪操作中，一定要遵守不全仓操作的纪律。

1. 不全仓操作的原因

所有的技术指标，都会存在其自身的不足，加上投资者人为判断上的失误，很容易出现失败，所以在操作中，出现一定概率的失败是正常的。全仓操作，无疑会加大投资风险。且全仓操作时没有了伸缩余地，如无法进行加仓操作，或是发现更为强势的主升浪启涨股票时，无法参与。因此，决不能全仓操作。如图 10-31 江丰电子（300666）A 区域最右侧阳线的 2019 年 12 月 16 日对应的筹码分布图上，筹码分布形成了双峰密集、上峰上移的启涨形态，MACD 也形成了前期金叉后双线向上发散后突破 0 轴后的持续向上发散，同时形成了持续明显放量上涨的启涨点，如果买入了股票，则难免会出现了 C 段走势的小幅下跌造成的亏损，若是 B 区域以筹码持续上移、MACD 死叉不死、明显持续放量上涨买入后，依然会面临 D 段震荡走低的小幅亏损，这主要是由于 MACD 短线反应迟钝和筹码向上移动幅度较小、变化不明显造成的。因此，操作时一定不要全仓操作，因为只有在 M 区域出现低位单峰密集快速向上突破、MACD 突然向上翘起期间，均线形成了标准的多头排列的持续放量上涨，才是最理想的买点，或是加仓买入的时机。

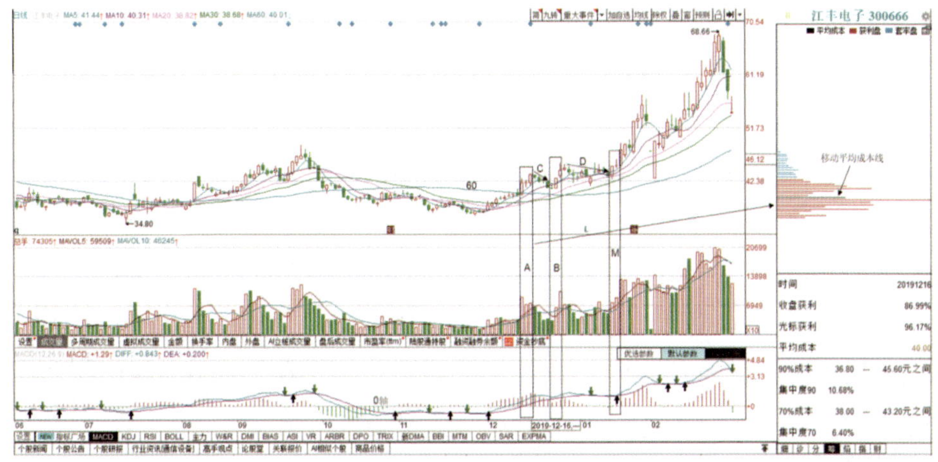

图 10-31　江丰电子 -2019 年 12 月 16 日筹码分布图

2. 克服不全仓操作的方法

（1）时刻记着主升浪操盘中仓位管理的具体规定，即使是技术熟练的投资者，最高量资金操作时，也只能保持三分之二的仓位，若其后发现出现加仓点时，也应尽量以多余资金 T+0 操作，或是根据减仓要求操作，降低持股风险。

（2）明白重仓的买入情况，是主升浪启涨形态最强、启涨点最强时，方可重仓。但重仓时一定要仔细观察，谨防量能的过头出现。

（3）主升浪波段操作时，尽量在选股和观察时，是由众多股票中来进行筛选，在更多指标同时形成了启涨形态并形成启涨点时，按照强中择强的交易策略，选择其中表现最为强势的一只股票来操作，尽量不要同时操作多只股票。

10.5 交易技巧

10.5.1　技巧一：量价齐升，重仓买入

投资者在根据筹码分布的启涨形态买入股票时，在判断启涨点时，一定要确

保形成了量价齐升后，方可重仓买入。因为要想实现启涨形态的真正启涨，所有的量价启涨点，都必须符合量价齐升的要求时，才能确保其后的主升浪行情会如期出现。因此，启涨点时的量价齐升，成为重仓买入股票的一大技巧。

1. 具体买入技巧

（1）量价齐升形成期间，必须筹码分布形成了主升浪启涨形态，同时辅助判断指标中至少要有一个指标也形成了强势启涨形态时，量价齐升方为主升浪的启涨点。如图 10-32 沪宁股份（300669）2019 年 11 月 20 日的 A 区域最右侧的一根阳线所对应的筹码分布图上，形成了低位单峰密集、筹码向上移动和裂变之初的突破移动平均成本线，为强势上涨的启涨形态，同时形成了 MACD 在 0 轴附近金叉后双线向上发散，以及均线多头排列之初，所以为强势的启动形态，这时就应观察 A 区域的量价齐升启涨点是否同样表现为强势了。

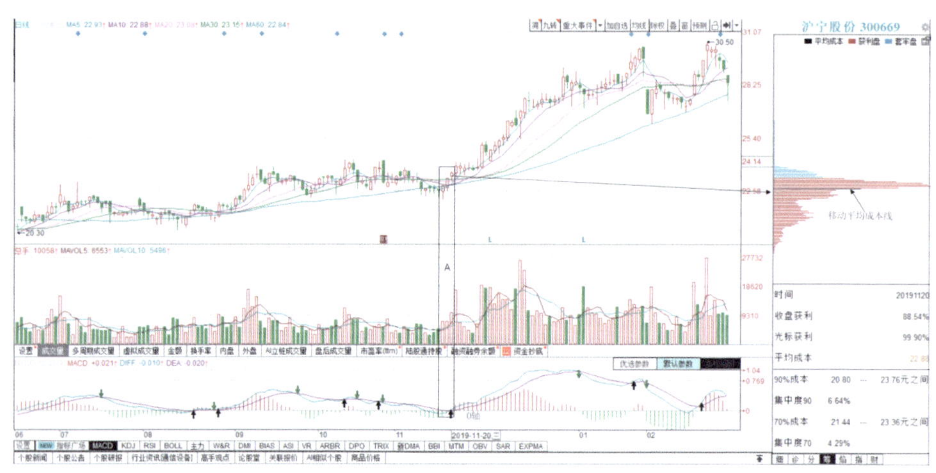

图 10-32　沪宁股份 -2019 年 11 月 20 日筹码分布图

（2）量价齐升形态包括三种具体形态：明显放量上涨、持续放量上涨、温和放量上涨。其中最容易出现判断失误的是温和放量上涨，因满足量价齐升时，温和放量上涨中必须满足第一根阳量柱要明显长于之前的量柱，且最后一根阳量柱必须与之前的低量柱相较，形成了明显放量；或是整体温和放量上涨时，量柱保持在了当前较高水平状态。如图 10-32 中 A 区域的量价表现为温和放量上涨后的明显持续放量上涨，为强势的启涨点，因此这种强势启涨形态下的量价齐升买点十分明显，应重仓买入。

2. 实战注意事项

（1）量价齐升时重仓买入的前提基础，必须是建立在筹码分布形成主升浪启涨形态期间，其他任意一个辅助判断指标同时也形成了助涨形态时，所形成的量价齐升状态时，方可买入操作。

（2）量价齐升、重仓买入的操盘技巧，主要是表现在温和放量上涨这一量价启涨点期，表现最为突出。总体而言，主要是判断温和放量上涨时的量柱大小，尤其是在快速上涨的主升浪启涨点时，必须放量明显方可买入。

（3）当筹码分布启涨形态及辅助指标启涨形态形成了快速上涨的主升浪启涨形态期间，若是表现为温和放量上涨时，达到量价齐升的标准是：第一根阳量柱必须要略高于前期量能大小水平，持续温和放量的最后一根阳量柱，通常要形成明显放量状态。

10.5.2 技巧二：量价齐跌，坚决清仓

投资者在根据筹码分布的启跌形态卖出股票时，不管是否形成了启跌形态，只要是在持股的过程中发现形成了明显的量价齐跌的形态时，就要采取坚决清仓卖出股票的操作，而不要再心存幻想，迟疑观察地坐等靠，因为量价齐跌已明确提示快速上涨已经结束了。

1. 具体卖出技巧

（1）在根据量价齐跌卖股时，不一定非要形成明显的筹码分布启跌形态，只要是上方出现了蓝色筹码，即使出现缓慢向下蔓延，只要形成了量价齐跌时，就应果断卖出股票。如图 10-33 江丰电子（300666）2020 年 2 月 26 日 A 区域对应的筹码分布图上，形成了蓝色筹码快速向下蔓延时跌破移动平均成本线的持续向下蔓延，刚好形成了启跌形态，这时就要观察量价表现，看是否形成了量价齐跌了。

（2）量价齐跌主要包括两种形态：格外放量下跌、持续阴量下跌。都是较为强烈的下跌时的量价表现，只要形成了一种时，就要果断清仓出局。但如果是蓝色筹码快速出现并跌破移动平均线时，只要是保持着量价齐跌时，即应果断卖出股票。在如图 10-33 中 A 区域，K 线为中阴线下跌，量能虽然与上一根量柱形成了略缩量，但表现为大量状态的阴量，明显为放量下跌，应在当日筹码跌破

移动平均成本线后，分时图上依然表现为量价齐跌时，果断清仓出局。

图 10-33　江丰电子 -2020 年 2 月 26 日筹码分布图

2. 实战注意事项

（1）量价齐跌是股价快速由上涨转跌时最为明显的征兆，所以此时是无须形成明显或强烈的筹码分布启跌形态的，但如果刚好也形成了启跌形态时，则更能说明股价的快速转跌，往往跌势会更明显，所以在主升浪操作时，一定要及时清仓卖出。

（2）在根据量价齐跌卖出股票时，一定要确保筹码已向上运行到了顶部或高位区，因为在快速上涨的主升浪行情中，如果筹码未到达顶部高位区，往往单根阴线阴量的放量下跌，或许只是盘中主力的快速洗盘。所以，往往持续大量状态的阴量下跌出现时，转跌的可能性更大。

（3）量价齐跌虽然只包括格外放量下跌和持续阴量下跌两种形态，但实战中，一定不要忽略另一种启涨点卖出形态：放量滞涨，或是大阴量状态下的筹码分布破位形态的出现。

10.5.3　技巧三：区间放量上涨，提前买入

区间放量上涨，是一种分时期图的量价买点形态，是指分时图上出现了股价线上涨时，成交量表现为在某一时间段内的分时量柱处于格外较长的状态时。所以是股价快速上涨的一种分时图量价形态一经出现，就应及时提前买入。这是由

于在这种区间放量上涨的形态中，股价是极易引发快速涨停的，所以必须提前买入。

1. 提前买入技巧

（1）区间放量的放量上涨出现时，必须日线图上已形成了筹码分布及辅助判断指标的启涨形态，同时要形成启涨点时的量价形态初期。如图 10-34 英科医疗（300677）A 区域最右侧的阳线 2020 年 1 月 6 日所对应的筹码分布图上，形成了低位单峰密集、上峰上移与 DIFF 线突然向上翘起、均线多头排列初期的启涨形态时，同时量价表现为持续放量上涨的启涨点，就应及时观察 A 区域最右侧 K 线当日的分时图，以决定是否提前买入。

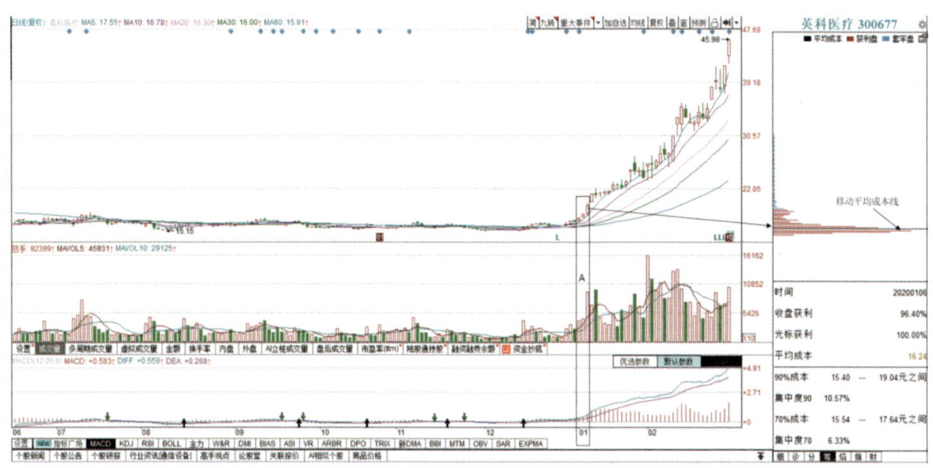

图 10-34 英科医疗 -2020 年 1 月 6 日筹码分布图

（2）根据区间放量的放量上涨判断提前买入时机时，必须是日线图形成启涨形态及启涨点时，分时图在某一时间内出现明显的分时量柱格外长、股价快速上涨的区间放量上涨，往往股价线会形成大角度向上，是提前买入的最理想时机，为股价接近涨停前。如图 10-35，即是图 10-34 中 A 区域最右侧阳线的分时图，观察发现，股价在 B 区域平开略震荡走低后快速突破昨日收盘线，进入 A 区域，股价线形成了 60° 以上的大角度上行，分时量柱表现为较长的区间放量，所以为区间放量上涨。

结合以上两点内容，可确认图 10-34 中 A 区域强势形成日线启涨点形成期间的分时图区间放量上涨，应提前买入股票。

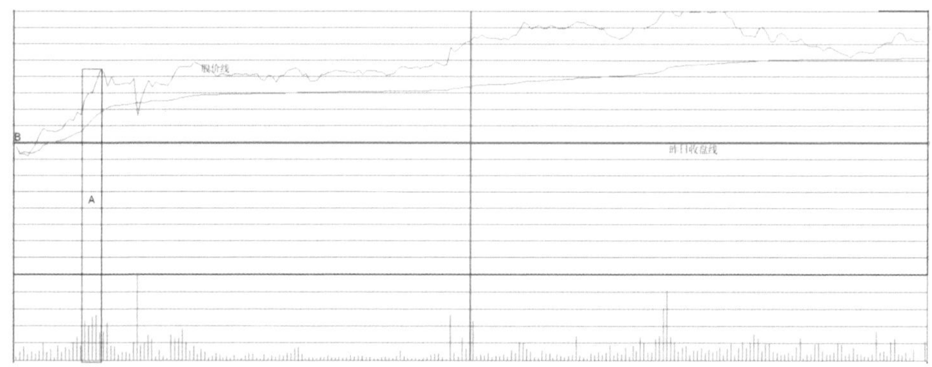

图 10-35　英科医疗 -2020 年 1 月 6 日分时图

2. 实战注意事项

（1）当分时图形成区间放量上涨时，必须确保日线图上形成了筹码分布启涨形态、辅助判断指标的启涨形态，并形成了启涨点初期形态时，方可根据分时图的区间放量上涨提前买入。

（2）分时图形成区间放量上涨时，多数时候炒股软件上消息会提示出现了区间放量，但在判断时，可忽略这一点，只要是发现分时量柱表现为明显或格外极长的多根量柱时，股价线呈大于 60° 水平角度向上运行的大角度时，即可确认为提前买入的时机。

（3）当分时图出现区间放量上涨时，多数时候股价会表现为高开高走、平开高走，但如果是低开高走时，必须确保是股价线在向上突破昨日收盘线后出现的区间放量上涨，才更为可靠。因此，在根据区间放量上涨提前买入时，往往越是股价线在快速上涨时接近涨停时买入，越安全。

10.5.4　技巧四：区间放量下跌，提前卖出

区间放量下跌，是一种分时图的量价齐跌形态，是根据日线图上启跌点形成初期的阴量下跌时，启跌点尚不明显时，分时图上率先形成了快速下跌时提前卖出股票的一种形态。但在提前卖出时，必须注意几点要求，因为如果是分时图上一出现区间放量下跌就卖出，则极有可能会卖出过早，所以一定要掌握其中的卖出技巧，才能准确抓住提前卖出时机。

1. 提前卖出技巧

（1）分时图形成区间放量下跌时，日线图上的成交阴量必须出现明显在快速变长的趋势，虽然尚未达到量价卖出的要求，但必须处于较长状态时，分时图区间放量下跌明显时，方可提前卖出。如图 10-36 国科微（300672）中 A 区域的 2020 年 2 月 26 日对应的筹码分布图上，刚好形成了蓝色筹码持续向下蔓延跌破移动平均线的启跌形态，所以此时即应及时观察当日分时图的表现了。如图 10-36 中，股价线在 B 区域大幅低开后震荡小幅走低时，A 区域突然出现了区间放量下跌，所以应在 A 区域提前卖出股票。

图 10-36　国科微 -2020 年 2 月 26 日筹码分布图

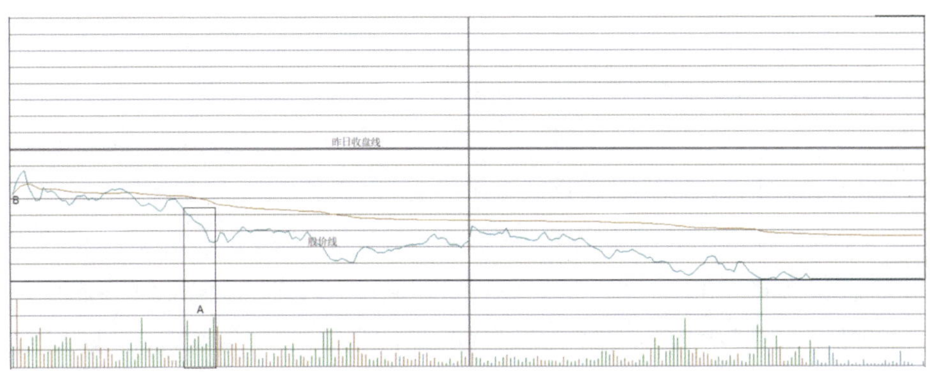

图 10-37　国科微 -2020 年 2 月 26 日分时图

（2）区间放量下跌明显时，往往股价线向下的角度会至少达到 60° 水平角度的大角度下行状态，分时量柱表现为多根较长的量柱时，为最强的提前卖出形态。如图 10-37 中 A 区域形成区间放量时，判断下跌是否明显时，股价线向下的角度达到了 60° 左右，所以可确认为区间放量下跌明显。

（3）分时图区间放量下跌出现时，最典型的股价快速转弱形态主要包括：大幅高开高走的股价线几乎呈直线的区域放量下跌；平开大幅低走的区间放量下跌；大幅低开的小幅区间放量下跌等。如图 10-38 宇信科技（300674）2020 年 1 月 9 日分时图，股价线明显是大幅高开后，在 A 区域即形成了分时量柱极度的区间放量，股价线以几近垂直的角度下行，所以属于分时图区间放量下跌中下跌最快速最明显的形态。

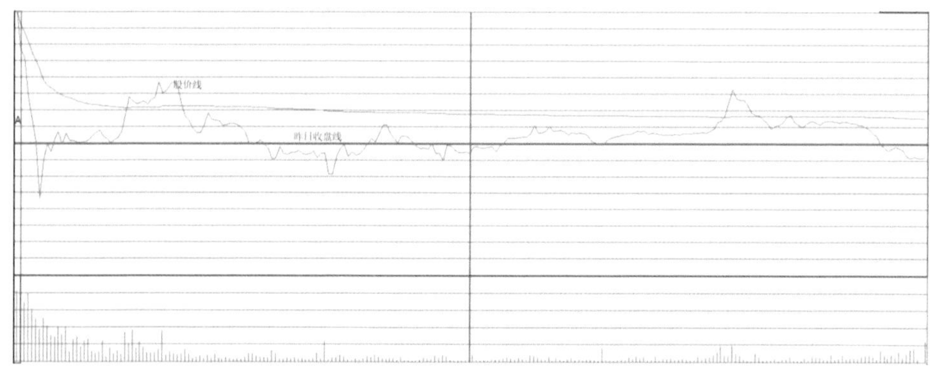

图 10-38　宇信科技 -2020 年 1 月 9 日分时图

2. 实战注意事项

（1）分时图形成区间放量下跌时，原则上是股价线必须形成至少 60° 水平角度的大角度下行，但若是股价短期变弱的趋势更明显时，往往会形成 90° 左右几近直线的下跌，所以股价线向下的角度越大时，短期快速转弱的趋势越明显。

（2）在主升浪波段上涨期间，分时图区间放量下跌经常会出现在早盘期间，尤其是开盘后不久，所以持股时不应忽略早盘的时间点。

（3）在判断分时图区间放量上涨是否为股价快速转跌时，往往日线图上 5 日均线向上乖离的角度较大，K 线也出现了极度向上远离 5 日均线，此期间筹码分布图上，往往会是筹码已运行到顶部高位区，上方出现蓝色筹码后快速向上蔓延的形态。

（4）在根据分时图区间放量下跌判断提前卖出时机时，股价可以表现为开盘后略震荡或上行，然后才形成明显的股价线大角度下行的区间放量下跌，此时同样应按照提前卖出的交易技巧提早卖出股票。

（5）如果分时图出现大幅低开震荡的区间放量时，只要是形成了区间放量时，股价线未表现为明显大角度下行，呈水平小幅震荡或斜度不大的下行时，同样是一种弱势转弱的征兆，应提早卖出。因大幅低开状态下，股价极易出现跌停。

10.5.5 技巧五：启涨点时方向不明显，决不买入

启涨点时方向不明显，就说明筹码分布的启涨形态未得到市场资金的短时关注，同时也表明主力向上发动快速上涨的态度不够坚决，所以是启涨形态未得到启涨点确认的情况，后市出现快速上涨的概率往往不高，所以此时应采取坚决不买入的态度，持续观察后再决定是否操作。

1. 具体交易技巧

（1）启涨点时方向不明显，主要表现为 K 线为实体较小状态的阳线或十字星，或是数根阳线呈水平小幅略上行的状态。如图 10-39 电连技术（300679）中 A 区域右侧阳线的 2019 年 11 月 5 日对应的筹码分布图上，刚刚形成了红色筹码突破移动平均成本线的启涨形态，MACD 表现为 DIFF 线突然向上翘起，符合启涨形态要求。量价方面，A 区域的阳线表现为后一根实体较小，但未涨停的小幅上涨，后前一根阳线与之前的小阳线比较为震荡，所以这种 K 线上涨为阳线较短小的不明显上涨。

图 10-39 电连技术 -2019 年 11 月 5 日筹码分布图

（2）启涨点不明显时，也可以表现为成交量柱的不明显，就是成交量柱始终保持在低量水平，或形成了小阳量温和上涨，或放量上涨中放量不明显，持续放量上涨中未能够持续，反而形成了大幅缩量，甚至是转为了阴量。如图 10-39 中 A 区域下方的两根阳量柱，虽然仅仅从这两根量柱比较，后一根形成了明显放量，但与之前的量柱比较，放量并不明显，所以为启涨点的放量不明显。

综合以上两点内容，可确认 A 区域表现为启涨形态成立条件下的启涨点方向不明显的情况，所以应坚决不买入。

2. 实战注意事项

（1）启涨点方向不明显时，主要反映在 K 线和成交量柱所形成的量价形态上，是不支持股价快速启动的量价启涨点要求时的各种情况，所以为买点牵强的情况。在根据量价要求判断启涨点时，总会让人感觉到有些牵强。所以这时候，一定要坚持放弃操作的不买入策略。

（2）因为启涨就代表着股价快速上涨初期的向上态势，所以标准的启涨点，必须形成了 K 线的阳线上涨，以及阳量柱的明显或持续放大，这样股价才会形成快速上涨的趋势，其后股价才会延续这一直向上运行的方向，所以只要不出现量价齐升时，都属于启涨点方向不明显的情况，要坚决不买入。

（3）在根据启涨点方向不明坚决不买入的原则时，也一定要留意明显放量上涨中的格外放量上涨，因这种情况属于放量过头的行为，虽然此时股价向上的方向虽然十分明显，但由于量能过大，所以往往会因过于放量上涨，在其后出现物极必反的走弱。

10.5.6 技巧六：启跌点时方向不明显，坚决卖出

启跌点时方向不明显，同样是一种量价异常的表现，因为股价在上涨趋势中出现快速转弱时，必然会形成量价齐跌，但如果是阴量大了股价却不跌，或是阳量大了股价却不涨，必然是主力资金在其中作怪：要么是在借机大举吸筹，以酝酿更大的行情；要么则是维持股价在高位，大举卖出筹码。而高位区再大举吸筹的情况不是没有，但出现的概率极低，所以多数是后者的情况。因此，作为中小资金的散户，由于此时的股价运行方向不明显，所以继续持股已无法再实现获利，必须坚决卖出，落袋为安。

1. 具体卖出技巧

（1）启跌点时方向不明显时，由于是主升浪加速上涨的高位区，所以主要是表现在反应股价方向的 K 线上，K 线往往呈高位震荡滞涨。成交量变化不大，依然会表现为当前较高水平的量能。如图 10-40 七一二（603712）A 区域最右侧阳线的 2020 年 2 月 27 日，筹码分布图上显示为上方蓝色筹码较小状态，事实上整个 A 区域的蓝色筹码始终处于反复或多或少的震荡，但量价表现为较水平较大，K 线表现为高位震荡，所以为不明显的启跌点。

图 10-40　七一二 -2020 年 2 月 27 日筹码分布图

（2）启跌点时方向不明显的量价形态，事实上属于高位放量震荡滞涨的情况，卖出股票时，不要等到股价形成明显量价齐跌时再卖出，而要在高位震荡滞涨中，股价震荡走高出现回落时，为最佳的卖出时机。如图 10-40 中 A 区域，无论从筹码分布形态，还是量价启跌点来看，都不符合量价齐跌，且高位震荡滞涨期间仅有一根相同水平的阴线，但只要这种情况出现，就要逢高卖出股票，这种逢高，如 A 区域最右侧 K 线中，以当日分时图冲高回落时为最佳逢高卖出时机。

2. 实战注意事项

（1）启跌点时方向不明显时，多是指反应股价的 K 线出现了方向不明的情况，所以为 K 线的高位震荡，处于一个相近的水平，往往盘中 K 线实体较长，或具有较长的影线，盘中震荡加剧，同时换手也会相对较大。

（2）由于启跌点时方向不明显期间属于一种股价在高位震荡滞涨的形态，

所以必须确保是股价经过了快速上涨后出现在高位区时，方可确认是股价上行乏力的表现。但由于主升浪操盘中要遵守趋势不明朗时不操作的交易策略，而高位方向不明时，由于是资金最容易产生巨大分歧的时候，所以必须在获利的情况下，先行卖出。因为一旦形成向下变盘，往往跌势会更猛，很难在第一时间做出反应。

（3）当股价在高位区出现启跌点时方向不明显的情况时，卖出的最佳时机，是股价震荡走高出现回落时。但一旦卖出了股票，就不要再轻易买回。只有在其后，筹码再次向略低位聚集和集中，形成了启涨形态和启涨点时，方可再次操作。这种情况，大多出现在长牛股的身上。